国家社会科学基金一般项目资助（项目号：15BGL109）

经济管理学术文库·管理类

经理自主权理论视角下
国有企业薪酬鸿沟形成机理与对策

Compensation Gap in State-owned Enterprises from
the Perspective of Managerial Discretion Theory
Formation Mechanisms and Countermeasures

张长征／著

经济管理出版社
ECONOMY & MANAGEMENT PUBLISHING HOUSE

图书在版编目（CIP）数据

经理自主权理论视角下国有企业薪酬鸿沟形成机理与对策/张长征著. —北京：经济管理出版社，2020.6

ISBN 978-7-5096-7223-5

Ⅰ.①经…　Ⅱ.①张…　Ⅲ.①国有企业—工资管理—研究—中国　Ⅳ.①F279.241

中国版本图书馆 CIP 数据核字（2020）第 108415 号

组稿编辑：杨国强

责任编辑：杨国强　张瑞军

责任印制：任爱清

责任校对：陈晓霞

出版发行：经济管理出版社
　　　　　（北京市海淀区北蜂窝 8 号中雅大厦 A 座 11 层 100038）

网　　　址：www. E－mp. com. cn

电　　　话：（010）51915602

印　　　刷：北京玺诚印务有限公司

经　　　销：新华书店

开　　　本：710mm×1000mm/16

印　　　张：13.75

字　　　数：290 千字

版　　　次：2020 年 8 月第 1 版　　2020 年 8 月第 1 次印刷

书　　　号：ISBN 978-7-5096-7223-5

定　　　价：88.00 元

前　言

近年来，企业内部薪酬极端分化现象愈加严重。全球性管理咨询公司 Hay Group 在其 2015 年全球薪资报告中指出："在世界范围内，高管和普通员工之间薪酬差距正在扩大，中国企业高管与底层员工的薪酬差距最大，约为 12.7 倍。" 2015 年《福布斯》数据披露，联想 CEO 杨元庆以 1.19 亿元的年薪位居沪深两地上市公司 CEO 榜首，是普通员工薪酬的 700 余倍。《中国上市公司高管薪酬指数报告（2017）》公布，2016 年乐视网前三高管人均薪酬将近 4.5 亿元，上市公司高管薪酬激励过度且远超普通员工薪酬的千倍。企业内部薪酬差距过于悬殊，由此导致的社会收入分配不公受到各界公众过度解读，这已成为中国社会亟待解决的焦点问题。为打开企业内高管—员工薪酬差距持续扩大的内在机理的"黑箱"，学者们不断深入挖掘薪酬差距的演化机制，至今已取得卓有成效的进展，证实了公司治理和组织特征、高管特征、行业地区等是影响高管—员工薪酬差距的重要因素。在现实需求以及理论发展的双重推动下，高管—员工薪酬差距的形成机理亟待学术界给予指导。

研究表明，经理自主权对薪酬差距的影响具有跨越国界的有效性，为揭示薪酬差距成因提供了有益启示，在理论上前瞻性地丰富和发展了薪酬差距决定机制的研究，但具体影响机理与强度尚未有共识。总的来说，这一领域的研究仍处于一个有争议的阶段，从发展的角度看，以下研究方向值得进一步讨论：

（1）区分薪酬差距与薪酬鸿沟，重点研究薪酬鸿沟的形成机理与治理对策。以往研究并没有将薪酬鸿沟作为独立的学术概念进行探讨，即将其与薪酬差距不做区分，仅研究薪酬差距成因及其业绩效应。实际上二者存在显著差别，各自的形成机理与影响效应均有不同特征。相较于薪酬差距，薪酬鸿沟的形成过程伴随着更多人为操纵与政治过程，也面临更大的行为阻力与心理对抗，其业绩效应只有负面后果。如果说薪酬差距的存在尚有其合理性，而薪酬鸿沟既不符合效率原则，也不符合公平原则。因此，薪酬鸿沟的研究更具理论与现实意义，需要得到专门的研究关注。在前文识别薪酬鸿沟判定标准的基础上，本书试图将薪酬差距与薪酬鸿沟联系起来，从经理自主权的视角探究薪酬鸿沟的形成机理。

（2）选择以国有企业为研究对象，专门研究其薪酬鸿沟的形成机理及治理对策。目前，从经理自主权视角探讨国有企业薪酬鸿沟现象的研究基本缺位，即使与之最为相近的国有企业薪酬差距研究也缺乏足够的对策成果。除了经济责任之外，中国国有企业承担了更多的社会责任，承载了更多的社会期望，其薪酬差距的社会影响更具敏感性，民众对国有企业的薪酬差距容忍度更低，更容易出现薪酬鸿沟现象。未来研究应专门针对国有企业的性质、责任和特点来探讨国有企业薪酬鸿沟现象，这不仅在企业层面有助于国有企业优化其薪酬分配制度改革，在社会层面也具有更大的引导意义，更能突显中国社会主义收入分配价值观，实现国有企业社会责任，更有助于和谐社会的构建。

（3）不仅关注经理自主权配置，更强调经理自主权运作对薪酬鸿沟形成的影响。国内学者基本上是从经理自主权配置视角探究薪酬差距的形成过程，而忽视经理自主权运作的影响。对薪酬鸿沟研究而言，经理自主权运作对薪酬鸿沟形成的影响要远大于经理自主权配置的影响。比如，在经理自主权配置和薪酬差距既定的情况下，是否会出现薪酬鸿沟，是否会因经理实施高质量的薪酬沟通而有截然不同的差异：当经理愿意通过沟通式的管理风格实施其权力，则员工在心理上能容忍更大的薪酬差距，从而不至于出现薪酬鸿沟；反之，薪酬鸿沟将因为僵硬的官僚式、缺乏人情味的命令式权力应用风格，在客观薪酬差距较小时就会产生。因此，薪酬鸿沟其实取决于经理自主权运作，更甚于经理自主权配置。

（4）采用实地调查数据将研究推向纵深发展。现有的研究只考虑薪酬分配结果的公平性，而忽略了程序的公平性。事实上，薪酬决策和薪酬分配的过程，甚至如何向员工解释薪酬制度和薪酬差距，都会对员工的态度产生重要影响，从而影响薪酬鸿沟的形成和发展。这些数据显然在我国上市公司公开的数据中无从获得，而可惜的是，当前国内研究基本上都是以上市公司公开的信息为实证数据来源，因而无从获得与高管—员工薪酬分配过程公平有关的翔实数据，削弱了研究成果的准确性和有效性。鉴于此，本书不仅以上市公司公开的二手数据为基础展开实证研究，同时进行深入的实地调查以获取具体深入的一手数据，从而推动了本领域研究向纵深发展。

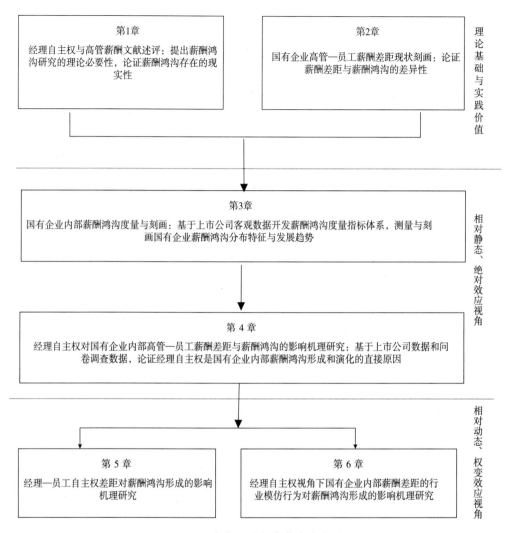

图 0.1　本书思路与章节内容安排

　　针对国有企业内部薪酬鸿沟持续快速扩大的现实问题及其有效治理机制缺位的理论困境,遵循人力资源管理研究重心从人力资源管理实践向人力资源管理感知转移的研究趋势,本书以"经理自主权理论视角下国有企业内部薪酬鸿沟的形成机理及对策研究"为题,满足了这一明确而迫切的现实和理论需要。

　　本书共 6 章内容。一方面,各章之间有内在联系,共同组成一个有机整体,从各个角度深入、全面、系统地剖析了经理自主权配置及其运作对企业内部高管—员工薪酬差距和薪酬鸿沟的影响机制;另一方面,各章又相对独立,每章都有自己独特的理论视角，采用不同的分析方法与手段，关注在不同的时间、维度与行业背景下，经理自主权与薪酬鸿沟关系所呈现的不同特质。

具体而言，本书的主要研究内容与理论贡献如下：

第1章：在文献回顾与综述的基础上，论证了薪酬鸿沟研究的缺位是我国企业内部薪酬鸿沟治理实践低效的直接原因。回顾了经理自主权的基本理论研究，梳理了高管—员工薪酬差距的影响效应与影响因素研究，并系统剖析了经理自主权对高管—员工薪酬差距的影响效应研究成果与观点。文献综述表明，作为高管—员工薪酬差距紧密相关但又显著不同的学术概念"薪酬鸿沟"，虽然已经在现实中凸显其重要性，但在文献中仍然被视同于"高管—员工薪酬差距"。从经理自主权视角的薪酬鸿沟研究具有理论的必要性和现实的迫切性。

第2章：以上市公司客观数据刻画了国有企业内部高管—员工薪酬差距特征，开发了感知高管—员工薪酬差距（感知薪酬鸿沟）的量表，以问卷调查数据刻画了国有企业感知薪酬鸿沟的分布特征，发现了客观高管—员工薪酬差距的正向绩效后果与感知薪酬鸿沟的负面绩效后果，论证了薪酬差距与薪酬鸿沟的差异性。选取2007~2015年共9年沪深两市发行A股的国有企业上市公司4365条平衡面板数据，以前三高管薪酬与员工薪酬的差值衡量高管—员工薪酬差距，刻画了国有高管—员工薪酬差距的分布特征，比较了不同地区、不同行业、不同女性高管比例、不同股权集中度、不同独立董事比例、不同监事会规模、不同资产规模、不同资产负债率和不同资产净收益率等条件下高管—员工薪酬差距的差异；以404家国有企业的问卷调查数据，以自行开发的量表度量感知薪酬鸿沟，刻画了国有企业感知薪酬鸿沟的基本特征，比较了不同年龄、不同教育背景、不同工作年限、不同性别、不同薪资水平被调查者的感知薪酬鸿沟的差异，剖析了不同股权结构、不同地区、不同薪酬沟通质量、不同CEO任期、不同女性高管比例、不同差异化程度、不同战略清晰度和不同行业被调查国有企业员工的感知薪酬鸿沟的分布特征。进一步以上市公司数据，分析了客观高管—员工薪酬差距的绩效后果，结果证实客观高管—员工薪酬差距能够显著正向促进企业以ROA、ROE和EPS等衡量的短期绩效，但不能促进企业以托宾Q值衡量的长期绩效；以问卷调查数据，分析了感知薪酬鸿沟的绩效后果，结果证实感知薪酬鸿沟不但对以关联绩效和个体创新行为衡量的企业长期绩效潜力有负向影响，对以盈利水平衡量的短期企业绩效也表现出显著负向影响。本章研究结果表明，未来研究应更加关注员工感知到的薪酬鸿沟与客观薪酬差距之间的区别，厘清"薪酬差距"与"薪酬鸿沟"的概念。

第3章：借鉴学者以客观数据间接度量学术概念的变量操作定义方式，构建并验证了基于上市公司数据的薪酬鸿沟度量指标体系，刻画了国有企业薪酬鸿沟分布特征与发展趋势。以中国沪深A股主板国有上市公司为样本，基于薪酬水平比较法、回归估计比较法和薪酬增长比较法，构建并验证了包含三个维度的企业内部薪酬鸿沟的综合性间接度量指标体系。应用该指标体系，明确证实了薪酬鸿沟降低企业短期财务绩效和长期市场绩效，并能够导致较高的员工离职率。刻画了不同地区、不同行业国有上市公司薪酬鸿沟程度，剖析了2006~2016年中国国有上市公司薪酬鸿沟的发展趋势，比较分析了国有企业薪酬鸿沟基于企业规模差异、股权集中度差异、独立董事比例差异、监事会比例差异、股权制衡度差异、女性高管比例差异、上市时间差异、高管薪酬差距差异、资产负债率差异、央企身份差异和地区差异的分布特征，并发现了一系列有价值的结论。比如，自2006年以来，国有企业内部薪酬鸿沟基本上处于逐年上升的趋势，且上升速度有加快的现象。但在2016年，薪酬鸿沟增长得到了控制，开始缓慢下降。可能的原因在于，国有企业"限薪"政策的执行，在2016年开始产生了一定的效果；女性高管参与公司治理程度越高，国有企业内部薪酬鸿沟程度反而加剧。

第4章：发现并论证了中国国有企业CEO通过经理自主权运作拉大高管—员工薪酬差距，导致企业内部薪酬鸿沟的形成。应用2008~2015年最近8年的所有A股知识型上市企业数据开发并验证了包含职位权、关联权、资源运作权、行业自主权和所有权五个维度的经理自主权度量指标体系。应用第3章开发的薪酬鸿沟指标体系，以2006~2016年共11年沪深两市发行A股的国有上市公司数据为样本，采用方差分析、独立样本T检验、多元回归分析和逻辑回归分析等数据处理方法，发现以下结论：①国有企业经理自主权与高管—员工薪酬差距正相关；②国有企业经理自主权与薪酬鸿沟正相关；③国有企业经理自主权通过拉大高管—员工薪酬差距导致薪酬鸿沟的形成；④知识密集度能够正向调节国有企业经理自主权与薪酬鸿沟的正相关关系；⑤知识密集度能够强化国有企业薪酬鸿沟与企业绩效的负相关关系；⑥经理自主权可以通过薪酬鸿沟影响国有企业员工离职；⑦相比较新任CEO，资深CEO的自主权运作更容易导致国有企业内部薪酬鸿沟。本章最后给出了相应的对策建议。

第 5 章：突破现有研究仅单方面考虑经理自主权而忽视员工自主权影响企业薪酬策略的缺陷，综合考察了经理自主权与员工自主权差距对薪酬鸿沟的影响效应。CEO 通过经理自主权操纵高管—员工薪酬差距时，普通员工并非只能欣然地被动接受。相反，员工可以通过运用自身的薪酬议价能力干预高管—员工薪酬差距的形成，并进一步影响该薪酬差距在员工心目中的接受程度，从而最终影响到薪酬鸿沟的形成。因此，预期经理—员工自主权差距将在更大程度上对薪酬鸿沟具有正向促进效应。分别以 436 名陕西省国有企业非高层管理人员的问卷调查数据和 696 条中国农业上市公司数据为样本，采用基于 OLS 的多元线性回归、逻辑回归和分组回归比较分析探讨经理—员工自主权差距与薪酬鸿沟间的关系。研究结果表明：①经理自主权和员工自主权分别对高管—员工薪酬差距产生正向和负向影响，而经理—员工自主权差距对高管—员工薪酬差距具有更大、更显著的正向影响效应；②经理自主权和员工自主权分别对高管薪酬鸿沟产生正向和负向影响，而经理—员工自主权差距对薪酬鸿沟具有更大、更显著的正向影响效应。换言之，经理—员工自主权差距是促进薪酬鸿沟形成的更为直接的原因。基于更大范围的 5782 条中国国有上市公司数据验证了以上结论的稳健性。

第 6 章：发现并论证了经理自主权视角下国有企业内部薪酬差距的行业模仿行为对薪酬鸿沟形成的影响机理。本章以 2007～2015 年在上交所和深交所发行 A 股的 485 家国有上市公司 4365 条平衡面板数据为样本，运用基于最小二乘法的多元线性回归方法，剖析基于经理自主权视角下的国有企业内部薪酬差距行业模仿行为，并由此探讨企业内部薪酬鸿沟的动态形成机理。理论分析与实证数据表明，经理自主权显著正向影响企业内部薪酬差距行业标杆模仿度、行业低端偏离度和行业均值偏离度，从而促进 CEO 在企业内部薪酬差距设置过程中更多采用以上三种行业模仿行为。研究结果显示，对于国有企业薪酬决策问题，具体是在对待内部高管—员工薪酬差距的态度上，高自主权 CEO 具有靠拢行业标杆水平、远离行业低端水平、偏离行业均值水平的倾向。一方面有利于提升自身薪酬水平；另一方面也能够满足锦标赛理论对合理薪酬差距设置的期望，做到公私兼顾。随着经理自主权的不断扩张，企业内部薪酬差距的行业模仿行为不断升级，每一年都会在薪酬差距的行业标杆值、行业低端值和行业平均值三个指标上比前一年明显攀升，形成同一时期行业内不同企业之间的横向攀比、不同时期行业内企业的纵向攀升，以及纵横二者交互促进的薪酬差距动态增长的态势。在行业动态攀比中无节制拉大的薪酬差距，最终会导致企业内部薪酬鸿沟开始产生，并表现为逐年不断增大、动态提升的现象。

　　本研究受国家社会科学基金项目"经理自主权理论视角下国有企业内部薪酬鸿沟的形成机理及对策研究"（15BGL109）资助，特此致谢！本书顺利完成之际，首先，要向我的两位恩师——西安交通大学管理学院李怀祖教授和赵西萍教授，致以真诚的感谢，他们的谆谆教诲与殷切督促使本书得以顺利成稿并出版，仅以本书祝两位恩师身体健康、平安喜乐；其次，要向本人所在的工作单位西安理工大学经济与管理学院的同事与领导表示感谢，专著撰写过程中，学院给予了大力的支持，同事们给予了极大的鼓励和无私的建议；再次，本人要向我的研究生吕悦凡、郭倩、张姣、魏西、杨改梅、杨丹、张欣月表示感谢，在本书成稿过程中，她们承担了数据收集、文献整理与文字校对等大量烦琐的工作，并为具体的研究过程提供了许多有价值的建议和意见；最后，感谢我的家人，尤其是我的爱人王磅和我的儿子张一弛。正是有他们在背后默默无私的支持，本书才得以顺利完成，我的生活因为他们才有意义，在此向他们表示深深的感谢！

目　录

第6章 经理自主权视角下国有企业内部薪酬差距的行业模仿 行为对薪酬鸿沟形成的影响机理研究 ·················· 162

第1章 绪 论

在两权分离日益强化的背景下，经理自主权理论由传统性研究课题转型成为具有前瞻性的研究课题，更是公司治理理论亟须深入挖掘的研究领域（张长征等，2014）。与此同时，高管薪酬历来是公司治理领域中的热门研究主题。尤其是在我国对国企高管发布限薪令的背景下，高管薪酬的合理决策成为学术界关注的焦点，而高管—员工薪酬差距研究的必要性日趋增加。因此，以国有企业为研究背景，通过探讨经理自主权操纵企业内部高管薪酬（重点是高管—员工薪酬差距）的具体动机结构，并探索其操纵路径，致力于优化国有企业 CEO 自主权配置和完善高管薪酬治理实践，不仅具有理论意义，同时兼具现实意义。

绪论部分主要包括以下内容：①经理自主权概述，分别从经理自主权概念、影响因素和影响效应三个方面展开；②经理自主权对高管—员工薪酬差距的操纵效应研究，讨论了该议题研究的缘起与最新进展；③高管—员工薪酬差距相关研究进展，主要从高管—员工薪酬差距影响因素的最新进展和高管—员工薪酬差距影响效应研究的最新进展两个方面展开；④对经理自主权和薪酬差距相关领域研究进行总结性评述，并提出强化企业内部薪酬鸿沟研究的展望。

1.1 经理自主权理论概述

1.1.1 经理自主权概念

经过对现有研究文献的梳理，发现学者们主要从以下四种理论视角研究经理自主权，分别为经理主义理论、战略管理理论、经理感知理论以及企业契约理论。经理主义理论认为，经理自主权是经理以个人效用最大化为目标控制或消费企业资源及其自身人力资本的能力。在战略管理理论中，经理自主权是经理在与利益集团之间就其行为的合理性进行动态博弈的复合过程中形成的自主行为空间。在经理感知理论中，经理自主权准确而言应称为感知经理自主权，它被定义为经理感知到的授权行为空间。在企业契约理论中，经理自主权是经理对公司经营决策活动的实际影响程度。在此框架下，经理自主权是经理综合法定权力、契约权力及非契约影响力三种可能的权力与影响力的结果，并且因为有代理成本的存在，经理自主权也具有其收益和成本。

越来越多的学者和研究人员试图从经理自主权的角度解释一个组织运作的结果。综合以上四种观点，经理自主权是经理在与利益相关者集团之间就其行为的合理性进行动态博弈的过程中形成的自主行为空间，主要体现为 CEO 拥有的法律权力和合同权力以及超越这种合同权力的影响力，这两种权力和影响力的综合结果便是经理自主权，这通常反映在对企业商业决策的影响程度上（张长征、李怀祖，2008）。换句话说，经理自主权反映了首席执行官控制或运营公司资源的能力，其主要目的是在追求公司最大利益的同时最大限度地发挥自身的影响力（Hambrick，2007）。同时，这种权力配置也反映了公司首席执行官和董事会之间的制度安排（窦鹏，2011）。

1.1.2　经理自主权影响因素

Hambrick 和 Finkelstein（1987）指出，影响经理自主权的主要因素包括环境因素和首席执行官的个人特征。张长征等（2008）综合经理自主权影响因素的研究，再次对公司治理中的经理自主权作了详细的解释与补充，将影响经理自主权的因素分为三个层次，分别为行业环境层次、内部组织层次以及经理个人层次。就行业环境层次因素而言，影响经理自主权的因素主要包括产品市场竞争、控制权市场威胁、行业成长性、产品差异化程度、行业产品需求、行业管制、行业资本密集度、行业供应商议价能力等；就内部组织层次因素而言，影响经理自主权的因素主要有董事会特征、股权结构、管理机制、企业规模、组织资源、企业文化、企业成立时间等（Van Essen 和 Carberry，2015）；经理个人因素包括首席执行官的风格、个性、知识、专业精神、认知能力、控制能力（Locus of Control）、权力基础、政治敏锐性、对环境的容忍、对其行为的承诺以及经验等（Hambrick 和 Finkelstein，1987；窦鹏，2011）。此外，Crossland 和 Hambrick（2011）通过在 15 个国家的实证研究发现，一国的民族文化对该国的经理自主权有重大影响，如对个人主义的容忍度等。研究结果表明，学者们开始探讨国家层面经理自主权的因素。

1.1.3　经理自主权的影响效应

综观最近几年有关经理自主权影响效应的研究，除了与本书研究主题密切相关的经理自主权对高等薪酬的影响研究之外，研究者们主要从经理自主权对 CEO 离职行为、独立董事履职程度、监事会有效性（Dai 和 Peng，2015）、高管层在职消费（段静等，2015）、企业价值（Lee 等，2015）、公司绩效（Chen 和 Wang，2011），以及政治关联（熊婷等，2015）等变量的影响效应视角进行了相关研究，确认了经理自主权对各种关键组织现象确实能够产生显著影响，甚至在某些特定情况下是有着决定性的作用。现有研究重点关注经理自主权如何控制公司资源，以及这种操纵对 CEO 本人和公司的相应影响。本书也是在以往研究的基础之上，进一步剖析 CEO 如何利用自主权来操纵薪酬差距和潜在的动机差异，以及这种操纵对 CEO 和公司所产生的相应影响。

1.2 经理自主权对高管—员工薪酬差距的操纵效应研究

1.2.1 研究缘起

国际上,经理自主权理论应用于高管薪酬研究,肇始于 20 世纪八九十年代,发展于 21 世纪初,近 5 年则属于该研究的集中爆发期,几近成熟。与西方国家不同,中国企业所有权与控制权的分离是随着企业改革措施自上而下强制推进而在短期内迅速变化的。由于缺乏市场经济长期自然演进的洗礼,企业高管薪酬体系"与世界接轨"的发展过程是短暂而仓促的,存在着不可磨灭的拔苗助长的痕迹。这导致我国企业改制过程中出现的"内部人控制""代理人危机"等问题显得异常突出,各种高管薪酬乱象层出不穷,屡禁不止,比如,天价薪酬与零薪酬共存、高薪酬增长与低业绩共存、薪酬鸿沟与薪酬大锅饭共存等,集中体现了我国上市公司经理自主权约束和高管薪酬激励机制在较大程度上失效的现实。现实的问题促使国内理论界开始质疑传统的委托代理理论解释高管薪酬的有效性,转而对国外基于经理自主权理论的高管薪酬最新研究动态给予了密切的关注。该问题的深入研究对于丰富和发展我国经理自主权理论及高管薪酬理论,提高我国公司治理水平,具有深远的理论价值与现实意义。目前,经理自主权理论已从新兴的高管薪酬研究视角,发展至与经典的委托代理框架下的最优契约理论视角并驾齐驱,日渐成为国内外学术界解释高管薪酬现象的主流研究视角。

在经理自主权理论中,作为追求利益最大化的理性经济人,CEO 可以主动运作其手中实际掌控的自主权来操纵包括高管薪酬在内的各种经营管理机制。因此,经理自主权与高管薪酬并不是两个相互独立的治理机制。在很大程度上,由于经理自主权的运作会对高管薪酬契约的形成过程、最终结果以及执行效力造成影响,促使其偏离最优薪酬契约的轨道,所以经理自主权安排将在实质上影响高管薪酬。这表现为在企业治理实践中,高权力 CEO 能够相对自主地决定自身薪酬的各个方面,能够利用职位赋予的权力和自身影响力操控董事会获取额外的薪酬补偿。因此,在经理自主权理论视角下,高管薪酬不仅是解决代理问题的工具,甚至其本身就是代理问题的一部分。具体而言,已有大量文献主要从高管薪酬水平、高管薪酬构成、高管薪酬差距三个核心维度刻画和阐释了经理自主权的薪酬操纵效应,其研究成果为战略性人力资源管理和公司治理领域的理论研究与企业管理实践提供了深刻洞见和做出了卓越贡献。

但是目前为止,高管—员工薪酬差距研究相比较以上维度而言,其研究的历程和成熟度要远为逊色,研究进展迟迟未得到突破。在企业内部薪酬差距快速扩大、社会收入不公问题越发突出的现实背景下,近年来上市公司业绩持续下滑与企业内薪酬差距快速扩大的反向变动日益引发公众的质疑和学者的关注。从经理自主权理论视角探讨高管—员工薪酬差距愈加具有关键意义。因此,本书拟梳理和述评经理自主权对高管—员工薪酬差距的操纵效应研究文献，尝试站在前人的肩膀上承前启后，展望未来研究趋势，并借以抛砖引玉，将该领域研究推向纵深。

高管—员工薪酬差距是指整个高管团队平均薪酬水平与普通员工平均薪酬水平之间的绝对差异或者相对差异。随着企业高管—员工薪酬差距的扩大，人们日益发现高管—员工薪酬差距不仅是重要的公司治理问题，更兼具社会治理层面的意义，在企业发展与社会稳定方面均有显著的影响效应。因此企业内部高管—员工薪酬差距的成因及其经济后果开始引起学者的关注。截至目前，高管—员工薪酬差距治理实践无疑是低效的，亟须学术界给予明确的理论指导。然而，由于高管—员工薪酬差距的理论研究进展远滞后于实践需求，我们仍未打开高管—员工薪酬差距持续扩大的内在机理的"黑箱"，高管—员工薪酬差距与企业绩效的关系更是尚未明确。这直接导致在实践中，各决策主体和利益主体缺乏明确的立场和正确的手段对高管—员工薪酬差距进行有效治理和应对。

1.2.2　经理自主权对高管—员工薪酬差距的操纵效应研究进展

作为较早从自主权视角探讨企业内部高管—员工薪酬差距的两篇文献，James 等（2006）和卢锐（2007）分别用美国和中国企业为样本，从企业经理自主权配置视角探讨了薪酬差距的静态原因，发现 CEO 相对于员工和董事会的权力越大，高管—员工薪酬差距也越大。方军雄（2011）以我国普通上市公司为样本，基于动态视角，从薪酬变动的非对称性角度研究上市公司高管与员工薪酬差距拉大的原因，发现上市公司薪酬实践存在严重的基于经理自主权的尺蠖效应。Faleye 等（2013）进一步以美国企业的公开数据为依据，实证发现薪酬差距依赖于 CEO 权力与普通员工力量的对比，从而表明该观点在美国的适用性。另有学者看到了中小企业对于我国国民经济增长的重要性，则以中小企业为研究对象，探究高管—员工薪酬差距对企业成长性的影响，并发现高经理自主权会过度扩大高管—员工薪酬差距，增加员工的不公平感，从而对中小企业成长性产生负面影响（肖东生等，2014）。

此外，更多国内外学者针对二者关系进行了更为深入和细致的探讨，进一步验证了经理自主权可以通过独立董事提名（刘诚等，2012；Rafel Crespi 和 Bartolomé，2014）、利用与董事会成员之间的熟人效应（Yongli Luo，2013）、任命与自身具有相同背景的高管董事（David Zhu 和 James Westphal，2014），以及建立攻守同盟以形成"互相挠背"的事实（David R. Meals，2013；Dan Lin 和 Lu Lin，2014）等各种途径，最终得以实现高管—员工薪酬差距的正向操纵效应，并且这一效应可跨越不同国家、行业、所有制形式而稳定存在（黎文靖、胡玉明，2012；Brian L. 等，2013）。

以上研究均表明经理自主权对高管—员工薪酬差距呈现出了具有初步共识性的正向操纵效应。而强权 CEO 之所以能凭一己之力操纵高管—员工薪酬差距，而不惧其他利益相关者的质疑与愤怒，其主要原因可能在于，一方面现有研究对高管—员工薪酬差距的绩效后果仍未见共识性结论；另一方面，在高管与员工的这场薪酬博弈中，双方地位悬殊，员工所具备的议价能力相对有限，助长了决策者维护小团体利益的私心。因此，由于缺乏明确的理论依据，企业董事会与股东不清楚高管—员工薪酬差距对企业绩效到底是有益或有害，也就没有明确立场去关注高管—员工薪酬差距的大小，他们只是更多地关注包括高管薪酬在内的人工成本总额、高管薪酬对企业绩效的敏感性，或者高管团队薪酬差距，从而留给了CEO 相对较大的权力来自主设定高管与员工的薪酬差距。因此，理论研究和咨询实践给 CEO 们提供了充分而且看似完美的借口，可据此合理地为自己的行为辩护。

最新具有代表性的研究包括：陈红等（2018）以中国 2007 年到 2015 年间剔除了金融企业、ST 和 ST* 企业以及财务数据缺失样本的 7756 条国有上市企业观测数据为样本，应用多元回归分析方法，探讨经理自主权、党组织参与公司治理与能否抑制高管—员工薪酬差距的关系。以高管—员工薪酬差距为因变量，以经理自主权为自变量的实证分析结果证实，经理自主权对高管—员工薪酬差距有显著的正向影响，CEO 结构权、所有权以及专家权都会导致高管—员工薪酬差距加大，而且党组织参与公司治理对该效应的确具有显著的抑制能力。佟爱琴和陈蔚（2018）将经理自主权引入锦标赛理论和行为理论的综合研究框架，以政府补助为中介变量，检验经理自主权通过政府补助作用于薪酬差距的具体过程和经济后果。以 2010～2014 年沪深 A 股上市公司近 8000 个观测值为实证分析样本，采用多元回归方法（OLS）进行实证分析。实证分析结果显示，在经理自主权的中介效应下，政府补助加剧高管—员工薪酬差距。此外，与民营企业相比，国有企业获得的政府补助更能加大高管—员工薪酬差距。

1.2.3 经理自主权对高管—员工薪酬差距的操纵效应研究评述

可见，该领域研究主要呈现以下特点：①研究对象上，从样本区域背景看，已从最初的起源地美国，逐渐扩展至欧洲，也已从发达国家逐渐覆盖到发展中国家，且国际间的比较研究也初露端倪。从样本行业背景看，已从单一行业拓展至多行业的研究，且行业间的比较研究正成为未来的关注热点。②研究方法上，理论研究与实证研究兼顾，以实证研究为主，且实证研究设计经历了从粗放到精细、从简单到复杂的发展历程，从而使研究的有效性越来越高。③研究成果上，学术界就经理自主权对薪酬操纵效应的存在性已基本达成初步共识，更重视探讨高管人员心理与行为因素在薪酬操纵实践中的角色与作用，并且针对操纵效应的发生机制也已给出了具有理论和实践价值的多种竞争性解释以供后续研究检验。经理自主权理论，目前已经从新兴的高管薪酬研究视角，与经典的最优契约理论视角并驾齐驱，日渐成为主流研究视角，甚至隐隐还有超越的趋势，为公司治理和战略性人力资源管理领域的理论研究与企业实践提供了深刻洞见和卓越贡献。

既有研究为我们理解高管—员工薪酬差距的成因提供了有益的启示：由经理自主权主导的高管薪酬与员工薪酬的不对称变动可能是导致企业高管—员工薪酬差距持续扩大的直接原因。CEO之所以愿意而且能够快速扩大高管—员工薪酬差距，既可能是出于谋取私利的潜在动机，也可能是由于在CEO群体中"精英情结"的盛行，当然在很大程度上也得益于董事会和股东对高管—员工薪酬差距决策的不作为。一方面，对高自主权CEO而言，出于利己动机，增大高管—员工薪酬差距不仅在实际上对提升自身收益有利，在理论上也可以打着"激励员工有效竞争促进企业绩效"的旗号，在受到主流研究成果支持的理论背景下，该决策很少会受到各监督群体的质疑；另一方面，出于利企动机，CEO也有动力增大高管—员工薪酬差距。主要原因在于"精英情结"在当前高自主权CEO群体中非常盛行。持有"精英情结"的CEO更认同"二八定律"，即企业80%的绩效主要是靠20%的精英力量推动。因此，此类CEO更加倾向于赋予精英群体更高的薪酬水平，并相应地降低普通员工的薪酬水平，从而实质上导致了高管—员工薪酬差距的快速扩张。事实上，在合作导向、创新为王的当代竞争环境下，"精英治企"的思想已经不合时宜，需要更加强调不同群体之间的知识合作与知识共创，企业才可能长治久安。因此，对CEO而言，高管—员工薪酬差距需要把握一个合适的度，既能彰显高管团队的价值贡献，诱发其工作积极性，又能合理体现普通员工的价值贡献，不能过分刺激普通员工与高管之间的不平衡甚至是情绪。如何找到这样一个合理的"度"并确保CEO愿意接受它，是未来高管—员工薪酬差距研究的焦点。

1.3　高管—员工薪酬差距相关研究进展

1.3.1　高管—员工薪酬差距的影响因素研究最新进展

目前，高管薪酬差距的影响因素可分为以下三类：公司治理和组织特征、高管特征、外部环境因素。比较有代表意义的最新研究如下：

（1）政治晋升预期与高管—员工薪酬差距。步丹璐等（2017）探讨了高管的政治晋升预期对高管—员工薪酬差距的影响效应。该文以2005～2012年最终控制人为国有企业的符合研究条件的6475家上市公司为研究样本，采用基于OLS的多元回归模型和稳健性检验，实证分析发现，高管政治晋升预期对高管—员工薪酬差距有显著负向影响。此外，高管政治晋升预期的行政级别越高，则高管自身接受的薪酬水平越低，且对高管—员工薪酬差距的抑制效果更显著。结论从政治晋升的隐性激励视角，在一定程度上较好地解释了我国上市公司中存在的高管"零薪酬"现象。

（2）企业内部腐败与高管—员工薪酬差距。刘晓伟等（2017）基于世界银行2005年提供的中国11733家企业的实际调查数据，采用排序Probit回归分析方法，实证发现，在内资企业中，基于失控的经理自主权而产生的企业内部腐败现象显著拉大了高管—员工薪酬差距以及不同层级之间的细分性薪酬差距。该结论为中国企业内部不断扩大的高管—员工薪酬差距提供了新的解释视角。

（3）资产负债率与高管—员工薪酬差距。Chemmanur（2013）检验了资产负债率对 CEO 薪酬和员工薪酬的影响。结果显示，资产负债率同时对 CEO 薪酬和员工薪酬具有正向促进作用，从而在一定程度上支持了既有文献中提出的"人工成本增长将限制债务融资的适用"这一观点。根据该文中的数据分析结果，资产负债率与 CEO 薪酬的回归系数要大于资产负债率与员工薪酬的回归系数。换句话说，该结果表明，考虑到 CEO 薪酬基数明显更大，因此随着资产负债率的增长，CEO 薪酬的增长速度要明显高于员工薪酬的增长速度。进一步合理推断，该研究结论表明资产负债率与高管—员工薪酬差距正相关。

（4）内外部综合性治理机制与高管—员工薪酬差距。陈晓珊（2017）基于内外部公司治理机制的角度探讨高管—员工薪酬差距的形成机理，选择 2003～2015 年中国沪深两市 A 股上市公司 18647 条观测数据为样本，以前三高管的薪酬与普通员工的平均薪酬之差衡量高管—员工薪酬差距，应用皮尔逊相关分析、多元回归分析和区间效应分析方法，实证发现，独立董事比例、外部产品市场竞争与高管—员工薪酬差距正相关，而第一大股东持股比例、监事会规模、"限薪令"、"八项规定"等因素对高管—员工薪酬差距有负向影响。此外，两职兼任与董事会规模扩大会加剧民营企业高管—员工薪酬差距。

（5）技术改进与高管—员工薪酬差距。Carola 和 Dimitris（2018）建立了一个一般性平衡模型用以刻画和模拟由于技术前沿的变化而导致的高管—员工薪酬不平等的现实波动。在该模型中，管理人员不仅像现实经济中的其他工人一样，通过参与生产决策来增加公司的价值，而且还通过识别新的投资机会来增加公司的价值。前沿性的技术改进（不论是管理技术，抑或是生产技术），提高了管理人员发现新项目的技能，从而提高了管理人员相对于工人的薪酬差距，以及管理人员之间的薪酬差距。

1.3.2 高管—员工薪酬差距的影响效应研究最新进展

Faleye 等（2013）在国外较早应用详细的高管—员工薪酬差距的信息检验其绩效后果。他们发现，高管—员工薪酬差距与员工生产率的关系并不显著，但公司业绩却随着高管—员工薪酬差距的增加而明显改善。此后有关高管—员工薪酬差距对企业绩效影响效应的研究，主要是基于锦标赛理论和行为理论两个经典理论观点，现有的实证研究均各自支持这两种理论。在此基础上，Yunhao Dai 等（2017）则整合锦标赛理论和行为理论两种理论模型，探讨了高管—员工薪酬差距与公司内部生产率的具体关系。最新研究进展如下：

（1）高管—员工薪酬差距与企业创新。孔东民等（2017）采用上市公司数据，实证分析发现：首先，整体的实证结论支持锦标赛理论预期，即高管—员工薪酬差距对企业创新绩效有正向促进作用。其次，在高管—员工薪酬差距水平较低时，拉大高管—员工薪酬差距显著促进企业创新绩效，但在高管—员工薪酬差距较高时，加大差距反而抑制企业创新。这表明锦标赛理论与组织比较理论分别在不同的薪酬差距状态下，将各自占据主导效应。最后，高管—员工薪酬差距对创新的正向促进主要是由高管薪酬溢价而非员工薪酬溢价驱动。杨婵等（2017）基于世界银行 2004 年对中国 120 座城市所做的经营环境抽样调查数据，考察了企业内部薪酬差距与新创企业创新活动的关系。采用 Tobit 回归模型分析的结果表明，新创企业中，企业内部薪酬差距与创新精神之间存在显著的倒"U"形关系，也就是说，企业内部薪酬差距对新创企业的创新活动与创新绩效有着先促进后抑制的非线性影响效应。进一步研究还表明，董事会的存在以及外部创新环境的包容性可强化企业内部薪酬差距对创新绩效的正向影响，而抑制其负向影响效应。尽管高管与员工之间的薪酬差距已经受到相当大的关注，但由于缺乏足够的实证数据，其技术创新后果仍不清楚。

（2）高管—员工薪酬差距与企业生产效率。刘张发等（2017）基于随机前沿模型的实证分析结果显示，高管—员工薪酬差距持续拉大，将抑制企业生产效率的提升。进一步以企业性质为调节变量的深入分析表明，高管—员工薪酬差距的拉大对中央国有上市公司生产效率的抑制效应高于对地方国有上市公司的抑制效应，而且该结果不以变量测度和实证模型的不同而发生变化，稳健性较好。研究结论支持了 2009 年和 2015 年国企限薪政策的必要性。Yunhao Dai 等（2017）应用 2003～2011 年非金融上市企业的数据，经规范的实证分析发现，当高管—员工薪酬差距居于最优水平时，锦标赛理论就会生效，而当高管—员工薪酬差距高于最优水平时，公平理论和相对剥夺理论所预测的公平效应就成为主因。因此，高管—员工薪酬差距与企业生产率之间呈现一个倒"U"形关系。

（3）高管—员工薪酬差距与企业绩效。吕荣杰等（2017）采用中国 31 个省市的 A 股上市公司、2010～2015 年间的样本数据证实，较之高管—员工薪酬差距，企业绩效受员工之间薪酬差距的影响更大。且该差距与公司绩效显著正相关。该结论证实员工在比较薪酬水平时，其比较基准更大程度上选择其同事而非高管人员。此外，进一步研究发现，相对于中西部地区的企业，东部地区企业员工间薪酬差距的提升更有利于业绩改进。卫旭华等（2018）综合了锦标赛和组织层级理论的基本观点，应用 2011～2013 年我国沪深 A 股符合研究条件的 2236 条上市公司观测数据为样本，采用纵贯性的研究设计，尝试动态地剖析"高管—员工薪酬差距—企业绩效—高管—员工薪酬差距"这一动态演化机制。高管—员工薪酬差距在时间序列上具有自我强化的属性，而地区市场化程度和产业集中度能够通过有中介的调节效应正向间接促进这一动态演化机制。胡奕明和傅韬（2018）分别应用 OLS 和 2SLS 回归分析模型，采用 SPSS 统计分析软件，以 2005～2013 年 A 股上市公司数据为样本，发现了与现有文献不同的结论，即公司财务绩效（ROA）和市场绩效均与高管—员工薪酬差距和高管薪酬差距呈正

"U"形关系。此外，李阳（2014）系统研究并验证了高管—员工薪酬差距的绩效后果。

（4）高管—员工薪酬差距与企业战略性成功。战略性人力资源管理理论强调通过创建和开发员工技能，以及鼓励员工能力最大限度地发挥以达成组织战略目标。高层管理者是战略性人力资源，而员工作为一个更为庞大的群体也是战略性人力资源不可或缺的一部分，只有二者之间存在适当的心理契约才能够有效达成组织目标，获取竞争力。因此，在战略性人力资源管理理论视角下，过高的高管—员工薪酬差距不利于甚至破坏 CEO 与员工互信的关系性心理契约的构建与维护，企业的战略成功很难最终达成（Deborah 和 Ann，2002）。

（5）高管—员工薪酬差距与全要素生产率。杨竹清和陆松开（2018）以来自 Wind 数据库和 CSMAR 数据库的 2008～2015 年我国 A 股上市公司数据为样本，分别以 OLS 模型与 LP 模型估计的全要素生产率为因变量，应用 Stata13.0 的多元回归分析。结果显示，企业高管团队内部薪酬差距、高管—员工间绝对薪酬与企业全要素生产率显著正相关，但高管—员工间相对薪酬差距与企业全要素生产率存在典型的倒"U"形关系。

（6）高管—员工薪酬差距与消费者购买意愿。Mohan 等（2018）研究发现，当消费者得知某特定目标公司的 CEO 与员工的薪酬差距低于他们认可的"合理性薪酬差距"时，相比于那些呈现更高的 CEO—员工薪酬差距的企业，他们会更愿意购买前者公司的产品或者服务。当然，如果他们不知道该公司的具体薪酬差距，则会根据其他购物偏好进行选择。此外，Mohan 等（2018）认为，CEO 薪酬水平将调节这一影响效应。具体而言，当 CEO 薪酬水平过高时，同样的 CEO—员工薪酬差距将会导致更高的不公平感知，从而降低消费者购买产品的意愿。

（7）高管—员工薪酬差距与员工任务绩效。高管—员工薪酬差距对员工工作绩效的影响取决于该员工的薪酬水平与企业平均薪酬的对比。研究显示，对于"薪酬不低于团队内部平均薪酬"的员工，内部薪酬差距的增加有利于该类员工任务绩效的提升，而对于"薪酬低于团队内部平均薪酬"的员工，他们与团队内部薪酬差距的增加则降低其自身的任务绩效（陈胜军等，2017）。这也就证实提升高管—员工薪酬差距最终对团队和企业绩效的影响，其实是权变的，取决于这两个群体的数量及其对团队和企业绩效的相对影响程度。这就为企业内部薪酬分配提供了有力的理论支撑和指导。

（8）高管—员工薪酬差距与盈余管理。杜晶和张茜（2018）以 2009～2016 年我国 A 股国有上市公司财务披露数据为研究样本，剖析盈余管理程度受高管—员工薪酬差距的影响。基于 Stata14.0 对面板数据回归分析。结果表明，二者负相关，而且虽然会计稳健性可以降低高管—员工薪酬差距对盈余管理的诱发程度，但二者的负相关关系不因会计稳健性指标的变化而发生性质上的变化，仍然稳定存在。因此，该研究证实了加大高管—员工薪酬差距会造成高管更严重的盈余管理行为，从而损害公司价值。

1.4 企业内部薪酬鸿沟研究展望

综合上述文献，既有研究并没有将薪酬鸿沟作为独立的学术概念进行研究，而是将其视同为薪酬差距开展形成机理与治理对策研究。当前对薪酬差距与组织结果关系的研究远未达成一致结论。对于薪酬差距的清晰界定和分类的缺乏是一个关键因素（Nina Gupta 等，2012）。企业内薪酬差距分为高管团队内部薪酬差距、高管—员工薪酬差距，以及性别薪酬差距。其中，前两种薪酬差距的相关研究，尤其是在经理自主权理论视角下二者的形成机理研究，在上文以及母欣（2017）和高灼琴（2017）的研究中进行了详细综述，而性别薪酬差距，作为一个天生带有伦理属性的概念，实际上可以视同为"性别薪酬鸿沟"。

高管团队内部薪酬差距，其英文术语经常译为"Executive Compensation Dispersion"，而高管—员工薪酬差距，其英文术语经常翻译为"Executive-Worker Pay Ratio"。从其英文含义来看，二者均是中性词汇，并没有必然体现无法逾越的、超越合理的"鸿沟"之意。换言之，高管薪酬差距和高管—员工薪酬差距可能是合理的，能够促进锦标赛激励效应，也可能是具有"薪酬鸿沟"，可能导致公平失衡而伴随的绩效降低与效率下降。与二者不同，性别薪酬差距，其英文术语通常为"Gender Pay Gap"。而"Gap"一词本身具有鸿沟的含义，意味着不合理、难以弥补的不公平，再加上该词与性别交织在一起，天生具有伦理的属性。因此，性别薪酬差距通常意味着性别薪酬鸿沟。

因此，本书将从以下三个方面对薪酬鸿沟的研究进行论述：①性别薪酬鸿沟研究；②薪酬差距研究中发现"薪酬鸿沟"效应；③本书中基于相关文献的薪酬鸿沟界定。

1.4.1 高管团队内部性别薪酬鸿沟研究

既有研究系统地分析了高管薪酬中的性别鸿沟。很多研究通过经济计量模型估计了高管薪酬各决定因素的影响效应（Blau 等，2000）。整体上，这些研究有两个重要发现：第一，男性和女性高管之间的薪酬鸿沟的确存在，而且数量巨大，堪称"薪酬鸿沟"；第二，部分薪酬鸿沟可以由个人或企业层面的经济因素来解释。例如，Blau 和 Lawrence（2000）分析了1992~1997年的高管薪酬数据，发现女性高管的薪酬比男性高管平均低了45%。这种鸿沟的很大一部分可用公司特征（比如，公司规模）和高管特征（例如，高管头衔、年龄和任期）解释。与男性高管相比，女性高管倾向于管理规模较小的公司，而且更不太可能担任首席执行官、主席或总裁等关键职位。整体上，女性高管也更年轻，在公司的资历也普遍较低（Bertrand 和 Hallock，2001）。与此同时，Muñoz 和 Fernando（2010）发现，在绩效薪酬部分存在未被解释的性别鸿沟。

除薪酬水平外，高管薪酬绩效敏感性在主流的高管薪酬研究文献中经常被关

注（比如，Finkelstein，Hambrick 和 Cannella，2009）。Kulich 等（2010）应用英国上市企业所披露数据，证实女性高管的薪酬绩效敏感性显著低于男性高管。基于这一发现，Kulich 等认为，与男性高管相比，在相同水平的企业绩效情境下，女性高管的能力与努力程度被低估，从而被设定了更低的薪酬水平。虽然现有的高管薪酬性别鸿沟研究，客观描述了在高管层面上的性别薪酬鸿沟，并为其形成机理提供了宝贵的理论视角与深刻洞察力，但仍然缺乏文献从社会心理学视角探讨高管薪酬性别鸿沟的形成机理。

根据委托代理理论，信托责任将要求董事们为了协调管理层激励与股东利益，与高管谈判确定最有效的高管薪酬契约。但是有充分的证据表明，在薪酬谈判的过程中，董事会成员，特别是薪酬委员会成员，将不得不受到各种社会、心理和政治因素的影响，以致合理薪酬契约的达成受到扭曲（Finkelstein，Hambrick 和 Cannella，2009）。例如，在其他条件等同的情况下，自主权越大的高管人员，其薪酬水平要明显高于控制权较小的同事；Westphal 和 Zajac（1995）发现，当 CEO 与董事会成员在人口统计学变量上具有更强的相似性时，CEO 薪酬水平增加；Yung 和 Buchholtz（2002）发现，CEO 与薪酬委员会成员的任期交错提升了性别薪酬鸿沟，而二者之间的性别相似性与性别薪酬鸿沟无关。

社会认同理论表明，相较于群体外成员（Out-group Members），人们倾向于对群体内成员（In-group Members）的能力给予较高的评价。根据此理论，董事会成员往往根据性别将高管分为群体外成员和群体内成员。这就意味着，男性董事对男性高管的评价更为有利。因此，男性董事主导的董事会来评估女性高管与男性高管绩效与能力的情况下，男性高管薪酬通常要高于女性；相反，女性董事对女性高管的评价要比男性董事评价她们更有利。以此逻辑，当董事会或薪酬委员会中女性董事比例较高，女性高管将获得更有利的评价，从而其薪酬水平将更高。

1.4.2 高管—员工薪酬差距研究中发现"薪酬鸿沟"效应

虽然现有文献并没有严格遵循"薪酬鸿沟"概念开展相关研究，但在研究高管—员工薪酬的影响效应时，在为数众多的支持锦标赛理论的研究成果之外，仍然有少量国内外研究文献证实了过高高管—员工薪酬差距的负面影响效应，亦即"薪酬鸿沟"现象已经在文献中初露端倪，有待进一步挖掘和探索。

魏芳和耿修林（2018）发现，过高的内部薪酬差距实际上增加了高管采取自利行为的动机和冒险倾向，诱发其不正当努力的倾向，促进了企业发生违规行为的概率。该研究表明了"薪酬鸿沟"不仅可能来自员工的不公平感受，也可能来自高管为了更高的薪酬收入而选择过度冒险的不正当努力。

孔东民等（2017）发现，在高管—员工薪酬差距较高时，加大差距反而抑制企业创新。杨婵等（2017）基于世界银行 2004 年对中国 120 座城市所做的经营环境抽样调查数据，采用 Tobit 回归模型分析发现，当高管—员工薪酬差距过大时，企业创新精神会受到抑制，从而强化了孔东民等（2017）的结论。这两个文献表明，过高的薪酬差距所带来的"薪酬鸿沟"，或许能够促进高管和员工更为努力地工作和竞争，但是很大概率上抑制双方的创新能力和创新精神，毕竟"创新需要内在的激情而非外在的金钱刺激"。

刘张发等（2017）证实，国有上市公司内部高管—员工薪酬差距持续拉大将抑制企业生产效率的提升。与此同时，杨竹清和陆松开（2018）发现，高管—员工间相对薪酬差距与企业全要素生产率存在典型的倒"U"形关系。这两个研究结果表明，全要素生产率不仅靠高管的努力投入，更要靠全体员工，包括最广大的基层操作工人、服务人员在内。缺乏全员投入的企业，全要素生产率的增长很快会触碰上限。

Deborah 和 Ann（2002）基于战略性人力资源管理理论，发现过大的高管—员工薪酬差距破坏员工的关系性心理契约，从而不利于企业战略目标的达成。与此同时，杜晶和张茜（2018）发现，过大的高管—员工薪酬差距会造成高管更严重的盈余管理行为，从而损害公司价值。可见，过高的高管—员工薪酬差距所带来的"薪酬鸿沟"效应已开始在战略层面和公司价值层面凸显负面影响。

综上所述，虽然表面上，文献中对绩效有提升效应的高管—员工薪酬差距仍然有上升的空间和必要性，但实际上，该差距已经接近甚至超过了薪酬不公平的心理"阈值"，"薪酬鸿沟"现象已经频频出现，有待研究者的关注。

1.4.3 企业微观层面的高管—员工薪酬差距会破坏社会宏观层面经济增长质量改善

过高的高管—员工薪酬差距不仅在微观企业层面可能带来企业内的薪酬鸿沟效应，从而对企业短期利润，尤其是长期竞争力会带来负面效应，而且在宏观层面可以形成社会收入过度分层，形成在社会公众心理上的"薪酬鸿沟"，从而对宏观经济的正常运行产生不良影响。为验证本书这一假设，本章测算了中国上市公司 1998~2016 年非金融上市公司高管—员工薪酬差距的均值，并收集了同一时期对应的全要素生产率增长率数据（见表 1.1）。

表 1.1　中国上市公司平均高管—员工薪酬差距与全要素生产率增长率数据（1998~2016 年）

年份	平均高管—员工薪酬差距[a]（元）（EEPD）	平均高管—员工薪酬差距对数（LNEEPD）	全要素生产率增长率[b]（GRTFP）
1998	149430.42	11.915	0.763
1999	162884.23	12.001	0.974
2000	167636.22	12.030	2.030
2001	173811.64	12.066	2.042

年份	平均高管—员工薪酬差距（元）（EEPD）	平均高管—员工薪酬差距对数（LNEEPD）	全要素生产率增长率（GRTFP）
2002	200547.85	12.209	2.741
2003	210995.45	12.260	2.722
2004	222319.58	12.312	2.942
2005	235701.29	12.370	4.262
2006	291339.13	12.582	5.693
2007	428040.71	12.967	7.241
2008	460487.14	13.040	2.813
2009	495351.22	13.113	1.330
2010	596507.85	13.299	2.760
2011	681157.15	13.432	1.682
2012	710820.50	13.474	0.343
2013	757932.45	13.538	0.511
2014	785367.64	13.574	0.410
2015	761038.08	13.542	0.591
2016	799168.80	13.591	0.527

注：a. 本研究测算。数据系根据锐思和国泰安数据库中非金融类上市公司前三高管薪酬与普通员工薪酬的差值进行测算，个别公司的数据来自年报数据的手工收集。b. 1998~2015 年数据引自：陆旸. 中国全要素生产率变化趋势［J］. 中国金融，2016（20）：40-42。其中，2016 年数据系根据 2013 年、2014 年与 2015 年三年数据进行了平滑测算得到。

应用 EVIEWS7.2 软件，对以上数据进行统计处理，采用格兰杰因果检验方法探讨企业层面的高管—员工薪酬差距（LNEEPD）与宏观层面全要素生产率增长率（GRTFP）之间的因果关系（见表 1.2）。

表 1.2　高管—员工薪酬差距（LNEEPD）与全要素生产率增长率（GRTFP）格兰杰因果检验结果

原假设	Obs	F 统计量	相伴概率	结论
GRTFP 不是 LNEEPD 的格兰杰成因	17	2.07365	0.1685	接受原假设
LNEEPD 不是 GRTFP 的格兰杰成因	—	4.89687	0.0279	拒绝原假设

表 1.2 第二行中，由于 P = 0.1685 > 0.05，接受原假设，即 GRTFP 不是 LNEEPD 变化的 Granger 原因；第三行中，P = 0.0279 < 0.05，不接受原假设，即

LNEEPD 是 GRTFP 变化的 Granger 原因。因此，可认为 LNEEPD 是因，GRTFP 是果。也就是说，企业层面的高管—员工薪酬差距（LNEEPD）与宏观层面全要素生产率增长率（GRTFP）之间存在明确的因果关系，前者是后者的格兰杰原因。

进一步，应用 EVIEWS7.2 软件，以 LNEEPD 为自变量，以 GRTFP 为因变量，做基于 OLS 的回归估计，结果如公式（1.1）所示：

$$GRTFP = 12.53347 - 0.804549 LNEEPD$$
$$(1.421082)\ (-1.169558) \tag{1.1}$$

$$R^2 = 0.074471 \quad R^2_{adj} = 0.020028 \quad DW = 0.618942 \quad F = 1.367866$$

式（1.1）显示，高管—员工薪酬差距将显著降低全要素生产率增长率，从而抑制宏观经济增长质量的改善。这表明，过高的高管—员工薪酬差距不仅在企业层面可能形成微观"薪酬鸿沟"，更能在社会层面聚合成宏观"薪酬鸿沟"，从而对我国经济增长质量的提升造成显著负向影响。该结论值得政府决策部门关注。

1.4.4 基于相关文献的薪酬鸿沟界定

本书所说的"薪酬鸿沟"现象，是指企业内部过大的高管—员工薪酬差距状态下，员工所感受到的不公平、被剥夺感占据其主导心态模式，从而对其行为产生的负面影响超过薪酬差距的锦标赛激励效应。超过薪酬公平差别阈的高管—员工薪酬差距（余璇、陈维政，2017），本书称为薪酬鸿沟。换句话说，超过员工心目当中"合理水平"的高管—员工薪酬差距，就是薪酬鸿沟。但是，公司绩效与高管—员工薪酬差距之间存在的表面上的强正相关的关系掩盖了薪酬鸿沟研究的急迫性和必要性。

目前，与薪酬鸿沟研究最为贴切的一篇文献来自 Shelly 和 Rebecca（2016）。他们认为，同样的薪酬差距，因为薪酬沟通的质量不同，可能对员工产生的感受有本质性的区别。高质量的薪酬沟通能够让薪酬差距中的合理成分得以被员工所接纳和承认，则锦标赛理论所宣扬的差距激励效应就更大可能会发生；而薪酬差距中的不合理成分有可能得到美化或者适度合理化，则组织公平理论所主张的不公平感及由此而导致的怠工、破坏、缺勤甚至离职的行为，都可能得到适度抑制。也就是说，高管—员工薪酬差距转化成被员工感知到的"薪酬鸿沟"的阈值将被薪酬沟通变大。

基于以上文献梳理，经理自主权理论研究是公司治理研究中的热点问题，而经理自主权对高管薪酬治理的影响效应研究整体上日趋成熟，形成了大量的高质量研究成果。但是，经理自主权对高管—员工薪酬差距的影响机理研究却仍处于方兴未艾的阶段，有待于进一步研究和挖掘。更为重要的是，与高管—员工薪酬差距密切相关的概念"薪酬鸿沟"，在现有文献中尚未得到足够的重视，缺乏实证文献将其作为一个独立的学术概念，从经理自主权的视角探索其形成机理。这一事实导致，目前很多文献将高管—员工薪酬差距这一客观现象等同于"薪酬鸿沟"在员工心目中的主观感受，从而在治理企业内部薪酬政策改革的过程中，盲目地进行"限薪"，在限制了高管与核心员工积极性的同时，并未能改善员工心目中的"薪酬鸿沟"现象。

　　针对国企内部薪酬鸿沟持续快速扩大的现实问题及其有效治理机制缺位的理论困境，本书"经理自主权理论视角下国有企业内部薪酬鸿沟的形成机理及对策研究"，正是为顺应这一明确而迫切的现实与理论需求而提出的科学研究课题。公司治理改革与薪酬分配改革是国企改革的两个关键内容，本书将两者有机结合在一起，寻求国企改革新的突破口，有利于促进国企改革举措的系统性和针对性，在提升国企改革综合效果、强化国企整体竞争力和示范效应的同时，有利于在社会层面上促进收入差距缩小，构建和谐社会。

第2章　国有企业高管—员工薪酬差距现状刻画：基于上市公司与问卷调查数据的双重证据

本章将完成以下具体工作：首先，通过上市公司数据对于国有企业内部高管—员工薪酬差距进行详细的现状刻画，力求明晰国有企业高管—员工薪酬差距现状；其次，对问卷调查得到的感知高管—员工薪酬差距（感知薪酬鸿沟）数据进行分析，刻画国有企业内部感知高管—员工薪酬差距分布特征。当然，本书将在国有上市公司客观数据的基础上，在第3章开发出更具有可信度的客观衡量薪酬鸿沟的度量指标体系，并应用该指标体系进行更为深入的研究，探讨经理自主权在薪酬鸿沟形成中的作用机理及其相应的对策。

对本章中后文专用术语的说明："高管—员工薪酬差距"，是指根据上市公司披露的薪酬数据测算出来的客观薪酬差距，或者通过问卷调查出来的客观薪酬差距，其单位均为（万）元；"感知高管—员工薪酬差距"，是指通过问卷中的具体感知量表获取的员工对薪酬差距超过合理性水平的主观感受程度，在本章中基本等同于"感知薪酬鸿沟"。在没有特别说明的情况下，本章中"感知高管—员工薪酬差距"与"感知薪酬鸿沟"可以互用。本章的"感知薪酬鸿沟"是对员工薪酬不公平感知的直接衡量，而第3章中开发的"薪酬鸿沟"度量指标体系，是通过运用客观数据和指标来间接衡量薪酬鸿沟。

2.1　国有上市公司内部高管—员工薪酬差距现状刻画

2.1.1　研究设计

2.1.1.1　样本数据和来源

本章的研究数据均来自国泰安金融数据库。为使我们的研究结果更具有现实意义，选取2007~2015年沪深两市A股共9年的国有企业上市公司披露数据作为样本框，排除不符合本章研究范围的公司，以其余公司为研究对象，剔除原则如下：

（1）剔除ST公司。由于这些ST公司处于特殊处理时期，其高管团队薪酬的制定程序与结果，必然与正常运作状态的上市公司有截然差异，不论是其自主权状态，还是其薪酬本身代表的含义，都会发生较大偏差与变异，因此此类公司可能在很大程度上会偏离本章研究的解释变量。

（2）鉴于银行、金融、保险类上市公司资产结构及经营管理的特殊性，将其剔除。

（3）剔除年报信息披露不完全的公司。如年报中没完整披露高管和员工报酬信息的公司。

（4）剔除有极端值的样本公司。如果样本公司的数据过高或过低，将严重影响模型有效性，需要剔除。

（5）剔除数据不连续的公司。为了方便统计数据，本章研究要求样本企业是 2006 年前上市的公司，并且一直没有退市。

鉴于本章的样本必须是跨年度的，所以样本公司的所有指标在数据筛选期间均必须存在。依据 CSMAR 且经过筛选，最终获得 485 家沪深国有上市公司作为最终研究对象，9 年总计 4365 条观测值（平衡面板数据）。研究过程中主要使用了 SPSS23.0 和 Excel 等统计软件。

2.1.1.2　变量操作定义

（1）公司绩效（FPER）。

1）总资产净利率（ROA）。公司净利润和平均总资产的百分比被定义为总资产净利率。这一指标反映的是公司从其所有资产中所获得的利润水平，即每占用 1 元资产，公司平均可获得多少利润。指数越高，证明公司的投入产出水平越高，资产操作越有效，成本控制水平越高。反映企业管理水平的高低。

2）净资产收益率（ROE）。又称股东权益收益率/净资产利润率，是净利润占平均股东权益的百分比，并且是公司税后利润除以净资产的百分比比率。该指标体现了股东权益的收入水平，以此来衡量公司使用自有资本的效率。指标越高，表明投资收益越高。这一指标反映了自有资本获得净收益的能力。

3）每股收益（EPS）。亦称每股税后利润、每股净利润，指的是税后利润与股本总额之比。每股收益通常用来反映公司的经营业绩，衡量普通股的盈利能力和投资风险，是投资者评估公司的盈利能力，预测公司的成长潜力，继而做出相应经济决策的重要财务指标之一。

4）托宾 Q 值（TQ）。企业市价（股价）/企业的重置成本代表托宾 Q 值，用来衡量企业未来发展的潜力，作为企业长期绩效的指标。

（2）高管—员工薪酬差距。

高管—员工薪酬差距（EEPD）。国内外关于高管—员工薪酬差距的定义很多，但大多是以高管平均薪酬与员工平均薪酬差值的对数，或者是以高管平均薪酬与员工平均薪酬比值来衡量（王怀明、史晓明，2009），绝对高管—员工薪酬差距能很好地直接用具体差值体现这种薪酬差距，而相对高管—员工薪酬差距则能在数据处理上得到较大优势，使数值偏差相对较小。

本章借鉴吕明月（2016）的观点计算高管与员工间的薪酬差距，其中，高管人员的平均薪酬是前三名高管薪酬的平均数，普通员工的平均薪酬等于员工获得的薪资总额与普通员工的人数之比，普通员工薪酬总额等于支付给职工以及为职工支付的现金减去董事、监事及高管薪酬总额，普通员工人数等于公司员工总数与高管人数的差值。为了使研究能够相对真实地反映高管—员工薪酬差距的绝对差异，本章在已有研究的基础上，采用绝对高管—员工薪酬差距（EEPD）来作为主要衡量指标，相对高管—员工薪酬差距（EEPR）作为稳健性检验的替代性指标。具体如下：

$$EEPD = \ln（高管平均薪酬 - 员工平均薪酬）$$

$$= \ln\left(\frac{高管前三名薪酬总额}{3} - \frac{员工年度薪酬总额}{员工人数 - 高管人数}\right)$$

$$EEPR = \ln（高管平均薪酬 / 员工平均薪酬）$$

$$= \ln\left(\frac{高管前三名薪酬总额}{3} \Big/ \frac{员工年度薪酬总额}{员工人数 - 高管人数}\right) \tag{2.1}$$

（3）其他变量。

1）公司规模（FSIZE）。许多实证研究结果均表明，企业规模与企业绩效之间存在着显著的相关性。这一时期的总销售额、总资产和雇员人数都可以作为企业规模变量。利用现有的研究成果（Chen, Liu 和 Li, 2010），作为企业规模变量，为了数据的可用性和准确性，本章将代表公司规模的公司总资产的自然对数视为控制变量。

2）独立董事比例（RID）。董事会监督的有效性在较大程度上依赖于董事会的独立性。独立董事虽然与企业绩效和高管薪酬设定无直接利益关系，但能对企业治理产生积极客观的监督作用。

3）女性高管比例（RFE）。女性高管与董监高总人数的比值。

4）股权集中度（FSR）。企业股权集中度以最大股东持股比例表示，最大股东持股比例越高，股权集中度越高。持股比重较大的股东有更强的激励机制来支持公司发展以改善公司业绩，有更强的动机来监测管理层行为，并有更大的权力加强对公司治理的监督（肖东生等，2014）。在股权集中度较高的企业中，管理激励更加科学、严谨，可以从公司长期发展的角度来设定高管薪酬制度。由此，将股权集中度作为控制变量之一添加到模型中。

5）股权制衡度（BDE）。公司的控制权由几个主要股东分享占有，内部权利的相互制约使任何大股东都不能单独对公司的经营做出决策，由此促进大股东之间的相互监督，有利于企业业绩的提高。

6）地区变量（EAST）。借鉴现有文献观点（赵健梅、任雪薇，2014），本章加入公司注册地区作为控制变量，其中东部地区为1，否则为0。

7）是否央企（CENT）。隶属于央企，将面临更为严格的薪酬监管与更慎重的社会责任，当然也会掌控更大的资源禀赋，因此，有理由推断是否央企将对企业的薪酬政策产生显著影响。因此，加入是否央企作为控制变量，中央国企记为0，否则为1。

本章变量的选取情况如表2.1所示。

表 2.1　变量定义

变量代码	变量名称	定义或计算
EEPD/EEPR	高管—员工薪酬差距	高管平均薪酬与员工平均薪酬的差额的对数；高管平均薪酬与员工平均薪酬的比值的对数
FPER	公司绩效	总资产净利率，净资产收益率，每股收益，托宾 Q 值
FSIZE	公司规模	总资产自然对数
RID	独立董事比例	独立董事人数/董事会人数
RFE	女性高管比例	女性高管人数/高管总数
FSR	股权集中度	第一大股东持股数/股本总数
BDE	股权制衡度	第二到第十大股东持股比例之和/第一大股东持股比例
CENT	是否央企	中央国企为 0，否则为 1
EAST	地区	公司注册地东部 = 1，否则为 0

2.1.1.3　描述性统计及相关性分析

如表 2.2 所示，东部地区国有上市公司占全国国有上市公司的比重合计为 61.2%，其中独立董事的比重平均为 36.6%，符合证监会发布的有关《上市公司治理准则》设立独立董事的要求，90% 的国有上市公司实现了两职分离。在本章中，股份集中的程度取最大股东所持股份的比例，平均为 38.0%，而 0.138 的标准差则表示国有企业最大股东所持股份比例的离散程度较小。高管—员工薪酬差距平均为 430385 元，高管—员工薪酬比值平均为 6.5 倍。

表 2.2　主要变量的相关性分析结果

	均值	标准差	1	2	3	4	5	6	7	8	9	10
GAP	12.6	0.948	1									
ROA	0.035	0.067	0.224 **	1								
TQ	2.26	2.31	-0.106 **	0.017	1							
EAST	0.61	0.489	0.200 **	0.068 **	-0.030	1						
CENT	0.67	0.471	-0.085 **	-0.006	-0.033 *	0.025	1					
RFE	0.127	0.150	0.011	0.014	0.086 **	0.089 **	0.122 **	1				
RID	0.366	0.051	0.022	-0.056 **	0.027	-0.090 **	0.007	0.020	1			
BDE	0.525	0.480	0.096 **	0.025	0.082 **	-0.087 **	-0.062 **	0.072 **	-0.063 **	1		
FSR	0.380	0.138	0.005	0.089 **	-0.075 **	0.109 **	-0.004	-0.098 **	0.040 **	-0.675 **	1	
FSIZE	22.3	1.19	0.425 **	0.083 **	-0.325 **	0.068 **	-0.066 **	-0.137 **	0.085 **	-0.032 *	0.234 **	1

注：** 表示在 0.01 水平（双侧）上显著相关；* 表示在 0.05 水平（双侧）上显著相关。

高管—员工薪酬差距与总资产净利率和托宾 Q 值在 0.01 的水平上显著相关，与是否央企、是否东部地区、股权制衡度以及公司规模在 0.01 的水平上显著相关。从以上相关性统计分析可以得出，本章的主要研究变量高管—员工薪酬差距与 ROA 和托宾 Q 值在 0.01 水平上显著相关，这为本章后面的回归分析提供了前提。另外，其他变量之间大多数也具有显著相关性，初步说明本章选择这些控制变量的合理性。整体上主要解释变量和控制变量之间的相关系数值均不大于 0.5，说明基本不存在多重共线性的问题。

2.1.2　地区间国有企业高管—员工薪酬差距现状

如图 2.1 所示，地区之间的企业高管—员工薪酬差距存在显著差异。广东省的高管—员工薪酬差距最大，约有 748792.54 元；北京地区的高管—员工薪酬差距位居第二，为 526908.18 元；江西省位居第三，为 520100.62 元；甘肃省的高管—员工薪酬差距最小，为 186025.89 元；陕西省的高管—员工薪酬差距比甘肃省略高，为 186513.14 元。

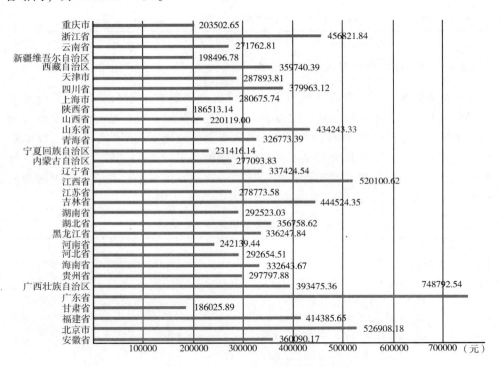

图 2.1　地区间国有企业高管—员工薪酬差距比较现状

2.1.3　行业间国有企业高管—员工薪酬差距现状

根据本章筛选标准，最终我们选择沪深两市 A 股国有上市公司 485 家，剔除金融行业后，以这 485 家公司作为面板数据，分属以下几个行业，如表 2.3 所示。地区分布方面，上海市的企业最多，其次安徽省和广东省的企业也较多，而青海省，新疆维吾尔自治区等地区的企业较少。

表2.3 样本公司所属行业统计

所属行业	数量（家）
采矿业	126
电力、热力、燃气及水生产和供应业	414
房地产业	333
建筑业	135
交通运输、仓储和邮政业	306
科学研究和技术服务业	9
农、林、牧、渔业	72
批发和零售业	387
水利、环境和公共设施管理业	72
文化、体育和娱乐业	54
信息传输、软件和信息技术服务业	90
制造业	2223
住宿和餐饮业	36
综合	63
租赁和商务服务业	45
合计	4365

如图 2.2 所示，各行业之间的高管—员工薪酬差距存在显著差异。尤其租赁和商务服务业的高管—员工薪酬差距最大，约为 910426 元；其次为房地产业，约为 547749 元。科学研究和技术服务业的高管—员工薪酬差距最小，约为 188592 元。

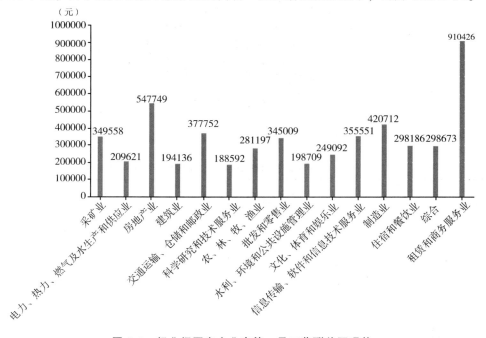

图 2.2 行业间国有企业高管—员工薪酬差距现状

2.1.4 央企与地方国企间公司高管—员工薪酬差距现状

央企与地方国企的分组统计量如表2.4所示。

表2.4 央企与地方国企的分组统计量

地方国企 = 1		样本数	均值	标准差	均值的标准误
绝对薪酬	0	1401	12.6935	0.90077	0.02407
差距对数	1	2820	12.5222	0.96595	0.01819

如图2.3所示，央企的高管—员工薪酬差距更大，约为425119元；地方国企的高管—员工薪酬差距相对较小，约为363925元。本章以0代表央企，1代表地方国企，两组数据进行独立样本T检验。如表2.5所示，央企与地方国企之间，在高管—员工薪酬差距上确实存在显著差异。综上所述，国有上市公司高管—员工薪酬差距在地区之间，行业之间以及央企与地方国企之间都存在显著差异。

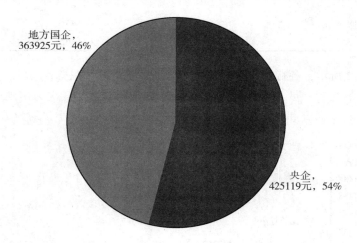

图2.3 央企与地方国企间公司高管—员工薪酬差距现状

表2.5 央企与地方国企间高管—员工薪酬差距独立样本检验

		方差方程的 Levene 检验		均值方程的 t 检验					
		F	Sig.	t	df	Sig.（双侧）	均值差值	标准误差值	差分的 95% 置信区间 下限	上限
绝对薪酬差距对数	假设方差相等	15.303	0.000	5.5	4219	0.000	0.171	0.031	0.111	0.232
	假设方差不相等			5.7	2974.5	0.000	0.171	0.030	0.112	0.230

2.1.5　不同女性高管比例条件下国有企业高管—员工薪酬差距比较

将样本按照女性高管比例高低排序，并在样本均值处，将样本分为高女性高管比例样本和低女性高管比例样本。针对这两个子样本，进行高管—员工薪酬差距的独立样本 T 检验，进行均值比较分析。结果如表 2.6 所示。

表 2.6　不同女性高管比例条件下国有企业高管—员工薪酬差距比较

	女性高管比例	均值	方差方程的 Levene 检验		均值方程的 t 检验				
高管—员工薪酬差距	≥0.1260	400931.233							
	<0.1260	371083.302	F	Sig.	t	Sig.（双侧）	均值差值	差分的 95% 置信区间	
								下限	上限
	假设方差相等		1.63	0.201	1.551	0.121	29847.930	-7883.274	67579.135
	假设方差不相等				1.531	0.126	29847.930	-8379.311	68075.172

表 2.6 显示，较高女性高管比例样本的薪酬差距均值为 40 万元左右，而较低女性高管比例样本的薪酬差距均值为 37 万元左右。二者在数量上有差异，但是该差异在 10% 的显著度上不显著。该结果表明，国有企业女性高管倾向于拉大高管—员工薪酬差距，但是影响效应非常微弱。

2.1.6　不同股权集中度条件下国有企业高管—员工薪酬差距比较

将样本按股权集中度高低排序，并在样本均值处，将样本分为高股权集中度样本和低股权集中度样本。针对这两个子样本，进行高管—员工薪酬差距的独立样本 T 检验，进行均值比较分析。结果如表 2.7 所示。

表 2.7　不同股权集中度条件下国有企业高管—员工薪酬差距比较

	股权集中度	均值	方差方程的 Levene 检验		均值方程的 t 检验				
高管—员工薪酬差距	≥0.3802	364494.352							
	<0.3802	402108.770	F	Sig.	t	Sig.（双侧）	均值差值	差分的 95% 置信区间	
								下限	上限
	假设方差相等		0.138	0.711	0.049	-37614.417	29847.930	19077.832	-75016.65
	假设方差不相等				0.051	-37614.417	29847.930	19231.400	-75318.61

表 2.7 显示，高股权集中度样本的薪酬差距均值为 36 万元左右，而低股权集中度样本的薪酬差距均值在 40 万元左右，且二者差异在 5% 的水平上显著。结果表明，国有企业的大股东持股比例在实质上抑制了薪酬差距的快速拉大。

2.1.7　不同独立董事比例条件下国有企业高管—员工薪酬差距比较

将样本按独立董事比例高低排序，并在样本均值处，将样本分为高独立董事比例样本和低独立董事比例样本。针对这两个子样本，进行高管—员工薪酬差距的独立样本 T 检验，进行均值比较分析。结果如表 2.8 所示。

表 2.8　不同独立董事比例条件下国有企业高管—员工薪酬差距比较

	独立董事比例	均值	方差方程的 Levene 检验		均值方程的 t 检验				
高管—员工薪酬差距	≥0.3659	377123.4192							
	< 0.3659	386955.3645	F	Sig.	t	Sig.（双侧）	均值差值	差分的 95%置信区间	
								下限	上限
	假设方差相等		4.141	0.042	-0.473	0.636	-9831.945	-50556.08	30892.189
	假设方差不相等				-0.537	0.591	-9831.945	-45698.67	26034.784

表 2.8 显示，高独立董事比例样本中的薪酬差距均值为 37 万元左右，而低独立董事比例样本中的薪酬差距均值在 39 万元左右，但二者差异在 5%的水平上不显著。结果表明，国有企业的独立董事在实质上没有起到影响薪酬差距的作用。

2.1.8　不同监事会规模条件下国有企业高管—员工薪酬差距比较

将样本按监事会规模高低排序，并在样本均值处，将样本分为高监事会规模样本和低监事会规模样本。针对这两个子样本，进行高管—员工薪酬差距的独立样本 T 检验，进行均值比较分析。结果如表 2.9 所示。

表 2.9　不同监事会规模条件下国有企业高管—员工薪酬差距比较

	监事会规模	均值	方差方程的 Levene 检验		均值方程的 t 检验				
高管—员工薪酬差距	≥4.21	395273.8424							
	< 4.21	372776.7553	F	Sig.	t	Sig.（双侧）	均值差值	差分的 95%置信区间	
								下限	上限
	假设方差相等		8.057	0.005	1.180	0.238	22497.069	-14891.25	59885.394
	假设方差不相等				1.179	0.239	22497.069	-14918.16	59912.302

表 2.9 显示，较高监事会规模样本中的薪酬差距均值为 39.5 万元左右，而较低监事会规模样本中的薪酬差距均值在 37.3 万元左右，但二者差异在 5%的水平上不显著。结果表明，国有企业的监事会在实质上没有起到影响薪酬差距的作用。

2.1.9　不同资产规模条件下国有企业高管—员工薪酬差距比较

将样本按资产规模高低排序，并在样本均值处，将样本分为高资产规模样本和低资产规模样本。针对这两个子样本，进行高管—员工薪酬差距的独立样本 T 检验，进行均值比较分析。结果如表 2.10 所示。

表 2.10　不同资产规模条件下国有企业高管—员工薪酬差距比较

高管—员工薪酬差距	资产规模	均值	方差方程的 Levene 检验		均值方程的 t 检验				
			F	Sig.	t	Sig.（双侧）	均值差值	差分的 95% 置信区间	
								下限	上限
	≥ 22.2700	529484.33							
	< 22.2700	260146.99							
	假设方差相等		174.563	0.000	14.406	0.000	269337.34	18696.138	232683.41
	假设方差不相等				13.655	0.000	269337.34	19725.164	230659.28

表 2.10 显示，高资产规模样本中的薪酬差距均值为 52.9 万元左右，而低资产规模样本中的薪酬差距均值在 26.1 万元左右，但二者差异在 1% 的水平上有显著差异。结果表明，国有企业的资产规模实质上是拉大薪酬差距的极为重要的因素。

2.2　问卷调查数据下国有企业感知高管—员工薪酬差距（感知薪酬鸿沟）现状刻画

本节将通过对问卷调查得到的感知数据进行详细分析，探究国有企业内部感知高管—员工薪酬差距的现状。

2.2.1　问卷设计

基于研究构思与目的，问卷由三部分构成。第一部分为问卷说明，主要用于介绍本次调查的目的、答卷要求以及调查问卷的用途。第二部分为企业基本信息调查，包含企业的性质、规模、所属行业、利润水平、沟通质量、女性高管比例、高学历员工、企业员工平均月收入、高管平均月收入等信息。第三部分是调查问卷的主体部分，是企业内部公司治理与薪酬实践的一些描述。第四部分是个人基本信息调查，包括性别、年龄、教育背景以及工作时间等四项问题。

为了收集更有差别性的信息，并使量表达到较高的可靠度，我们使用 Likert 量表来测量具体条目，其中"1"代表"完全不同意"，"7"代表"完全同意"，由"1"到"7"，对测量条目的认同程度逐渐增加。被调查者被要求根据他们的实际感受来选择答案。

2.2.1.1　经理自主权量表来源

经理自主权已经在多个方面得到了衡量。通常而言，经理自主权从 CEO 的二元性、CEO 年龄、CEO 教育程度、CEO 持股、CEO 优先业绩、CEO 社会关系和 CEO 任期等方面来间接衡量。经理自主权只有在其被感知的范围内才能行使或创造，而认知和决策理论表明，管理者对自主权的看法可能会有很大的差异。由于经理自主权是一个综合的、复杂的和动态的概念，很难通过间接的衡量手段高效实现，因此学者们开始尝试采用量表对经理自主权进行主观和直接的衡量（Key Susan，2002）。本章量表主要基于 Bart 等（2014）、Hernandez（2012）的工作，并参考了 Sims 等（1976）编制的"工作特征清单"中关于感知自主性的原始项目。

受访者被要求在李克特 7 级量表上表示出他们同意这些陈述的程度（1 =强烈不同意，7 =完全同意）。题项 1 是"'一把手'有足够的机会独立思考和行动"；题项 2 是"'一把手'能够自主控制其工作频率与进程"；题项 3 是"'一把手'相对于董事会有足够的权威履行其职责"；题项 4 是"'一把手'相对于股东有足够的自由履行其职责"；题项 5 是"'一把手'相对于企业内其他人有足够的能力实现其意志"；题项 6 是"'一把手'对企业的战略具有最大的影响力"。

2.2.1.2　员工自主权量表来源

员工自主权：员工自主权主要体现在他或她执行的任务中。既有的研究大多以工作自主来衡量员工自主权，编制并开发了大量成熟的量表，且具有良好的可靠性。本研究利用 Jonge（1995）和 Susanti Saragih（2011）等学者的成熟量表，从工作内容、模式、任务顺序和进度等方面衡量工作自主权。题项 1 是"我可以自主决定每天的工作内容"；题项 2 是"我可以自由选择完成工作的方式"；题项 3 是"我可以自主安排工作任务的先后顺序"；题项 4 是"我可以自由控制工作进度"。

2.2.1.3　感知高管—员工薪酬差距（感知薪酬鸿沟）量表

关于感知高管—员工薪酬差距（Perceived Executive - employee Pay Gap, PGAP），本研究采用如下量表，一共包括 5 个题项。具体内容如表 2.11 所示。此处的李克特 7 级量表的回答分别设置为"1"（强烈不同意），"2"（不同意），"3"（比较不同意），"4"（一般），"5"（比较同意），"6"（同意），"7"（完全同意）。

表 2.11　感知薪酬鸿沟量表

变量	题次	题项
感知高管—员工薪酬差距（PGAP）	PGAP1	本企业内高管与员工之间的薪酬差距相对于同行业合理水平更高
	PGAP2	本企业内高管与员工之间的薪酬差距相对于同地区合理水平更高
	PGAP3	本企业内高管与员工之间的薪酬差距相对于同规模企业的合理水平更高
	PGAP4	本企业内高管与员工之间的薪酬差距与我认同的合理水平相比更高
	PGAP5	本企业内高管与员工之间的薪酬差距在未来一到两年后将变得更高

2.2.1.4　职能间薪酬差距量表

关于职能间薪酬差距（Inter-function Pay Gap, IGAP）。本章采用如下量表，一共包括 5 个题项，具体内容如表 2.12 所示。

表 2.12　感知职能间薪酬差距量表

变量	题次	题项
职能间薪酬 差距量表 （IGAP）	IGAP1	本企业内不同职能之间的薪酬差距相对于同行业合理水平过高
	IGAP2	本企业内不同职能之间的薪酬差距相对于同地区合理水平过高
	IGAP3	本企业内不同职能之间的薪酬差距相对于同规模企业的合理水平过高
	IGAP4	本企业内不同职能之间的薪酬差距相对于我认同的合理水平过高
	IGAP5	本企业内不同职能之间的薪酬差距在未来一到两年后将变得更高

2.2.2　问卷发放与样本描述

本问卷是在陕西省国有企业调查问卷之后，根据该问卷中各变量度量量表的有效性，进行重新设计，并在全国范围内从 2016 年至 2018 年初进行发放。样本选择采取的是"滚雪球式"抽样方式。

为了让项目调查具有可行性，考虑到数据的可获取性，以项目研究者及其团队在全国各地的亲缘、学缘、朋友、学生等私人关系，根据各省市、地区的国有企业占全国国有企业数量的百分比，尽量按照分层抽样的要求，进行抽样。要求各被抽样人员（即直接关系人），在完成一份本项目调查问卷的基础上，尽量能够做到再向其熟悉的本省市 5~10 家国有企业人员（即间接关系人）发放相应的调查问卷，另外委托直接关系人请这 5~10 家企业的间接关系人再各自推荐 1~2 家（不得超过 2 家）国有企业的相关人员（即二次间接关系人）完成本调查问卷。

为了保证数据获取的质量，一方面，问卷设计精益求精，多数变量采用成熟量表，自设计变量量表均经过多轮预测试和信效度分析；另一方面，问卷的发放和填写均要求当场限定时间内完成，发放者（项目组成员或者一次间接关系人）现场指导填写并回收问卷，而且每一份问卷的填写都会赠送给填写者精美礼物（生活日用品、U 盘、钢笔、鼠标垫等，其中 U 盘是赠送给对样本贡献超过 10 个样本的被调查对象）。此外，为了进一步保证问卷填写的准确性，不鼓励"二次间接"关系者再次推荐新的国有企业调查样本。原因在于有研究表明，负责任的委托关系最多停留在"二层次委托"关系上，超过这一层次，多轮次的委托关系很难保证多次委托者和被委托者的投入度和重视度。

根据国有企业样本的规模情况和被调查者对企业的熟悉程度，每家企业选择 3~6 人作为被调查对象完成问卷，即每家国有企业将会有 1~6 份问卷数据。企业规模比较小，被调查者对样本企业比较熟悉时，每家企业完成 1 份问卷即可；而企业规模比较大，且被调查者对样本企业熟悉度不够时，每家企业需要完成 2~6 份问卷。最终，样本收集结果表明，16.7% 的样本企业完成了 1 份问卷；20.5% 的企业完成了 2 份问卷；26.2% 的企业完成 3 份问卷，13.7% 的企业完成 4 份问卷，17.0% 的企业完成 5 份问卷，而 5.9% 的企业完成了 6 份问卷。共完成 404 家国有企业的问卷调查，发放问卷共 1200 份，回收有效问卷 915 份，有效回收率为 76.25%。

表 2.13 是问卷被调查员工（或管理者）的年龄分布。25～30 岁、31～40 岁分别占据被调查者的 54.0% 和 30.0%，是问卷填写的主要群体。

表 2.13　问卷填写者年龄分布

		频次	百分比	有效百分比	累计百分比
有效样本数	25 岁以下	45	4.9	4.9	4.9
	25～30 岁	494	54.0	54.0	58.9
	31～40 岁	279	30.5	30.5	89.4
	41～50 岁	72	7.9	7.9	97.3
	50 岁以上	25	2.7	2.7	100.0
	总计	915	100.0	100.0	

其中，由基层员工完成的问卷占 40%，基层管理者和中层管理者完成的问卷为 45%，而由高层管理者完成的问卷为 15% 左右。最终完成问卷的样本行业分布，如表 2.14 所示。

表 2.14　问卷调查样本的行业分布

	频次	百分比	有效百分比	累计百分比
传媒	6	0.7	0.7	0.7
电力与能源业	108	11.8	11.8	12.5
电子技术及其设备制造业	17	1.9	1.9	14.3
房地产业	24	2.6	2.6	16.9
广告服务业	34	3.7	3.7	20.7
环保业	9	1.0	1.0	21.6
计算机行业	3	0.3	0.3	22.0
交通建设工程业	88	9.6	9.6	31.6
教育服务业	39	4.3	4.3	35.8
金融服务业	61	6.7	6.7	42.5
旅游服务业	15	1.6	1.6	44.2
批发和零售业	36	3.9	3.9	48.1
软件服务业	40	4.4	4.4	52.5
生物医药业	44	4.8	4.8	57.3
通信服务业	66	7.2	7.2	64.5
投资服务业	15	1.6	1.6	66.1
文化服务业	9	1.0	1.0	67.1
信托服务业	9	1.0	1.0	68.1
信息服务业	15	1.6	1.6	69.7
一般服务业	35	3.8	3.8	73.6
娱乐服务业	5	0.5	0.5	74.1
一般制造业	117	12.8	12.8	86.9
智能制造业	71	7.8	7.8	94.6
咨询服务业	49	5.4	5.4	100.0
总计	915	100.0	100.0	

表 2.15　问卷调查样本的地区分布

	频次	百分比	有效百分比	累计百分比
安康市	9	1.0	1.0	1.0
鞍山市	6	0.7	0.7	1.6
宝鸡市	66	7.2	7.2	8.9
北京市	49	5.4	5.4	14.2
常州市	17	1.9	1.9	16.1
成都市	2	0.2	0.2	16.3
汉中市	38	4.2	4.2	20.4
杭州市	52	5.7	5.7	26.1
合水市	3	0.3	0.3	26.4
黄冈市	9	1.0	1.0	27.4
济南市	13	1.4	1.4	28.9
兰州市	24	2.6	2.6	31.5
廊坊市	6	0.7	0.7	32.1
南京市	14	1.5	1.5	33.7
庆阳市	9	1.0	1.0	34.6
上海市	43	4.7	4.7	39.3
沈阳市	6	0.7	0.7	40.0
苏州市	12	1.3	1.3	41.3
太原市	41	4.5	4.5	45.8
天水市	3	0.3	0.3	46.1
吴起市	3	0.3	0.3	46.4
武汉市	26	2.8	2.8	49.3
西安市	400	43.7	43.7	93.0
咸阳市	3	0.3	0.3	93.3
忻州市	3	0.3	0.3	93.7
烟台市	25	2.7	2.7	96.4
延安市	3	0.3	0.3	96.7
银川市	3	0.3	0.3	97.0
榆林市	6	0.7	0.7	97.7
漳州市	3	0.3	0.3	98.0
镇原市	6	0.7	0.7	98.7
郑州市	12	1.3	1.3	100.0
总计	915	100.0	100.0	

　　表 2.15 是调查问卷样本的地区分布。样本分布最集中的前六位的省市分别为西安、宝鸡、杭州、北京、上海和太原。整体上，样本广泛分布于全国各地，从地域分布上看具有一定的代表性。

图 2.4 是被调查员工（或管理者）的性别分布。男性被调查者占 58.80%，而女性被调查者占 41.20%。从性别分布上，本样本基本均衡。

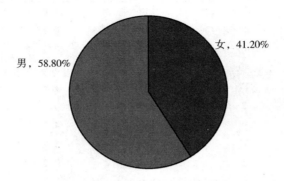

图 2.4 被调查员工（或管理者）的性别分布

图 2.5 是被调查者个体的教育背景分布状况。可见，47.98% 的被调查者是本科学历，是最大数量的群体；而博士及以上占据被调查者 1.093%，是最少数量的群体。

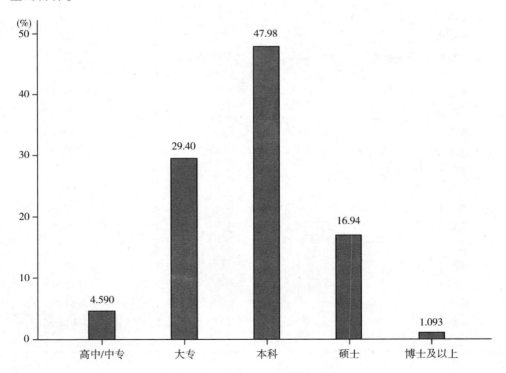

图 2.5 被调查者个体的教育背景分布状况

图 2.6 是被调查者个体的工作年限分布状况。可见，接受调查的群体，接近

50%的员工在 1~5 年以内，超过 50%的员工在 5 年以上。被调查者整体上对企业的了解程度可以得到保障。

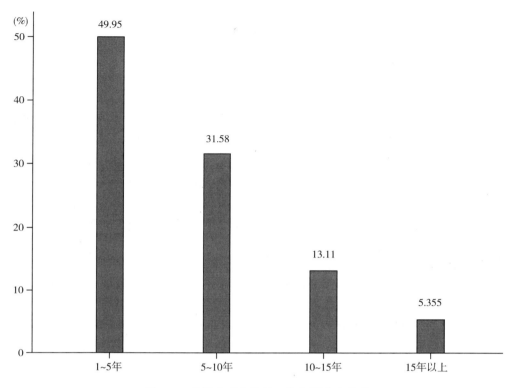

图 2.6　被调查者个体的工作年限分布状况

　　问卷调查结果表明，国有企业感知高管—员工薪酬差距平均为 50.5325 万元，而相对薪酬差距为 6.2 倍。

　　如表 2.16 所示，与上市公司披露的客观薪酬差距（43 万元左右）相比，调查出来的国有企业样本中高管—员工薪酬差距为 50.5 万元，调查数据略高于上市公司客观数据。这一方面在一定程度上说明了，本研究问卷调查数据的相对准确性；另一方面也说明国有企业员工倾向于将客观薪酬差距在主观感受上进行一定程度上的放大。可以合理推测，由于作为调查对象的国有企业，其规模平均而言要远远小于上市公司样本中的国有企业规模，因此，客观而言调查企业的高管—员工薪酬差距在客观上应该明显小于上市公司的平均值（即 43 万元左右），但对于员工而言，其主观感受到的差距是 50 万元左右。因此，进行企业内部合理的薪酬沟通非常重要，能够降低产生薪酬鸿沟的可能性。

表 2.16　被调查国有企业的平均薪酬差距

	样本数	最小值	最大值	均值	标准差
感知高管—员工薪酬差距（万元）	915	3.00	139.20	50.5325	45.90380
高管—员工薪酬比值	915	1.33	30.00	6.2238	5.15025
有效样本数	915				

2.2.3　问卷分析及修订

2.2.3.1　效度分析

为了检验所设计量表的有效性，需要进行探索性因子分析。在进行探索性因子分析之前，必须首先进行因子分析的可行性检验，即巴特利球面试验和 KMO 测度。KMO 值越高，就越适合进行因子分析。近似测定标准为：KMO>0.7；巴特利的球面试验显著（Sig.<0.05）。通过可行性测试后，因子分析便可以继续进行。在本研究中，采用主成分分析法提取常见因子，保留共有因子的标准是特征值大于 1，采用最大方差变异法对公因子正交旋转，且保留因子负载大于 0.5 的题项。基于精简原则，删除不合格项，重新进行因子分析，反复增删，直到获得最佳效度量表。

首先，利用 SPSS 23.0 进行 KMO 值和 Bartlett's 球形检验，检验结果如表2.17 所示。

表 2.17　KMO 和 Bartlett's 球形度检验

取样足够度的 Kaiser-Meyer-Olkin 度量		0.915
Bartlett's 球形度检验	近似卡方	28335.247
	df	435
	Sig.	0.000

由表 2.17 可得，KMO=0.915>0.7，Bartlett's 球形检验显著（Sig.<0.001），因此问卷数据适宜进行因子分析。

进行探索性因子分析：采用主成分分析方法提取公因子（提取标准：特征根大于 1），采用最大变异法（Varimax）进行直交转轴。转轴后的成分矩阵如表2.18 所示。

表 2.18　旋转成分矩阵[a]

	成分					
	1	2	3	4	5	6
经理自主权 4	0.861					
经理自主权 5	0.844					
经理自主权 3	0.840					

	成分					
	1	2	3	4	5	6
经理自主权 1	0.833					
经理自主权 6	0.805					
经理自主权 2	0.802					
高管—员工薪酬差距 2				0.799		
高管—员工薪酬差距 3				0.782		
高管—员工薪酬差距 1				0.755		
高管—员工薪酬差距 4				0.731		
高管—员工薪酬差距 5				0.722		
职能间薪酬差距 4					0.863	
职能间薪酬差距 5					0.852	
职能间薪酬差距 3					0.807	
职能间薪酬差距 2					0.723	
职能间薪酬差距 1					0.675	
员工自主权 3						0.920
员工自主权 4						0.902
员工自主权 2						0.864
员工自主权 1						0.853

注：a. 旋转在 6 次迭代后收敛。提取方法：主成分。旋转法：具有 Kaiser 标准化的正交旋转法。

　　萃取结果表明，萃取后保留的 4 个因素累计解释能力大于 60%题项的因素负荷量均大于 0.5，每个题项均落到对应的因素中，表明问卷具有良好的结构效度。

　　根据表 2.18 所示，题项的因素负荷量均大于 0.5，每个题项均落到对应的因素中，表明问卷具有良好的结构效度。

2.2.3.2　信度分析

　　以下分别对经理自主权、员工自主权，感知高管—员工薪酬差距，以及职能间薪酬差距进行信度分析：

　　（1）经理自主权（见表 2.19）。

表 2.19　经理自主权信度检验

	删除项后的克隆巴赫 α	克隆巴赫 α
经理自主权 1	0.906	
经理自主权 2	0.912	
经理自主权 3	0.910	0.923
经理自主权 4	0.905	
经理自主权 5	0.909	
经理自主权 6	0.914	

（2）员工自主权（见表 2.20）。

表 2.20　员工自主权信度检验

	删除项后的克隆巴赫 α	克隆巴赫 α
员工自主权 1	0.912	
员工自主权 2	0.901	0.923
员工自主权 3	0.891	
员工自主权 4	0.894	

（3）感知高管—员工薪酬差距（见表 2.21）。

表 2.21　感知高管—员工薪酬差距信度检验

	删除项后的克隆巴赫 α	克隆巴赫 α
感知高管—员工薪酬差距 1	0.899	
感知高管—员工薪酬差距 2	0.902	
感知高管—员工薪酬差距 3	0.896	0.918
感知高管—员工薪酬差距 4	0.895	
感知高管—员工薪酬差距 5	0.908	

（4）职能间薪酬差距（见表 2.22）。

表 2.22　职能间薪酬差距信度检验

	删除项后的克隆巴赫 α	克隆巴赫 α
职能间薪酬差距 1	0.868	
职能间薪酬差距 2	0.858	
职能间薪酬差距 3	0.851	0.887
职能间薪酬差距 4	0.860	
职能间薪酬差距 5	0.873	

根据表 2.19 至表 2.22 可知，经理自主权、员工自主权，感知高管—员工薪酬差距，以及职能间薪酬差距的整体 Cronbach's α 系数分别为 0.923、0.923、0.918、0.887，均大于 0.8，说明量表的整体信度高，质量理想。

2.2.4　正式问卷

经过以上对初试问卷的信效度分析，发现在进行问卷效度检验时，经理自主权、员工自主权、感知高管—员工薪酬差距以及职能间薪酬差距的效度和信度均合乎要求。问卷质量得到了保证，初试问卷经过修订后，形成最终的正式问卷。正式问卷的结构如表 2.23 所示。

表 2.23　正式问卷结构

变量	构面	题项
经理自主权	MD	MD1、MD2、MD3、MD4、MD5、MD6
员工自主权	JD	JD1、JD2、JD3、JD4
感知高管—员工薪酬差距	PGAP	PGAP1、PGAP2、PGAP3、PGAP4、PGAP5
职能间薪酬差距	IGAP	IGAP1、IGAP2、IGAP3、IGAP4、IGAP5

资料来源：本研究整理所得。

2.2.5　变量描述性统计及相关性分析

变量定义及相关性分析结果如表 2.24 和表 2.25 所示。

表 2.24　变量定义

变量代码	变量名称
PGAP	感知高管—员工薪酬差距
FP	公司绩效
PS	员工规模
CTO	董事长任期
CS	是否有控股股东
EAST	所属地区
DOD	差异化程度
QSC	薪酬沟通质量
NFE	女性高管人数

表 2.25　主要变量的相关性分析结果

变量	均值	标准差	1	2	3	4	5	6	7	8	9	10
PGAP	4.03	1.31	1									
FP	2.92	0.969	-0.164**	1								
PS	2.50	1.13	0.182**	0.069*	1							
CTO	0.62	0.485	0.081*	0.214**	0.001	1						
CS	0.571	0.495	-0.153**	0.090**	-0.009	0.346**	1					
EAST	0.23	0.424	-0.107**	-0.115**	-0.150**	-0.396**	-0.149**	1				
DOD	0.58	0.494	0.185**	0.176**	0.106**	0.193**	0.076*	-0.176**	1			
QSC	4.02	1.07	-0.116**	0.304**	0.000	0.116**	0.066*	-0.084*	0.147**	1		
NFE	3.14	1.02	0.168**	-0.217**	-0.025	-0.098**	-0.114**	-0.002	0.000	-0.384**	1	

注：**表示在 0.01 水平（双侧）上显著相关；*表示在 0.05 水平（双侧）上显著相关。

根据表 2.25 所示，感知高管—员工薪酬差距的均值为 4.03，标准差为
1.31；公司绩效的均值为 2.92，标准差为 0.969；感知高管—员工薪酬差距与公

司绩效、员工规模、是否有控股股东、公司所属地区、差异化程度、女性高管人数在 0.01 的水平上显著相关；与董事长任期在 0.05 的显著性水平上显著相关。通过以上相关分析，高管—员工薪酬差距与企业绩效在 0.01 的显著性水平上显著负相关。

2.2.6 感知高管—员工薪酬差距分布特征描述

2.2.6.1 不同年龄被调查者的感知高管—员工薪酬差距的分布特征

应用 SPSS 软件的描述性分析功能，可以得出不同年龄被调查者的感知高管—员工薪酬差距的分布特征，如表 2.26 和图 2.7 所示。

表 2.26　不同年龄被调查者的感知高管—员工薪酬差距

年龄	均值	样本数	标准差
20 岁以下	3.9867	45	0.88667
21~30 岁	3.8709	494	1.45463
31~40 岁	4.1692	279	1.13698
41~50 岁	4.5222	72	0.95920
50 岁以上	4.3280	25	1.06596
总计	4.0313	915	1.30953

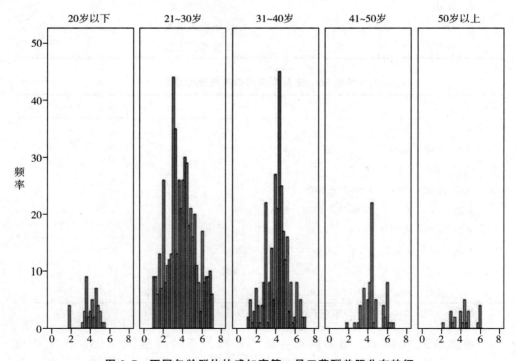

图 2.7　不同年龄群体的感知高管—员工薪酬差距分布特征

表 2.26 显示，不同年龄群体的感知高管—员工薪酬差距有显著差异，其中 41~50 岁群体的员工具有最高的感知高管—员工薪酬差距，而 21~30 岁群体的员工具有最低的感知高管—员工薪酬差距。

2.2.6.2　不同教育背景被调查者的感知高管—员工薪酬差距的分布特征

应用 SPSS 软件的描述性分析功能，可以得出不同教育背景被调查者的感知高管—员工薪酬差距的分布特征，如表 2.27 和图 2.8 所示。

表 2.27　不同教育背景被调查者的感知高管—员工薪酬差距

教育背景	均值	样本数	标准差	分组中值	极小值	极大值	峰度
高中/中专	4.1762	42	1.02762	4.3077	1.80	6.60	0.225
大专	4.2000	269	1.00090	4.3175	1.20	7.00	1.204
本科	4.0100	439	1.36254	4.0831	1.00	7.00	-0.403
硕士	3.7935	155	1.64962	3.4667	1.00	7.00	-1.021
博士及以上	3.5000	10	0.58310	3.3333	3.00	4.40	-1.821
总计	4.0313	915	1.30953	4.1473	1.00	7.00	-0.249

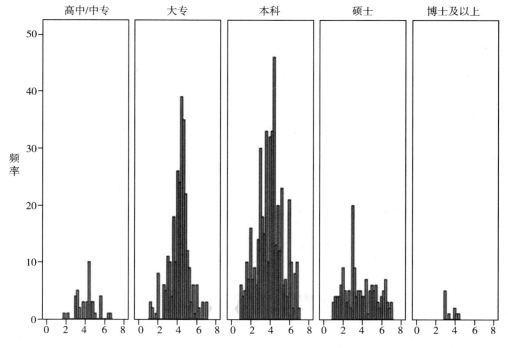

图 2.8　不同教育背景群体的感知高管—员工薪酬差距分布特征

表 2.27 显示，不同教育背景员工的感知高管—员工薪酬差距有显著差异，其中大专群体的员工报告了最高的感知高管—员工薪酬差距，而硕士及以上的员工报告了最低的感知高管—员工薪酬差距。

2.2.6.3　不同工作年限被调查者的感知高管—员工薪酬差距的分布特征

应用 SPSS 软件的描述性分析功能，可以得出不同工作年限被调查者的感知高管—员工薪酬差距的分布特征，如表 2.28 和图 2.9 所示。

表 2.28　不同工作年限被调查者的感知高管—员工薪酬差距

工作年限	均值	样本数	标准差	分组中值	极小值	极大值	峰度
1~5 年	3.8158	457	1.48870	3.7182	1.00	7.00	-0.702
5~10 年	4.2284	289	1.07608	4.2767	1.20	7.00	0.766
10~15 年	4.2183	120	0.91339	4.2872	1.40	6.60	1.515
15 年以上	4.4204	49	1.29051	4.4000	1.80	6.60	-1.218
总计	4.0313	915	1.30953	4.1473	1.00	7.00	-0.249

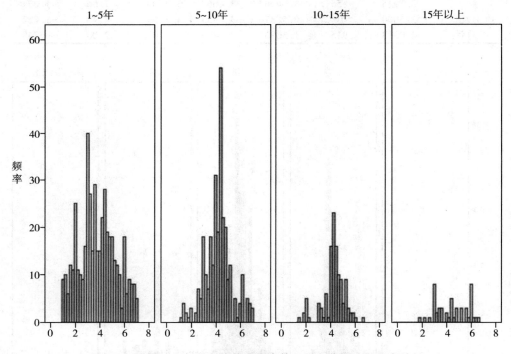

图 2.9　不同工作年限群体的感知高管—员工薪酬差距分布特征

表 2.28 显示，不同工作年限员工的感知高管—员工薪酬差距有显著差异，其中，工作 15 年以上的员工报告了最高的感知高管—员工薪酬差距，而工作 1~5 年的员工报告了最低的感知高管—员工薪酬差距。整体上，工作年限越长，越容易产生薪酬鸿沟的感受。这对高层管理者提出了依据工作年限不同而采取不同薪酬沟通措施的要求，尤其需要注意对资深员工的心理疏导。

2.2.6.4　不同性别被调查者的感知高管—员工薪酬差距的分布特征

应用 SPSS 软件的描述性分析功能，可以得出不同性别被调查者的感知高管—员工薪酬差距的分布特征，如表 2.29 和图 2.10 所示。

表 2.29　不同性别被调查者的感知高管—员工薪酬差距比较

	性别	均值	方差方程的 Levene 检验			均值方程的 t 检验				
感知高管—员工薪酬差距	女	3.968								
	男	4.0751	F	Sig.	t	Sig.（双侧）	均值差值	差分的 95% 置信区间		
								下限	上限	
	假设方差相等		2.526	0.112	-1.210	0.227	-0.10639	-0.27897	0.06618	
	假设方差不相等				-1.227	0.220	-0.10639	-0.27652	0.06373	

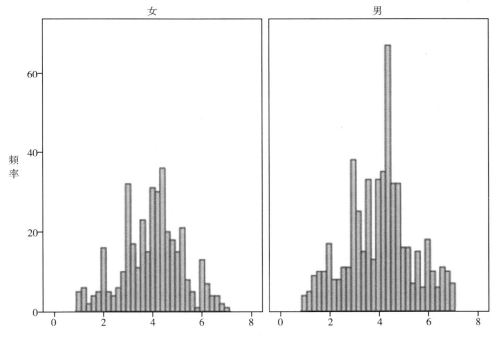

图 2.10　不同性别群体的感知高管—员工薪酬差距分布特征

表 2.29 显示，不同性别员工的感知高管—员工薪酬差距并无显著差异。表明在国有企业中，员工薪酬或许并没有存在明显的性别薪酬歧视问题。

2.2.6.5　不同薪资水平的被调查者的感知高管—员工薪酬差距的分布特征

应用 SPSS 软件的描述性分析功能，可以得出不同薪资水平被调查者的感知高管—员工薪酬差距的分布特征，如表 2.30 和图 2.11 所示。

表 2.30   不同薪资水平被调查者的感知高管—员工薪酬差距比较

员工平均月收入	均值	样本数	标准差	分组中值	极小值	极大值	峰度
3000 元以下	5.8091	22	1.03735	6.0800	3.60	7.00	-0.027
3000~5000 元	4.4064	220	0.86671	4.3788	1.80	6.80	1.323
5001~8000 元	4.1568	338	1.29776	4.2471	1.00	7.00	-0.222
8001~12000 元	3.9454	205	1.39275	3.8933	1.00	7.00	-0.488
12001~20000 元	3.0911	90	1.05837	3.1200	1.00	5.60	-0.609
20000 元以上	2.4850	40	0.94450	2.6000	1.00	5.00	-0.353
总计	4.0313	915	1.30953	4.1473	1.00	7.00	-0.249

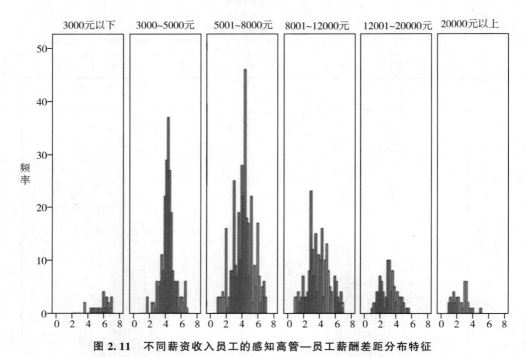

图 2.11   不同薪资收入员工的感知高管—员工薪酬差距分布特征

表 2.30 显示,不同薪资水平员工的感知高管—员工薪酬差距有显著差异。整体上,员工薪资水平越高,则感受到的感知高管—员工薪酬差距越低,对薪酬差距的激励效应更加认可。比如,月薪在 2 万元以上的员工,其平均感知薪酬鸿沟为 2.48 左右,远远低于其他薪资相对较低的员工。可见,在员工绝对薪酬水平较高的情况下,拉大高管—员工薪酬差距,较为可能更好利用薪酬差距带来的锦标赛激励效应,而不至于导致薪酬鸿沟的过早产生。

2.2.6.6   不同 CEO 任期条件下感知高管—员工薪酬差距的分布特征

应用 SPSS 软件的描述性分析功能,可以得出不同 CEO 任期条件下,被调查者的感知高管—员工薪酬差距的分布特征,如表 2.31 所示。

表 2.31　不同 CEO 任期条件下被调查者的感知高管—员工薪酬差距比较

	任期	均值	方差方程的 Levene 检验		均值方程的 t 检验				
感知高管—员工薪酬差距	未超过一个任期	3.8963							
	超过一个任期	4.1137	F	Sig.	t	Sig.（双侧）	均值差值	差分的 95% 置信区间 下限	上限
	假设方差相等		3.330	0.068	-2.444	0.015	-0.21748	-0.39211	-0.04284
	假设方差不相等				-2.419	0.016	-0.21748	-0.39399	-0.04097

表 2.31 显示，当企业的 CEO 未超过一个任期时，其被调查者的感知高管—员工薪酬差距明显低于 CEO 超过一个任期的企业。根据现有研究文献（张长征等，2016），新任 CEO 比资深 CEO 具有更强的利企性动机。因此，员工在面对资深 CEO 时，倾向于在同等客观高管—员工薪酬差距条件下感受到更高的薪酬不公平感觉。更何况，资深 CEO 相比较新任 CEO 更倾向于利用自主权过度拉大高管—员工薪酬差距，这一结论将在第 3 章中进行数据检验。在此情况下，员工在面对资深 CEO 时，确实可能会感受到更多的薪酬不公，产生所谓"薪酬鸿沟"现象。

2.2.6.7　不同股权结构下被调查者的感知高管—员工薪酬差距的分布特征

应用 SPSS 软件的描述性分析功能，可以得出不同股权结构条件下，被调查者的感知高管—员工薪酬差距的分布特征，如表 2.32 所示。

表 2.32　不同股权结构条件下被调查者的感知高管—员工薪酬差距比较

	任期	均值	方差方程的 Levene 检验		均值方程的 t 检验				
感知高管—员工薪酬差距	无绝对控股股东	4.2616							
	有绝对控股股东	3.8579	F	Sig.	t	Sig.（双侧）	均值差值	差分的 95% 置信区间 下限	上限
	假设方差相等		1.266	0.261	4.668	0.000	0.40372	0.23400	0.57344
	假设方差不相等				4.639	0.000	0.40372	0.23291	0.57454

表 2.32 显示，当企业存在绝对控股股东时，国有企业员工将会感知到较低的高管—员工薪酬差距。一方面，表明第一大股东在持有控股股份时，会有动力和能力对薪酬政策的制定有更大的决策力度，或者对高管设定薪酬的过程给予更多的监督，从而有效降低客观的高管—员工薪酬差距；另一方面，当存在控股股东时，高管与股东之间的相互制衡，会使员工得到管理层更多的关注和尊重，从

而在心理上对客观的高管—员工薪酬差距产生较低的不公平感知，最终降低薪酬鸿沟产生的概率。

2.2.6.8 不同地区被调查者的感知高管—员工薪酬差距的分布特征

应用 SPSS 软件的描述性分析功能，可以得出不同股权结构条件下，被调查者的感知高管—员工薪酬差距的分布特征，如表 2.33 所示。

表 2.33 不同地区被调查者的感知高管—员工薪酬差距比较

	地区	均值	方差方程的Levene 检验		均值方程的 t 检验				
感知高管—员工薪酬差距	其他地区	4.1086							
	东部	3.7795	F	Sig.	t	Sig.（双侧）	均值差值	差分的 95%置信区间	
								下限	上限
	假设方差相等		28.245	0.000	3.239	0.001	0.32904	0.12968	0.52840
	假设方差不相等				2.876	0.004	0.32904	0.10389	0.55419

表 2.33 显示，东部地区国有企业中，相比较中西部地区的国有企业，员工具有更低的感知高管—员工薪酬差距。该结论与人们的常识有所不同。常识认为，东部地区企业的高管—员工薪酬差距较大，应该具有较高的感知薪酬鸿沟。然而，调查数据显示，薪酬差距偏低的中西部地区的国有企业中的员工反而感受到更高薪酬差距。该事实表明，可能归因于东部地区外部环境较高的市场化水平、东部地区企业内部较完善的内部治理机制和较高的管理水平，比如，更好的薪酬沟通质量，更有效的绩效管理体系，更多元化的员工激励机制，使东部企业员工在面临较高客观薪酬差距的条件下，仍然比西部地区国有企业保持着较低的感知薪酬鸿沟。这一点认知，对西部国有企业的监管部门和国有企业管理者均具有重要价值，值得进一步深思和在实践上进行改变。

2.2.6.9 不同薪酬沟通质量条件下感知高管—员工薪酬差距的分布特征

应用 SPSS 软件的描述性分析功能，可以得出不同薪酬沟通质量条件下，被调查者的感知高管—员工薪酬差距的分布特征，如表 2.34 所示。

表 2.34 不同薪酬沟通质量条件下感知高管—员工薪酬差距比较

薪酬沟通质量	均值	样本数	标准差	分组中值	极小值	极大值	峰度
明显更低	4.3082	146	1.23403	4.3280	1.40	6.80	−0.622
比较低	4.2617	94	0.84955	4.3536	1.00	6.60	5.080
基本相当	4.0378	90	1.66170	3.9429	1.00	7.00	−0.853
比较高	3.9371	426	1.23280	4.0436	1.00	7.00	−0.040
明显更高	3.8893	159	1.51910	3.8000	1.00	7.00	−0.754
总计	4.0313	915	1.30953	4.1473	1.00	7.00	−0.249

表 2.34 显示，随着薪酬沟通质量的提高，国有企业员工感受到高管—员工薪酬差距显著降低，不论此时客观的高管—薪酬差距处于何种状态。该结论表明，薪酬沟通对于提升员工薪酬满意度，提升员工对薪酬不公平容忍阈值具有重要的价值。同样的高管—员工薪酬差距的设置，在不同的薪酬沟通质量条件下，员工将感受到不同的薪酬不公平程度。其他条件等同，较高薪酬沟通质量能够有效地降低薪酬鸿沟程度。

2.2.6.10　不同女性高管比例条件下感知高管—员工薪酬差距的分布特征

应用 SPSS 软件的描述性分析功能，可以得出不同女性高管比例条件下，被调查者的感知高管—员工薪酬差距的分布特征，如表 2.35 所示。

表 2.35　不同女性高管比例条件下被调查者的感知高管—员工薪酬差距比较

女性管理者比例	均值	样本数	标准差	分组中值	极小值	极大值	峰度
明显更低	3.7630	44	1.25700	3.3667	1.00	6.20	-0.264
比较低	3.7636	184	1.47012	3.7176	1.00	7.00	-0.748
基本相当	4.0273	388	1.23806	4.1333	1.00	7.00	-0.085
比较高	3.9949	195	1.24461	4.1000	1.00	7.00	-0.026
明显更高	4.7019	104	1.19383	4.4571	2.20	7.00	-0.602
总计	4.0313	915	1.30953	4.1473	1.00	7.00	-0.249

表 2.35 显示，随着女性高管比例的提升，被调查者感知到的高管—员工薪酬差距整体上倾向于上升。比如，在女性高管比例比行业水平明显更高的情形下，被调查者感知到的薪酬差距均值在 4.70 左右，而在女性高管比例比行业水平明显更低时，被调查者感知到的薪酬差距在 3.76 左右。该结果表明，女性高管倾向于发挥其影响力提升客观的高管—员工薪酬差距，这与张长征和张姣（2018）的研究结论相一致。

2.3　结论与展望

2.3.1　结论与建议

本章基于国有上市公司，以 2007~2015 年深沪两市 A 股国有上市企业为研究对象，刻画了高管—员工薪酬差距的现状及其分布特征，并应用来自 404 家国有企业的问卷调查数据，对感知薪酬鸿沟（即"感知高管—员工薪酬差距"）进行了特征刻画。

本章还进一步考察了客观高管—员工薪酬差距和感知薪酬鸿沟的绩效后果。考虑到篇幅限制，仅给出实证分析结论，省略了具体的数据分析过程及相关表格（有兴趣的读者，可来函索取）。一方面，基于上市公司数据的回归分析，发现虽然高管—员工薪酬差距能显著地正向促进以 ROA、ROE 和 EPS 等指标衡量的短期企业绩效，但不能促进以托宾 Q 值衡量的长期企业绩效；另一方面，基于问卷调查数据的分析，证实了感知薪酬鸿沟不但对以关联绩效和个体创新行为衡量的长期企业绩效潜力有负向影响，而且对以盈利水平衡量的短期企业绩效亦表现出显著的负向影响。该结果表明，未来研究应更加关注员工感知到的薪酬鸿沟与客观薪酬差距之间的区别，厘清"薪酬差距"与"薪酬鸿沟"的概念。

基于本章研究结论，我们建议：

（1）建立更加有效的薪酬激励制度，有效实施股权激励，合理提高国有企业高管持股比例。直到 2005 年国有企业的管理者才有权利持有股份，并且对所有权对象、所有权的数量和比例有严格的限制，激励效果不理想。由此，随着我国资本市场的逐步完善，国有企业在制定高管薪酬制度时，应结合短期激励机制与长期激励机制，使薪酬结构趋于多元化和优化高管薪酬激励结构，提高不同层次薪酬的激励效果，从而提升高管的积极性，使其长期保持利企动机，继而进一步提高公司绩效。

（2）充分完善国有企业高管薪酬信息披露制度，提高薪酬透明度。证监会已要求上市企业在其年报中披露高管的个人薪酬，但并没有具体要求披露薪酬的详细构成，也未要求披露业绩评估结果等高管薪酬计划。所以，有关部门应进一步规范和完善丰富我国国有企业高管薪酬信息披露制度，建立有效的统一标准，进一步增强对高管薪酬制度的监管和限制，促进高管利企性动机的形成。另外，加强媒体、市场中介、学术界等在国有企业薪酬制度外部监督机制中的监督作用，高度的外部监督可有效弥补我国国有企业内部监督机制缺陷的现状。

（3）即使设置了相同的高管—员工薪酬差距政策，仍能够通过薪酬沟通、差异化的领导方式以及与绩效联系更为密切的薪资决定机制，使员工在主观上倾向于认可客观高管—员工薪酬差距的合理性，避免员工心理上的薪酬鸿沟现象过早到来，更好地利用拉大差距带来的锦标赛激励效应。

（4）目前大股东对企业内部客观薪酬差距和主观的感知薪酬鸿沟具有明显的抑制作用，股权制衡也对内部感知薪酬鸿沟有抑制效应。因此，从公司股权结构的视角，为了在现有治理框架下合理合法地、不违背市场规律的条件下，由企业自主降低内部薪酬差距，去除薪酬差距中的不合理成分，强化第一大股东的治理责任，构建有利于股权制衡发挥作用的制度环境，是题中应有之义。

2.3.2 研究展望

本章只选取年度报告所披露的在衡量高管薪酬方面的货币性报酬，因数据获取受限，因此在年度报告中受到广泛关注的高管隐性收入未做出披露，例如股权激励和在职消费，但这一部分也是高管薪酬的重要组成部分。这是本章存在的不足之处。

针对未来的研究方向，建议从不同的角度进一步研究国有企业高管与员工之间的薪酬差距。①可以收集相匹配的非国有企业数据样本，对国有企业和非国有企业进行更全面、更具体的比较研究。②根据垄断产业、非垄断产业等国有企业所处的市场竞争程度，探讨高管与员工薪酬差距对公司绩效的影响有何实质性差异。③问卷的覆盖范围较小，未来研究中样本的代表性有待进一步完善。

第3章 国有企业内部薪酬鸿沟度量与刻画：以中国沪深A股主板国有上市公司为样本

遵循现有文献中所倡导和实践的开发全新学术概念度量指标体系的基本步骤和原则（Churchill，1979；Crossley 等，2007；韩维贺等，2006），本章通过指标体系构建、预测试、指标精简、小规模研究和法则效度检验等步骤，以中国沪深两市 A 股制造业上市公司为样本，建立可靠的薪酬鸿沟度量指标体系，并针对其现状与分布特征进行了描述与刻画。

3.1 国有企业薪酬鸿沟度量指标体系初步生成

由于薪酬鸿沟在学术上目前尚未形成独立的研究变量，无法借鉴现有的度量指标体系进行度量。因此，本书在对薪酬鸿沟概念深刻剖析和把握的基础上，尝试采用演绎法生成薪酬鸿沟的度量指标体系。演绎法是根据概念的逻辑划分或自上向下的分类，借助专家的智慧，直接根据理论基础的推演生成初试度量指标体系。此方法虽然非常耗时，但有助于确保最终量表或度量指标体系的结构效度和内容效度（Churchill，1979；Hinkin，1995；王兴起等，2015）。

3.1.1 度量方法一：薪酬水平比较法

本书发现，当员工薪酬水平低于行业平均薪酬水平时，更容易对薪酬差距产生负面的不公平感知。此时，同样的客观薪酬差距更可能导致"薪酬鸿沟"的诞生。

同样的逻辑，当员工薪酬水平低于区域平均薪酬水平时，更容易产生对薪酬差距的不公平感知。此时，同样的客观薪酬差距更可能导致"薪酬鸿沟"的诞生。

同样的逻辑，基于前期的数据收集与分析，虽然整体上高管—员工薪酬差距与企业绩效是正相关的，但是当利用 TOP10% 的高管—员工薪酬差距样本，进行高管—员工薪酬差距与企业绩效的相关性分析时，结果已经开始呈现负相关关系。基于以上发现构建以下度量指标。

第一个度量指标（C_HPG1）：员工薪酬水平低于行业平均薪酬水平，且高管—员工薪酬差距高于本行业高管—员工薪酬差距的 60% 分位水平时，则 C_HPG1 为 1，否则为 0。

员工薪酬水平如果低于行业平均薪酬水平，则意味着企业对员工的人力资本认可度不高，对其绩效评价结果亦偏低，不论客观与否，都会在员工心目中产生不满的情绪。如果此时，高管—员工薪酬差距还比 65% 的同行业企业的高管—员工薪酬差距要大，则将进一步叠加放大其对薪酬水平的不满，并将该不满情绪延伸到对薪酬差距的主观感受上。哪怕此时的高管—员工薪酬差距"客观上"是"合理"的，从员工的主观感知而言，更可能感受的是认知上的"被轻视"、评价上的"不公平"和结果上的"被剥削"。此时，出现"薪酬鸿沟"的概率非常高。

第二个度量指标（C_ HPG2）：员工薪酬水平低于地区平均薪酬水平，且高管—员工薪酬差距高于本地区高管—员工薪酬差距的 60% 分位水平时，则 C_ HPG2 为 1，否则为 0。

员工在对比其收入水平合理性时，其亲戚朋友是最为直接的比较对象。员工的亲戚朋友多居住在同一地区，其薪酬水平如果低于地区平均薪酬水平，则意味着受到其亲戚朋友较低的评价，从情感上来讲"非常没有面子"。因此，员工心中自然对薪酬产生不满的情绪。如果此时，高管—员工薪酬差距还比 60% 的同地区企业的高管—员工薪酬差距要大，则将进一步叠加放大其对薪酬水平的不满，并较大概率将该不满情绪延伸到对薪酬差距的主观感受上。同样的道理，哪怕此时的高管—员工薪酬差距是"合理"的，从员工的主观感知而言，更可能感受的是认知上的"被轻视"、评价上的"不公平"和结果上的"被剥削"。此时，出现"薪酬鸿沟"的概率亦大幅度提高。

第三个度量指标（C_ HPG3）：员工薪酬水平低于本地区 40% 分位的薪酬水平，且高管薪酬水平高于本行业高管薪酬水平的 60% 分位水平时，则 C_ HPG3 为 1，否则为 0。

如果员工薪酬水平低于本地区 40% 分位的薪酬水平，除了情感上来讲"非常没有面子"之外，与地区生活水平相比过低的薪酬水平，也可能导致员工需要承受更高的来自生活的经济压力。因此，员工心中自然容易对薪酬产生不满的情绪。如果此时，自身所在企业的高管却享受着比 60% 的同行业企业高管的薪酬水平要高，现在多数员工在情感上接受不了这一"过大"的差距。"朱门酒肉臭，路有冻死骨"的感受，自然会将叠加放大后对薪酬水平的不满延伸到对薪酬差距的主观感受上。同样的逻辑，哪怕此时的高管—员工薪酬差距是"合理"的，从员工的主观感知而言，更可能感受的是认知上的"被轻视"、评价上的"不公平"和结果上的"被剥削"。此时，出现"薪酬鸿沟"的概率非常高。

第四个度量指标（C_ HPG4）：员工薪酬水平低于本行业 40% 分位的薪酬水平，且高管薪酬水平高于本地区高管薪酬水平的 60% 分位水平时，则 C_ HPG4 为 1，否则为 0。与以上逻辑相似，C_ HPG4 为 1 时，"薪酬鸿沟"的概率非常高。

第五个度量指标（C_ HPG5）：员工薪酬水平低于地区平均薪酬水平 40% 分位，且高管—员工薪酬差距高于本行业高管—员工薪酬差距的 60% 分位水平时，则 C_ HPG5 为 1，否则为 0。

3.1.2　度量方法二：回归估计比较法

根据现有的研究文献，高管—员工薪酬差距公认度最高的影响因素是行业平均薪酬差距（IPG）、地区平均薪酬差距（RPG）、企业规模（FSIZE）、员工数量（NEM）、公司绩效（ROA、ROE、EPS）和股权集中度（LSR、FSR、TSR）。其中，LSR 为第一大股东持股比例，FSR 为前五大股东持股比例的平方和，TSR 为前十大股东持股比例之和。

分别构建五个回归模型，用以估计企业高管—员工薪酬差距的合理值。其中，PG_i 为每个样本公司的实际高管—员工薪酬差距。

$$PG_i = \alpha_0 + \alpha_1 IPG_i + \alpha_2 FSIZE_i + \alpha_3 ROA_i + \alpha_4 FSR_i \tag{3.1}$$

$$PG_i = \beta_0 + \beta_1 RPG_i + \beta_2 NEM_i + \beta_3 ROE_i + \beta_4 TSR_i \tag{3.2}$$

$$PG_i = \gamma_0 + \gamma_1 \left[(ZRPG_i + ZIPG_i)/2 \right] + \gamma_2 \left[(ZFSIZE_i + ZNEM_i)/2 \right] +$$
$$\gamma_3 EPS_i + \gamma_4 LSR_i \tag{3.3}$$

$$PG_i = \eta_0 + \eta_1 IPG_i + \eta_2 NEM_i + \eta_3 \left[(ZEPS_i + ZROA_i + ZROE_i)/3 \right] +$$
$$\eta_4 \left[(ZISR_i + ZTSR_i + ZFSR_i)/3 \right] \tag{3.4}$$

$$PG_i = \pi_0 + \pi_1 RPG_i + \pi_2 FSIZE_i + \pi_3 ZEPS_i + \pi_4 \left[(ZLSR_i + ZTSR_i + ZFSR_i)/3 \right] \tag{3.5}$$

由于行业平均薪酬差距与地区平均薪酬差距之间的相关系数、企业规模与员工数量的相关系数都超过了 0.5，因此，在一个模型里容易产生严重的多重共线性问题。因此，模型（3.1）将行业平均薪酬差距、企业规模纳入回归方程，模型（3.2）将地区平均薪酬差距、员工数量纳入回归方程，而模型（3.3）则将行业平均薪酬差距与地区平均薪酬差距标准化值的平均值、企业规模与员工数量标准化值的平均值纳入回归方程，既有效利用了重要的决定因素，又规避了潜在的多重共线性的问题。

企业绩效常见的度量指标分别是资产收益率、净资产收益率和每股收益，每个指标都在一定程度上衡量企业绩效，但是都不能够完整地衡量，而且三者如果共同纳入一个回归方程，则会发生严重的多重共线性问题。因而，为了体现公司绩效对高管—员工薪酬差距的决定作用，而又符合线性回归分析的基本要求，本书将三者分别纳入模型（3.1）、模型（3.2）和模型（3.3）中，而将三者标准化值的平均数纳入模型（3.4）、模型（3.5）中。

同样的逻辑，股权集中度的常见指标分别是第一大股东持股比例、前五大股东持股比例的平方和、前十大股东持股比例。每个指标都在一定程度上衡量股权集中度，但是都不能够完整地衡量，而且三者如果共同纳入一个回归方程，则会发生严重的多重共线性问题。因而，为了体现股权集中度对高管—员工薪酬差距的影响效应，而又符合线性回归分析的基本要求，本书将三者分别纳入模型（3.1）、模型（3.2）和模型（3.3）中，而将三者标准化值的平均数纳入模型（3.4）、模型（3.5）中。

将选择的样本数据分别应用以上三个模型进行数据拟合。根据数据拟合的结果，模型（3.1）、模型（3.2）、模型（3.3）、模型（3.4）、模型（3.5）都能得到各影响因素对高管—员工薪酬差距的非标准化回归系数。其中，模型（3.1）的回归系数为 α_0、α_1、α_2、α_3、α_4；模型（3.2）的回归系数为 β_0、β_1、β_2、β_3、β_4；模型（3.3）的回归系数为 γ_0、γ_1、γ_2、γ_3、γ_4；模型（3.4）的回归系数为 η_1、η_2、η_3、η_4，模型（3.5）的回归系数为 π_1、π_2、π_3、π_4。

根据数据拟合得到的五个高管—员工薪酬差距决定模型，针对每一个样本企业，将具体的自变量值代入模型中，可以得到每一个企业相对"合理"的高管—员工薪酬差距水平（$SPG1_i$，$SPG2_i$，$SPG3_i$，$SPG4_i$，$SPG5_i$）。此时，薪酬鸿沟就可以用该企业实际的高管—员工薪酬差距水平与"合理"的高管—员工薪酬差距水平之间的差值来衡量。

模型（3.1）、模型（3.2）、模型（3.3）、模型（3.4）、模型（3.5）拟合而成的"合理"的高管—员工薪酬差距水平，可以标记为 SPG1、SPG2、SPG3、SPG4、SPG5。

回归估计法用以测度薪酬鸿沟的第一个指标是 R_ HPG1：

$$R\_HPG1_i = PG_i - SPG1_i \tag{3.6}$$

进一步，如果 R_ HPG1 大于 0，则设定为 1；如果 R_ HPG1 小于 0，则设定为 0。

回归估计法用以测度薪酬鸿沟的第二个指标是 R_ HPG2：

$$R\_PHG2_i = PG_i - SPG2_i \tag{3.7}$$

进一步，如果 R_ HPG2 大于 0，则设定为 1；如果 R_ HPG2 小于 0，则设定为 0。

回归估计法用以测度薪酬鸿沟的第三个指标是 R_ HPG3：

$$R\_PHG3_i = PG_i - SPG3_i \tag{3.8}$$

进一步，如果 R_ HPG3 大于 0，则设定为 1；如果 R_ HPG3 小于 0，则设定为 0。

回归估计法用以测度薪酬鸿沟的第四个指标是 R_ HPG4：

$$R\_PHG4_i = PG_i - SPG4_i \tag{3.9}$$

进一步，如果 R_ HPG4 大于 0，则设定为 1；如果 R_ HPG4 小于 0，则设定为 0。

回归估计法用以测度薪酬鸿沟的第五个指标是 R_ HPG5：

$$R\_PHG5_i = PG_i - SPG5_i \tag{3.10}$$

进一步，如果 R_ HPG5 大于 0，则设定为 1；如果 R_ HPG5 小于 0，则设定为 0。

回归估计比较法测算的薪酬鸿沟用 R_ HPG1、R_ HPG2、R_ HPG3、R_ HPG4 和 R_ HPG5 的均值来共同表示。

3.1.3　度量方法三：薪酬增长比较法

根据本书的界定，感知到的薪酬不公超过心理阈值，即为薪酬鸿沟。当员工与高管的薪酬在动态增长的过程中，由于各自增长速度的过度差异，将导致薪酬鸿沟的产生。依据此原理，设计五种基于薪酬增长比较法的薪酬鸿沟度量指标（见表3-1）。

表 3.1　薪酬鸿沟度量指标体系生成结果

编号	指标生成方法	指标维度代码	具体指标代码	属性值
1	基于薪酬 水平比较法	C_ HPG	C_ HPG1	取值为 0 或者 1 的虚拟变量
			C_ HPG2	取值为 0 或者 1 的虚拟变量
			C_ HPG3	取值为 0 或者 1 的虚拟变量
			C_ HPG4	取值为 0 或者 1 的虚拟变量
			C_ HPG5	取值为 0 或者 1 的虚拟变量
2	基于回归 估计比较法	R_ HPG	R_ HPG1	取值为 0 或者 1 的虚拟变量
			R_ HPG2	取值为 0 或者 1 的虚拟变量
			R_ HPG3	取值为 0 或者 1 的虚拟变量
			R_ HPG4	取值为 0 或者 1 的虚拟变量
			R_ HPG5	取值为 0 或者 1 的虚拟变量
3	基于薪酬 增长比较法	G_ HPG	G_ HPG1	取值为 0 或者 1 的虚拟变量
			G_ HPG2	取值为 0 或者 1 的虚拟变量
			G_ HPG3	取值为 0 或者 1 的虚拟变量
			G_ HPG4	取值为 0 或者 1 的虚拟变量
			G_ HPG5	取值为 0 或者 1 的虚拟变量

基于薪酬增长比较法的薪酬鸿沟指标 1（G_ HPG1）：如果员工薪酬的增长比例小于本企业高管薪酬的增长比例，或者员工薪酬的降低比例高于本企业高管薪酬的降低比例，考虑到二者绝对薪酬水平的差异，则员工可能会感知到薪酬过度不公的存在。此时，G_ HPG1 设为 1；否则，G_ HPG1 为 0。

基于薪酬增长比较法的薪酬鸿沟指标 2（G_ HPG2）：如果员工薪酬的增长比例小于本地区员工薪酬增长比例的 40% 分位数，而高管薪酬的增长比例高于本地区高管薪酬增长比例均值，则员工更可能会感知到薪酬过度不公的存在。此时，G_ HPG2 设为 1；否则，G_ HPG2 为 0。

基于薪酬增长比较法的薪酬鸿沟指标 3（G_ HPG3）：如果员工薪酬的增长比例小于本行业员工薪酬增长比例的 40% 分位数，而高管薪酬的增长比例高于本行业高管薪酬增长比例的 60% 分位数，则员工更可能会感知到薪酬过度不公的存在。此时，G_ HPG3 设为 1；否则，G_ HPG3 为 0。

基于薪酬增长比较法的薪酬鸿沟指标 4（G_ HPG4）：如果员工薪酬的增长比例小于本行业员工薪酬增长比例的 40% 分位数，而高管薪酬的增长比例高于本地区高管薪酬增长比例的 60% 分位数，则员工更可能会感知到薪酬过度不公的的存在。此时，G_ HPG4 设为 1；否则，G_ HPG4 为 0。

基于薪酬增长法的薪酬鸿沟指标 5（G_ HPG5）：如果员工薪酬的增长比例小于本地区员工薪酬增长比例的 40% 分位数，而高管薪酬的增长比例高于本行业高管薪酬增长比例的 60% 分位数，则员工更可能会感知到薪酬过度不公的存在。此时，G_ HPG5 设为 1；否则，G_ HPG5 为 0。

3.2　国有企业薪酬鸿沟度量指标体系预测试

3.2.1　内容效度的专家预测试

根据专家预测试的需要，结合项目主持人及主要成员的社会及学界关系，选择 9 名专家对表 3.2 中的指标体系进行内容效度的判断。参考 Hinkin（1995）的建议，选择三名企业界专家，主要从实务的角度对指标体系的现实意义进行判断，五名高校研究型专家，主要从理论的角度对指标体系与薪酬鸿沟内涵的匹配性进行判断。此外，为了保证预测试过程的顺利进行，请项目主持人的研究生全程参与了指标预测试，并作为秘书对最终结果进行数据的整理与初步处理工作。

表 3.2　专家基本信息

专家编号	专家年龄	单位性质	研究方向（任职职位）	专家职称
1	42	国有企业	财务管理	高级经济师
2	45	民营咨询公司	公司经理	高级经济师
3	46	民营企业	人力资源部经理	一级人力资源师
4	52	985 大学	知识管理/公司治理	教授
5	55	985 大学	人力资源管理/组织行为学	教授
6	43	211 大学	企业管理	副教授
7	44	211 大学	公司治理	副教授
8	35	省属院校	人力资源管理	副教授
9	24	省属院校	人力资源管理/公司治理	研究生（秘书）

提前一周将薪酬鸿沟的定义（一页纸）和国家社科基金的申请书发送到各位专家的邮箱，并邀请各位专家在了解薪酬鸿沟内涵和研究基本目标的情况下，自主思考可能的薪酬鸿沟度量方法和指标。一周后，由秘书将指标及其具体内涵与操作界定带给各位专家，邀请各位专家当面对指标进行判断。针对每个指标，对指标与薪酬鸿沟定义的符合度进行评价，按照李克特 5 级量表进行打分，具体结果如表 3.3 所示。

表 3.3　内容效度专家预测试结果

编号	指标代码	与薪酬鸿沟定义的符合度（即指标合理性）最小值	与薪酬鸿沟定义的符合度（即指标合理性）最大值	与薪酬鸿沟定义的符合度（即指标合理性）均值
1	C_ HPG1	4	5	4.556
2	C_ HPG2	4	5	4.444
3	C_ HPG3	4	5	4.778

编号	指标代码	与薪酬鸿沟定义的符合度（即指标合理性）最小值	与薪酬鸿沟定义的符合度（即指标合理性）最大值	与薪酬鸿沟定义的符合度（即指标合理性）均值
4	C_ HPG4	3	5	4.000
5	C_ HPG5	3	5	4.556
6	R_ HPG1	3	5	4.556
7	R_ HPG2	2	5	3.889
8	R_ HPG3	4	5	4.333
9	R_ HPG4	3	5	4.222
10	R_ HPG5	3	5	4.111
11	G_ HPG1	4	5	4.778
12	G_ HPG2	4	5	4.667
13	G_ HPG3	3	5	4.111
14	G_ HPG4	4	5	4.333
15	G_ HPG5	3	5	4.222

3.2.2　基于三个行业 332 条观测数据的指标体系内容效度预测试

3.2.2.1　样本选择

以 2006~2016 年 CSMAR 国泰安金融数据库中水利、环境和公共设施管理业、租赁和商务服务业和综合三个行业的国有上市公司为对象，选择符合以下条件的上市公司数据为样本：①非 ST、PT 公司；②报表信息披露完全的公司，能够得到本章所需要的所有数据；③剔除有极端值数据的样本公司，比如当年度严重亏损的企业。根据以上条件在 CSMAR 进行筛选，最终得到沪深两市 332 条观测数据为研究对象，进行薪酬鸿沟度量指标体系的结构与内容效度的预测试。研究过程中主要使用了 SPSS 和 Excel 等统计软件。

3.2.2.2　变量设计与数据说明

高管薪酬水平（EPL）：前三名高级管理人员年度薪酬平均值。其对数值记为 LNEPL。

员工薪酬水平（WPL）：在这项研究中，我们使用了公司年度报告数据中的雇员总数减去高管人数，作为员工总数。其中，"支付给雇员和员工的现金"来自现金流量表，"期初、期末应付职工薪酬"来自资产负债表，"高管的人数和薪酬"来自财务报表附注。具体测算公式如下：

普通员工平均薪酬＝本期员工总薪酬/普通员工数 ＝（本期支付给职工以及为职工支付的现金+期末应付职工薪酬-期初应付职工薪酬-高管薪酬）／（员工总数-高管人数）

员工薪酬水平对数记为（lnWPL）。

高管—员工薪酬差距（EEPG）：高管薪酬水平与员工薪酬水平的差值。其对数记为 lnEEPG。

地区高管薪酬水平（RLNEPL）：考虑到各省份的样本数量相对较少，将所有省份根据我国目前的行政区划分为东部地区、中部地区和西部地区三个地区。各地区高管薪酬水平等于该地区样本企业的高管薪酬水平的平均值，最后取对数。后文章节中的地区则以各具体省份为单位，计算地区高管薪酬水平。

地区员工薪酬水平（RLNWPL）：东部、中部和西部三个地区中，各地区员工薪酬水平等于该地区样本企业的员工薪酬水平的平均值，最后取对数。后文章节中的地区则以各具体省份为单位，计算地区员工薪酬水平。

地区高管—员工薪酬差距（RLNEEPG）：三个地区高管薪酬水平等于各地区样本企业的高管薪酬水平的平均值，最后取对数。在正式大样本的测算中，地区高管—员工薪酬差距平均值按照省（自治区）进行划分。

行业高管薪酬水平（ILNEPL）：各行业的高管薪酬水平分别等于样本中各行业所有企业的高管薪酬水平的平均值，最后取对数。

行业员工薪酬水平（ILNWPL）：各行业的高管薪酬水平分别等于样本中各行业的所有企业的员工薪酬水平的平均值，最后取对数。

行业高管—员工薪酬差距（RLNEEPG）：各行业的高管—员工薪酬差距分别等于样本中各行业的所有企业的高管—员工薪酬差距的平均值，最后取对数。

企业规模（FSIZE）：企业总资产的对数值。

员工数量（NEM）：企业员工数量的对数值。

公司绩效（ROA、ROE、EPS）：ROA 为资产净收益率，ROE 为净资产回报率，EPS 为每股收益。

股权集中度（LSR、FSR、TSR）：LSR 为第一大股东持股比例，FSR 为前五大股东持股比例平方之和，TSR 为前十大股东持股比例之和。

员工薪酬水平增长率（RGWPL）：用本年度员工薪酬水平与前一年度员工薪酬水平的差值除以前一年度员工薪酬水平，即为员工薪酬水平增长率。

高管薪酬水平增长率（RGEPL）：用本年度高管薪酬水平与前一年度高管薪酬水平的差值除以前一年度高管薪酬水平，即为高管薪酬水平增长率。

本地区员工薪酬水平增长率（RRGWPL）：本地区所有样本企业的员工薪酬水平增长率 RGWPL 的平均值。

本行业员工薪酬水平增长率（IRGWPL）：本行业所有样本企业的员工薪酬水平增长率 RGWPL 的平均值。

本地区高管薪酬水平增长率（RRGEPL）：本地区所有样本企业的高管薪酬水平增长率 RGEPL 的平均值。

本行业高管薪酬水平增长率（IRGEPL）：本行业所有样本企业的高管薪酬水平增长率 RGEPL 的平均值。

地区高管薪酬水平的 X 百分位数，记为 X%_ RLNEPL。其他以此类推。比如，地区高管薪酬水平增长率 60 分位数，记为 60%_ RRGEPL。

基于以上变量设计，根据薪酬鸿沟测量指标的计算方法，应用 332 条观测数据，得到薪酬鸿沟各指标的具体数值。描述性统计结果如表 3.4 所示。

表 3.4　薪酬鸿沟指标描述性统计结果（预测试）

	样本数	最小值	最大值	均值	标准差
C_ HPG1	332	0.00	1.00	0.2982	0.45816
C_ HPG2	332	0.00	1.00	0.3373	0.47352
C_ HPG3	332	0.00	1.00	0.2380	0.42647
C_ HPG4	332	0.00	1.00	0.2801	0.44974
C_ HPG5	332	0.00	1.00	0.2952	0.45681
R_ HPG1	332	0.00	1.00	0.2681	0.44362
R_ HPG2	332	0.00	1.00	0.3102	0.46329
R_ HPG3	332	0.00	1.00	0.3313	0.47140
R_ HPG4	332	0.00	1.00	0.3373	0.47352
R_ HPG5	332	0.00	1.00	0.3705	0.48366
G_ HPG1	332	0.00	1.00	0.4096	0.49251
G_ HPG2	332	0.00	1.00	0.4187	0.49409
G_ HPG3	332	0.00	1.00	0.3675	0.48284
G_ HPG4	332	0.00	1.00	0.3795	0.48600
G_ HPG5	332	0.00	1.00	0.4006	0.49076

表 3.5　基于薪酬水平比较法的薪酬鸿沟（C_ HPG）指标相关系数检验（N=332）

	C_ HPG1	C_ HPG2	C_ HPG3	C_ HPG4	C_ HPG5	C_ HPG
C_ HPG1	1					
C_ HPG2	0.547**	1				
C_ HPG3	0.829**	0.578**	1			
C_ HPG4	0.391**	0.565**	0.440**	1		
C_ HPG5	0.738**	0.582**	0.862**	0.330**	1	
C_ HPG	0.860**	0.803**	0.906**	0.661**	0.859**	1

表 3.5 显示，C_ HPG4 与五个指标的总分数 C_ HPG 的相关系数（0.661**）低于 0.7，不符合度量指标有效性的基本要求。因此，需要从五个指标里删除 C_ HPG4。

表 3.6　基于回归估计比较法的薪酬鸿沟（R_ HPG）指标相关系数检验（N=332）

	R_ HPG1	R_ HPG2	R_ HPG3	R_ HPG4	R_ HPG5	R_ HPG
R_ HPG1	1					
R_ HPG2	0.517**	1				
R_ HPG3	0.733**	0.410**	1			
R_ HPG4	0.637**	0.275**	0.745**	1		
R_ HPG5	0.444**	0.348**	0.696**	0.649**	1	
R_ HPG	0.835**	0.640**	0.898**	0.829**	0.786**	1

表 3.6 显示，R_ HPG2 与五个指标的总分数 R_ HPG 的相关系数（0.640**）低于 0.7，不符合度量指标有效性的基本要求。因此，需要从五个指标里删除 R_ HPG2。

表 3.7 基于薪酬增长比较法的薪酬鸿沟（G_ HPG）指标相关系数检验（N＝332）

	G_ HPG1	G_ HPG2	G_ HPG3	G_ HPG4	G_ HPG5	G_ HPG
G_ HPG1	1					
G_ HPG2	0.882**	1				
G_ HPG3	0.372**	0.426**	1			
G_ HPG4	0.748**	0.653**	0.417**	1		
G_ HPG5	0.762**	0.735**	0.313**	0.711**	1	
G_ HPG	0.919**	0.904**	0.602**	0.845**	0.855**	1

表 3.7 显示，G_ HPG3 与五个指标的总分数 G_ HPG 的相关系数（0.602**）低于 0.7，不符合度量指标有效性的基本要求。因此，需要从五个指标里删除 G_ HPG3。

3.3 国有企业薪酬鸿沟度量指标体系项目精简

3.3.1 样本选择

以 2006～2016 年 CSMAR 国泰安金融数据库中房地产业和建筑业两个行业的上市公司为对象，选择符合以下条件的国有上市公司数据为样本：①非 ST、PT 公司；②报表信息披露完全的公司，能够得到本章所需要的所有数据；③剔除有极端值数据的样本公司，比如当年度严重亏损的企业。

根据以上条件在 CSMAR 进行筛选，最终得到沪深两市 848 条观测数据为研究对象（其中，房地产业 536 家，建筑业 312 家），采用探索性因子分析和信度分析对预测试后的薪酬鸿沟度量指标体系进行进一步精简和有效性确认。所有变量的设计见本章 3.2.2。借鉴 Cunningham（2005）和张红琪等（2013）等文献的建议，采用探索性因子分析对薪酬鸿沟度量指标体系进行项目精简。

3.3.2 探索性因子分析

3.3.2.1 基于薪酬水平比较法的薪酬鸿沟的探索性因子分析

针对基于薪酬水平比较法的薪酬鸿沟（C_ HPG）指标进行探索性因子分析，结果如表 3.8 所示。

表 3.8 基于薪酬水平比较法的薪酬鸿沟（C_ HPG）指标的探索性因子分析结果

	因子	Extraction Sums of Squared Loadings
	1	Cumulatie %
C_ HPG1	0.904	
C_ HPG2	0.898	
C_ HPG3	0.862	69.186
C_ HPG5	0.634	

注：萃取方法：主成分分析。

根据度量指标开发时，因子载荷大于 0.7 的标准，删除 C_ HPG5 （0.634）。将删除后的三个指标再次进行探索性因子分析，结果如表 3.9 所示。

表 3.9 基于薪酬水平比较法的薪酬鸿沟（C_ HPG）
指标的探索性因子分析与信度系数（删除 C_ HPG5 后）

	因子	Extraction Sums of Squared Loadings	Cronbach's Alpha
	1	Cumulative %	
C_ HPG1	0.908		
C_ HPG2	0.928	82.248	0.872
C_ HPG3	0.885		

注：萃取方法：主成分分析。

3.3.2.2 基于回归估计比较法的薪酬鸿沟的探索性因子分析

针对基于薪酬水平比较法的薪酬鸿沟（R_ HPG）指标进行探索性因子分析，结果如表 3.10 所示。

表 3.10 基于薪酬水平比较法的薪酬鸿沟（R_ HPG）指标的探索性因子分析结果

	因子	Extraction Sums of Squared Loadings
	1	Cumulatie %
R_ HPG1	0.858	
R_ HPG3	0.920	
R_ HPG4	0.919	69.708
R_ HPG5	0.600	

注：萃取方法：主成分分析。

根据度量指标开发时，因子载荷大于 0.7 的标准，删除 R_ HPG5 （0.600）。将删除后的三个指标再次进行探索性因子分析，结果如表 3.11 所示。

表 3.11　基于薪酬水平比较法的薪酬鸿沟（R_HPG）
指标的探索性因子分析与信度系数（删除 R_HPG5 后）

	因子	Extraction Sums of Squared Loadings	Cronbach's Alpha
	1	Cumulative %	
R_HPG1	0.877		
R_HPG3	0.940	84.107	0.905
R_HPG4	0.932		

注：萃取方法：主成分分析。

3.3.2.3　基于薪酬增长比较法的薪酬鸿沟的探索性因子分析

针对基于薪酬水平比较法的薪酬鸿沟（G_HPG）指标进行探索性因子分析，结果如表 3.12 所示。

表 3.12　基于薪酬水平比较法的薪酬鸿沟（G_HPG）指标的探索性因子分析结果

	因子	Extraction Sums of Squared Loadings
	1	Cumulatie %
G_HPG1	0.862	
G_HPG3	0.799	
G_HPG4	0.661	64.789
G_HPG5	0.878	

注：萃取方法：主成分分析。

根据度量指标开发时，因子载荷大于 0.7 的标准，删除 G_HPG4（0.661）。将删除后的三个指标再次进行探索性因子分析，结果如表 3.13 所示。

表 3.13　基于薪酬水平比较法的薪酬鸿沟（G_HPG）
指标的探索性因子分析与信度系数（删除 G_HPG4 后）

	因子	Extraction Sums of Squared Loadings	Cronbach's Alpha
	1	Cumulative %	
G_HPG1	0.908		
G_HPG2	0.780	75.681	0.873
G_HPG5	0.915		

注：萃取方法：主成分分析。

3.4　国有企业薪酬鸿沟度量指标体系小规模研究

3.4.1　样本选择

以 2006~2016 年 CSMAR 国泰安金融数据库中交通运输、仓储和邮政业和采矿业两个行业的上市公司为对象，选择符合以下条件的国有上市公司数据为样本：①非 ST、PT 公司；②报表信息披露完全的公司，能够得到本章所需要的所有数据；③剔除有极端值数据的样本公司，比如当年度严重亏损的企业。

根据以上条件在 CSMAR 中进行筛选，最终得到沪深两市 242 条观测数据为研究对象（其中，采矿业 140 条，交通运输、仓储和邮政业 102 条）。所有变量的设计见本章 3.2.2。采用验证性因子分析和信度分析对精简试后的薪酬鸿沟度量指标体系进行最终的有效性确认。借鉴 Cunningham 等（2005）和赵斌等（2014）等的建议，采用验证性因子分析和信度检验对薪酬鸿沟度量指标体系进行小规模研究。

3.4.2　验证性因子分析

将上述步骤选择的 C_ HPG1、C_ HPG2、C_ HPG3、R_ HPG1、R_ HPG3、R_ HPG4、G_ HPG1、G_ HPG2、G_ HPG5 九个指标，应用 SPSS 统计软件的验证性因子分析功能，采用主成分分析法，指定生成结果为三个因子，其解释总方差和旋转后的矩阵分别如表 3.14 和表 3.15 所示。

表 3.14　验证性因子分析结果：解释的总方差

成分	初始特征值			提取平方和载入			旋转平方和载入		
	合计	方差的 %	累计%	合计	方差的 %	累计%	合计	方差的 %	累计%
1	2.834	31.491	31.491	2.834	31.491	31.491	2.478	27.534	27.534
2	2.285	25.394	56.885	2.285	25.394	56.885	2.126	23.619	51.152
3	1.513	16.808	73.694	1.513	16.808	73.694	2.029	22.541	73.694
4	0.626	6.952	80.646						
5	0.460	5.114	85.760						
6	0.396	4.399	90.159						
7	0.384	4.269	94.429						
8	0.351	3.898	98.327						
9	0.151	1.673	100.000						

注：提取方法：主成分分析。

表 3.15　验证性因子分析结果：旋转成分矩阵[a]

	成分		
	1	2	3
C_ HPG1			0.820
C_ HPG2			0.859
C_ HPG3			0.736
R_ HPG1	0.868		
R_ HPG3	0.935		
R_ HPG4	0.912		
G_ HPG1		0.860	
G_ HPG2		0.837	
G_ HPG5		0.807	

注：a. 提取方法：主成分；旋转法：具有 Kaiser 标准化的正交旋转法；旋转在 4 次迭代后收敛。

此外，还应用结构方程软件 AMOS 对该度量指标体系进行了一阶验证性因子分析，结果显示，C_ HPG1、C_ HPG2、C_ HPG3、R_ HPG1、R_ HPG3、R_ HPG4、G_ HPG1、G_ HPG2、G_ HPG5 九个指标很好地拟合了基于薪酬水平比较的薪酬鸿沟、基于回归估计比较的薪酬鸿沟和基于薪酬增长比较的薪酬鸿沟三个薪酬鸿沟子维度，并且能够很好地聚合成薪酬鸿沟这一潜变量。所有的因子载荷（路径系数）均大于 0.65。测量方程的整体拟合优度指标均符合要求（比如，RMSEA = 0.0042，NFI = 0.92，RFI = 0.93，CFI = 0.92）。因此，本章构建的薪酬鸿沟度量指标体系在结构效度上符合要求。

3.4.3　小规模研究的信度检验

应用房地产业和建筑业的样本，进行小规模研究的信度检验，结果如表 3.16 所示。可见，各维度指标的内在一致性系数均符合要求。该指标体系具有可信性。

表 3.16　小规模研究的信度检验结果（最终的指标体系结果）

		Cronbach's α	N of Items
C_ HPG	C_ HPG1 C_ HPG2 C_ HPG3	0.833	3
R_ HPG	R_ HPG1 R_ HPG3 R_ HPG4	0.894	3
G_ HPG	G_ HPG1 G_ HPG2 G_ HPG5	0.795	3

3.5　国有企业薪酬鸿沟度量指标体系法则效度检验

法则效度是构建有效指标体系或者度量量表的基本步骤，是检验度量有效性的关键方法（钟帅、章启宇，2015；杨百寅等，2013）。为了最终检验薪酬鸿沟度量指标体系的有效性，也是为了检验薪酬鸿沟的影响效应，本章进一步考察薪酬鸿沟与企业绩效和员工离职的关系。从薪酬鸿沟的内涵上，可以符合逻辑地推断，薪酬鸿沟与企业绩效负相关，而与员工离职正相关。下文试图证实这一推断，并厘清其影响程度的大小和统计显著性。

表 3.17　样本行业分布情况

行业名称	频数	百分比	有效百分比	累计百分比
采矿业	395	4.6	4.6	4.6
电力、热力、燃气及水生产和供电业	713	8.3	8.3	12.9
房地产业	536	6.3	6.3	19.2

续表

行业名称	频数	百分比	有效百分比	累计百分比
建筑业	312	3.6	3.6	22.8
交通运输、仓储和邮政业	639	7.5	7.5	30.3
教育、科学研究和技术服务业	53	0.6	0.6	30.9
农、林、牧、渔业	149	1.7	1.7	32.6
批发和零售业	657	7.7	7.7	40.3
水利、环境和公共设施管理业	102	1.2	1.2	41.5
文化、体育和娱乐业	176	2.1	2.1	43.5
信息传输、软件和信息技术服务业	222	2.6	2.6	46.1
制造业	4315	50.3	50.3	96.5
住宿和餐饮业	73	0.9	0.9	97.3
综合	106	1.2	1.2	98.6
租赁和商务服务业	124	1.4	1.4	100.0
总计	8572	100.0	100.0	

3.5.1 样本选择

本章此后分析数据基本来自 CSMAR 国泰安金融数据库，个别数据手工摘自上市公司年报。具体而言，本书拟以 2006~2016 年共 11 年沪深两市发行 A 股的国有上市公司（其具体界定为：终极控股股东具有国有性质，即认定为国有上市公司）所披露的数据为样本框，按照以下原则剔除不符合本章研究要求的公司，选择下文的研究样本：①剔除 ST、PT 公司。②鉴于金融、保险类企业资产结构及经营管理的特殊性，剔除金融、保险行业类的上市公司。③剔除年报信息披露不全的公司。如年报中没详细披露高管报酬的公司。④剔除具有极端值的样本公司。如果样本公司的数据过高或过低，将严重影响模型的有效性，因此剔除上述数据。

根据以上标准在 CSMAR 内进行筛选，最终得到沪深两市 8572 条观测数据作为研究样本。研究过程中主要使用了 SPSS 和 Excel 等统计软件。如表 3.17 所示。

3.5.2 变量设计

资产规模对数（FSIZE）、员工规模对数（NEMP）、第一大持股比例（FSR）、高管薪酬差距对数（ECP）、企业绩效（ROE、ROA、EPS）具体定义见本章前文内容。

员工离职率（TURNOVER）：借鉴孙晓云（2016）的做法，将员工离职行为定义为虚拟变量，衡量企业是否发生员工离职，通过比较 T 期和 T-1 期的员工人数进行判断。若上一期的员工总规模比当期的员工总规模大，则认为有离职现象发生取 1，否则为 0。整体上，1 代表较高的离职率，而 0 代表较低的离职率。

薪酬鸿沟（HPG）：薪酬鸿沟指数是 C_HPG、R_HPG、G_HPG 三者的加权平均值，衡量薪酬鸿沟程度，也可以认为是薪酬鸿沟出现的概率，记为 HPG；薪酬鸿沟存在性，是根据样本公司薪酬鸿沟指数是否高于全体样本薪酬鸿沟指数均值进行判断，如果是，赋值为 1，否则为 0，记为 HPG01。薪酬鸿沟存在性从定性的角度判断，特定样本公司是否存在薪酬鸿沟。

其他变量的界定如下：独立董事比例（RID）：独立董事数量与董事会规模的比值；监事会比例（RSB）：监事个数与高管团队规模的比值；股权制衡度（BDE）：第二大股东持股比例与第一大股东持股比例的比值；女性高管比例（NFE）：女性高管个数与高管团队规模的比值；上市时间（TIME）：企业自上市至今所经历的年份数，结果四舍五入取整；是否东部地区（EAST）：如果属于东部地区，则设为 1，否则为 0；是否央企（CENT）：如果属于央企，则设为 1，否则为 0；资产负债率（DEBT）：负债总额与总资产的比值；股价（PRICE）：总市值与股份数的比值；综合绩效（CFP4）：是 ROA、ROE、EPS、PRICE 四个指标经过因子旋转而生成的综合性绩效指标。

3.5.3 变量描述性统计与相关性分析

对 8572 条国有企业观测数据，按照上述变量设计进行表述性统计和相关性分析，结果分解如表 3.18 和表 3.19 所示。表 3.18 显示，样本企业平均薪酬鸿沟指数为 0.357，独立董事比例平均为 36.5%，监事会比例平均为 24.6%，资产收益率平均为 3.7%。

表 3.18 研究变量描述统计

	样本数	极小值	极大值	均值	标准差
FSIZE	8572	17.430	28.510	22.373	1.400
NEMP	8572	2.890	13.220	7.995	1.360
FSR	8572	0.050	0.870	0.400	0.154
RID	8572	0.090	0.800	0.365	0.054
RSB	8572	0.070	0.450	0.246	0.058
BDE	8572	0.000	1.000	0.252	0.269
NFE	8572	0.000	7.000	0.790	0.931
TIME	8572	1.000	26.000	12.060	5.644
EAST	8572	0.000	1.000	0.561	0.496
CENT	8572	0.000	1.000	0.356	0.479
DEBT	8572	0.010	2.529	0.517	0.215
ROE	8572	−1.830	0.985	0.068	0.156
ROA	8572	−0.873	0.686	0.037	0.063
EPS	8572	−3.860	14.580	0.326	0.626
PRICE	8572	0.630	5.810	2.430	0.639
CFP4	8572	−8.876	10.749	0.000	1.000
TURNOVER	8572	0.000	1.000	0.362	0.481
C_ HPG	8572	0.000	1.000	0.239	0.347
S_ HPG	8572	0.000	1.000	0.523	0.482
G_ HPG	8572	0.000	1.000	0.310	0.371
HPG	8572	0.000	1.000	0.357	0.275
有效的样本数（列表状态）	8572				

表 3.19　法则效度检验样本的变量相关性系数

	FSIZE	NEMP	FSR	RID	RSB	BDE	NFE	TIME	EAST	CENT	ECP	DEBT	ROE	ROA	EPS	PRICE	CPF4	TURNOVER	C_HPG	S_HPG	G_HPG	HPG
FSIZE	1																					
NEMP	.708**	1																				
FSR	.299**	.232**	1																			
RID	.165**	.092**	.059**	1																		
RSB	.039**	.053**	.017	-.001	1																	
BDE	.005	.002	-.518**	-.018	.018	1																
NFE	-.029**	-.098**	-.086**	.001	-.037**	.033**	1															
TIME	.087**	-.016	-.172**	.047**	.016	-.054**	.063**	1														
EAST	.113**	-.033**	.057**	-.001	-.051**	-.010	.090**	.065**	1													
CENT	.083**	.104**	.015	.026*	.008	.077**	-.107**	-.122**	.015	1												
ECP	.321**	.141**	.042**	.010	-.042**	.081**	.141**	.150**	.281**	.119**	1											
DEBT	.288**	.188**	-.022*	.055**	.028**	-.004	-.038**	.124**	-.059**	-.031**	-.083**	1										
ROE	.117**	.052**	.090**	-.025*	-.007	.000	.044**	-.090**	.064**	.007	.212**	-.182**	1									
ROA	.062**	.037**	.111**	-.053**	-.014	-.004	.040**	-.127**	.077**	.001	.232**	-.387**	.688**	1								
EPS	.206**	.146**	.115**	-.016	-.023*	-.006	.066**	-.073**	.044**	-.009	.259**	-.175**	.586**	.671**	1							
PRICE	-.082**	-.044**	.032**	-.057**	-.015	-.005	.061**	-.099**	-.031**	.107**	.192**	-.228**	.315**	.385**	.486**	1						
CPF4	.297**	.203**	.172**	-.005	-.010	.003	.054**	-.094**	.092**	.029**	.325**	-.269**	.838**	.880**	.858**	.485**	1					
TURNOVER	-.203**	-.245**	-.273**	.021	-.092**	.124**	.101**	.085**	.023*	-.005	-.018	.022	-.251**	-.255**	-.245**	-.101**	-.302**	1				
C_HPG	.186**	.203**	-.076**	.032**	-.025*	.099**	.052**	.052**	.063**	.067**	.354**	.093**	-.137**	-.113**	-.033**	-.007	-.066**	.087**	1			
S_HPG	-.074**	-.014	-.072**	.019	-.025*	.003	.044**	.097**	-.012	-.035**	.229**	.027**	-.195**	-.216**	-.154**	-.014	-.214**	.203**	.232**	1		
G_HPG	-.017	.006	-.111**	.036**	.016	-.008	-.032**	.132**	-.028*	-.022*	-.112**	.119**	-.381**	-.403**	-.356**	-.242**	-.421**	.295**	.076**	.263**	1	
HPG	.027**	.080**	-.123**	.041**	-.018	.039**	.033**	.137**	.007	.039**	.232**	.108**	-.342**	-.354**	-.263**	-.120**	-.341**	.287**	.590**	.799**	.635**	1

注：N = 8572；*、** 分别表示在 5%、1% 水平下显著。

3.5.4　薪酬鸿沟指数与企业绩效关系回归分析

为检验薪酬鸿沟与企业绩效指标 ROE 的关系，构建基于 OLS 的多元回归模型（3.11）。应用该模型进行数据拟合，结果如表 3.20 所示。其中，控制变量的选择，参考了李增泉（2000）、陈小悦和徐晓东（2001）、魏立群和王智慧（2002）、罗党论和刘晓龙（2009）、张正堂（2007），以及高雷和宋顺林（2007）等文献的研究成果。

$$ROE_{i(t+1)} = \alpha + \sigma_1 FSIZE_{it} + \sigma_2 FSR_{it} + \sigma_3 RID_{it} + \sigma_4 RSB_{it} + \sigma_5 BDE_{it} +$$
$$\sigma_6 NFE_{it} + \sigma_7 TIME_{it} + \sigma_8 EAST_{it} + \sigma_9 CENT_{it} + \sigma_{10} DEBT_{it} +$$
$$\sigma_{11} NEMP_{it} + \sigma_{12} ECP_{it} + \sigma_{13} HPG_{it} + \varepsilon_{it} \tag{3.11}$$

表 3.20　法则效度检验：薪酬鸿沟指数（HPG）与企业绩效（ROE）关系分析结果

模型	变量	非标准化系数		标准系数	t	Sig.	共线性统计量	
		B	标准误差	β			容差	VIF
(3.11)	（常量）	-0.609	0.032		-19.212	0.000		
	FSIZE	0.010	0.002	0.086	5.454	0.000	0.362	2.762
	FSR	-0.024	0.013	-0.023	-1.861	0.063	0.571	1.751
	RID	-0.044	0.028	-0.015	-1.577	0.115	0.964	1.038
	RSB	-0.001	0.026	-0.001	-0.057	0.954	0.990	1.010
	BDE	-0.014	0.007	-0.024	-2.026	0.043	0.664	1.506
	NFE	0.003	0.002	0.019	1.943	0.052	0.945	1.058
	TIME	-0.002	0.000	-0.077	-7.520	0.000	0.857	1.167
	EAST	-0.008	0.003	-0.026	-2.604	0.009	0.895	1.118
	CENT	-0.009	0.003	-0.029	-2.991	0.003	0.941	1.062
	DEBT	-0.099	0.008	-0.137	-13.194	0.000	0.834	1.199
	NEMP	0.002	0.002	0.018	1.268	0.205	0.463	2.159
	ECP	0.052	0.002	0.283	25.099	0.000	0.704	1.421
	HPG	-0.219	0.006	-0.387	-38.325	0.000	0.881	1.135
模型拟合参数	R^2	0.232		F	199.169	Sig.		0.000

表 3.20 显示，HPG 对 ROE 的回归系数显著为负（$\beta = -0.387$，$t = -38.325$），表明本章测度的薪酬鸿沟指数对净资产收益率具有异常显著抑制作用。该结果既在一定程度上证实了本章测度指标的有效性，又在一定程度上证实薪酬鸿沟现象在当前国有企业中真实存在。

为检验薪酬鸿沟 HPG 与企业绩效指标 ROA 的关系，构建基于 OLS 的多元回归模型（3.12）。应用该模型进行数据拟合，结果如表 3.21 所示。

$$\begin{aligned}
\text{ROA}_{i(t+1)} = &\ \alpha+\sigma_1\text{FSIZE}_{it}+\sigma_2\text{FSR}_{it}+\sigma_3\text{RID}_{it}+\sigma_4\text{RSB}_{it}+\sigma_5\text{BDE}_{it}+ \\
&\ \sigma_6\text{NFE}_{it}+\sigma_7\text{TIME}_{it}+\sigma_8\text{EAST}_{it}+\sigma_9\text{CENT}_{it}+\sigma_{10}\text{DEBT}_{it}+ \\
&\ \sigma_{11}\text{NEMP}_{it}+\sigma_{12}\text{ECP}_{it}+\sigma_{13}\text{HPG}_{it}+\varepsilon_{it}
\end{aligned} \tag{3.12}$$

表 3.21　法则效度检验：薪酬鸿沟指数（HPG）与企业绩效（ROA）关系分析结果

模型	变量	非标准化系数		标准系数	t	Sig.	共线性统计量	
		B	标准误差	β			容差	VIF
(3.12)	（常量）	−0.194	0.012		−16.342	0.000		
	FSIZE	0.003	0.001	0.057	3.950	0.000	0.362	2.762
	FSR	−0.003	0.005	−0.007	−0.574	0.566	0.571	1.751
	RID	−0.037	0.010	−0.031	−3.507	0.000	0.964	1.038
	RSB	−0.003	0.010	−0.003	−0.322	0.747	0.990	1.010
	BDE	−0.005	0.003	−0.019	−1.813	0.070	0.664	1.506
	NFE	0.001	0.001	0.008	0.885	0.376	0.945	1.058
	TIME	−0.001	0.000	−0.087	−9.182	0.000	0.857	1.167
	EAST	−0.003	0.001	−0.022	−2.374	0.018	0.895	1.118
	CENT	−0.006	0.001	−0.048	−5.299	0.000	0.941	1.062
	DEBT	−0.100	0.003	−0.339	−35.519	0.000	0.834	1.199
	NEMP	0.003	0.001	0.057	4.472	0.000	0.463	2.159
	ECP	0.022	0.001	0.291	27.997	0.000	0.704	1.421
	HPG	−0.087	0.002	−0.376	−40.491	0.000	0.881	1.135
模型拟合参数	R^2	0.348		F	351.952	Sig.	0.000	

表 3.21 显示，HPG 对 ROA 的标准化回归系数显著为负（β＝−0.376，t＝−40.491），表明本章测度的薪酬鸿沟指数对资产收益率具有显著抑制作用。该结果既在一定程度上证实了本章开发的薪酬鸿沟测度指标的有效性，又在一定程度上，证实薪酬鸿沟现象在当前国有企业中真实存在。

为检验薪酬鸿沟与企业绩效指标 EPS 的关系，构建基于 OLS 的多元回归模型（3.13）。应用该模型进行数据拟合，结果如表 3.22 所示。

$$\begin{aligned}
\text{EPS}_{i(t+1)} = &\ \alpha+\sigma_1\text{FSIZE}_{it}+\sigma_2\text{FSR}_{it}+\sigma_3\text{RID}_{it}+\sigma_4\text{RSB}_{it}+\sigma_5\text{BDE}_{it}+ \\
&\ \sigma_6\text{NFE}_{it}+\sigma_7\text{TIME}_{it}+\sigma_8\text{EAST}_{it}+\sigma_9\text{CENT}_{it}+\sigma_{10}\text{DEBT}_{it}+ \\
&\ \sigma_{11}\text{NEMP}_{it}+\sigma_{12}\text{ECP}_{it}+\sigma_{13}\text{HPG}_{it}+\varepsilon_{it}
\end{aligned} \tag{3.13}$$

表 3.22　法则效度检验：薪酬鸿沟指数（HPG）与企业绩效（EPS）关系分析结果

模型	变量	非标准化系数		标准系数	t	Sig.	共线性统计量	
		B	标准误差	β			容差	VIF
	（常量）	−3.206	0.127		−25.146	0.000		
	FSIZE	0.067	0.007	0.149	9.495	0.000	0.362	2.762
	FSR	−0.077	0.051	−0.019	−1.513	0.130	0.571	1.751
	RID	−0.264	0.112	−0.023	−2.362	0.018	0.964	1.038
	RSB	−0.220	0.103	−0.020	−2.137	0.033	0.990	1.010
	BDE	−0.070	0.027	−0.030	−2.568	0.010	0.664	1.506
	NFE	0.029	0.007	0.043	4.395	0.000	0.945	1.058
(3.13)	TIME	−0.008	0.001	−0.074	−7.206	0.000	0.857	1.167
	EAST	−0.074	0.013	−0.059	−5.888	0.000	0.895	1.118
	CENT	−0.074	0.013	−0.056	−5.781	0.000	0.941	1.062
	DEBT	−0.487	0.030	−0.167	−16.087	0.000	0.834	1.199
	NEMP	0.032	0.006	0.070	5.047	0.000	0.463	2.159
	ECP	0.215	0.008	0.290	25.725	0.000	0.704	1.421
	HPG	−0.708	0.023	−0.311	−30.831	0.000	0.881	1.135
模型拟合参数	R^2	0.232		F	198.988	Sig.	0.000	

　　表 3.22 显示，HPG 对 EPS 的回归系数显著为负（$\beta = -0.311$，$t = -30.831$），表明本章测度的薪酬鸿沟指数对每股收益具有显著抑制作用。该结果既在一定程度上证实了本章测度指标的有效性，又在一定程度上证实薪酬鸿沟现象在当前国有企业中真实存在。

$$
\begin{aligned}
\text{PRICE}_{i(t+1)} = {} & \alpha + \sigma_1 \text{FSIZE}_{it} + \sigma_2 \text{FSR}_{it} + \sigma_3 \text{RID}_{it} + \sigma_4 \text{RSB}_{it} + \sigma_5 \text{BDE}_{it} + \\
& \sigma_6 \text{NFE}_{it} + \sigma_7 \text{TIME}_{it} + \sigma_8 \text{EAST}_{it} + \sigma_9 \text{CENT}_{it} + \sigma_{10} \text{DEBT}_{it} + \\
& \sigma_{11} \text{NEMP}_{it} + \sigma_{12} \text{ECP}_{it} + \sigma_{13} \text{HPG}_{it} + \varepsilon_{it}
\end{aligned} \tag{3.14}
$$

　　为检验薪酬鸿沟 HPG 与企业绩效综合指标 PRICE 的关系，构建基于 OLS 的多元回归模型（3.14）。应用该模型进行数据拟合，结果如表 3.23 所示。

表 3.23　法则效度检验：薪酬鸿沟指数（HPG）与企业绩效（PRICE）关系分析结果

模型	变量	非标准化系数		标准系数	t	Sig.	共线性统计量	
		B	标准误差	β			容差	VIF
（3.14）	（常量）	1.753	0.138		12.743	0.000		
	FSIZE	−0.070	0.008	−0.154	−9.260	0.000	0.362	2.762
	FSR	0.058	0.055	0.014	1.048	0.294	0.571	1.751
	RID	−0.295	0.121	−0.025	−2.445	0.015	0.964	1.038
	RSB	−0.018	0.111	−0.002	−0.158	0.875	0.990	1.010
	BDE	−0.065	0.029	−0.027	−2.228	0.026	0.664	1.506
	NFE	0.032	0.007	0.046	4.492	0.000	0.945	1.058
	TIME	−0.008	0.001	−0.071	−6.537	0.000	0.857	1.167
	EAST	−0.129	0.014	−0.101	−9.491	0.000	0.895	1.118
	CENT	0.110	0.014	0.082	7.967	0.000	0.941	1.062
	DEBT	−0.430	0.033	−0.145	−13.184	0.000	0.834	1.199
	NEMP	0.026	0.007	0.056	3.784	0.000	0.463	2.159
	ECP	0.213	0.009	0.283	23.686	0.000	0.704	1.421
	HPG	−0.372	0.025	−0.160	−15.026	0.000	0.881	1.135
模型拟合参数	R^2	0.140		F	107.453	Sig.	0.000	

表 3.23 显示，HPG 对 PRICE 的回归系数显著为负（t=−0.160，t=−15.026），表明本章测度的薪酬鸿沟指数对股票价格具有显著抑制作用。该结果既在一定程度上证实了本章测度指标的有效性，又在一定程度上证实薪酬鸿沟现象在当前国有企业中真实存在。

为检验薪酬鸿沟与企业综合绩效指标 CFP4 的关系，构建基于 OLS 的多元回归模型（3.15）。应用该模型进行数据拟合，结果如表 3.24 所示。

$$CFP4_{i(t+1)} = \alpha + \sigma_1 FSIZE_{it} + \sigma_2 FSR_{it} + \sigma_3 RID_{it} + \sigma_4 RSB_{it} + \sigma_5 BDE_{it} +$$
$$\sigma_6 NFE_{it} + \sigma_7 TIME_{it} + \sigma_8 EAST_{it} + \sigma_9 CENT_{it} + \sigma_{10} DEBT_{it} +$$
$$\sigma_{11} NEMP_{it} + \sigma_{12} ECP_{it} + \sigma_{13} HPG_{it} + \varepsilon_{it} \tag{3.15}$$

表 3.24 显示，HPG 对 CFP4 的回归系数显著为负（β=−0.386，t=−43.488），表明本章测度的薪酬鸿沟指数对企业综合绩效指数具有显著抑制作用。该结果既在一定程度上证实了本章测度指标的有效性，又在一定程度上证实薪酬鸿沟现象在当前国有企业中真实存在。

表 3.24 法则效度检验：薪酬鸿沟指数（HPG）与企业绩效（CFP4）关系分析结果

模型	变量	非标准化系数		标准系数	t	Sig.	共线性统计量	
		B	标准误差	β			容差	VIF
(3.15)	（常量）	-7.586	0.179		-42.347	0.000		
	FSIZE	0.183	0.010	0.256	18.462	0.000	0.362	2.762
	FSR	-0.015	0.072	-0.002	-0.206	0.837	0.571	1.751
	RID	-0.387	0.157	-0.021	-2.460	0.014	0.964	1.038
	RSB	-0.128	0.145	-0.007	-0.884	0.377	0.990	1.010
	BDE	-0.056	0.038	-0.015	-1.477	0.140	0.664	1.506
	NFE	0.032	0.009	0.029	3.432	0.001	0.945	1.058
	TIME	-0.014	0.002	-0.080	-8.926	0.000	0.857	1.167
	EAST	-0.075	0.018	-0.037	-4.206	0.000	0.895	1.118
	CENT	-0.075	0.018	-0.036	-4.182	0.000	0.941	1.062
	DEBT	-1.292	0.042	-0.277	-30.402	0.000	0.834	1.199
	NEMP	0.049	0.009	0.066	5.401	0.000	0.463	2.159
	ECP	0.383	0.012	0.325	32.689	0.000	0.704	1.421
	HPG	-1.403	0.032	-0.386	-43.488	0.000	0.881	1.135
模型拟合参数	R^2	0.406		F	449.248	Sig.		0.000

此外，改变模型（3.11）至模型（3.15）中的自变量 HPG，应用基于薪酬水平比较的薪酬鸿沟指数 C_ HPG，构建模型（3.16）至模型（3.19）。回归结果汇总为表 3.25。结果未发生性质变化。

$$ROE_{i(t+1)} = \alpha + \sigma_1 FSIZE_{it} + \sigma_2 FSR_{it} + \sigma_3 RID_{it} + \sigma_4 RSB_{it} + \sigma_5 BDE_{it} +$$
$$\sigma_6 NFE_{it} + \sigma_7 TIME_{it} + \sigma_8 EAST_{it} + \sigma_9 CENT_{it} + \sigma_{10} DEBT_{it} +$$
$$\sigma_{11} NEMP_{it} + \sigma_{12} ECP_{it} + \sigma_{13} C\_\ HPG_{it} + \varepsilon_{it} \qquad (3.16)$$

$$ROA_{i(t+1)} = \alpha + \sigma_1 FSIZE_{it} + \sigma_2 FSR_{it} + \sigma_3 RID_{it} + \sigma_4 RSB_{it} + \sigma_5 BDE_{it} +$$
$$\sigma_6 NFE_{it} + \sigma_7 TIME_{it} + \sigma_8 EAST_{it} + \sigma_9 CENT_{it} + \sigma_{10} DEBT_{it} +$$
$$\sigma_{11} NEMP_{it} + \sigma_{12} ECP_{it} + \sigma_{13} C\_\ HPG_{it} + \varepsilon_{it} \qquad (3.17)$$

$$EPS_{i(t+1)} = \alpha + \sigma_1 FSIZE_{it} + \sigma_2 FSR_{it} + \sigma_3 RID_{it} + \sigma_4 RSB_{it} + \sigma_5 BDE_{it} +$$
$$\sigma_6 NFE_{it} + \sigma_7 TIME_{it} + \sigma_8 EAST_{it} + \sigma_9 CENT_{it} + \sigma_{10} DEBT_{it} +$$
$$\sigma_{11} NEMP_{it} + \sigma_{12} ECP_{it} + \sigma_{13} C\_\ HPG_{it} + \varepsilon_{it} \qquad (3.18)$$

$$PRICE_{i(t+1)} = \alpha + \sigma_1 FSIZE_{it} + \sigma_2 FSR_{it} + \sigma_3 RID_{it} + \sigma_4 RSB_{it} + \sigma_5 BDE_{it} +$$
$$\sigma_6 NFE_{it} + \sigma_7 TIME_{it} + \sigma_8 EAST_{it} + \sigma_9 CENT_{it} + \sigma_{10} DEBT_{it} +$$
$$\sigma_{11} NEMP_{it} + \sigma_{12} ECP_{it} + \sigma_{13} C\_\ HPG_{it} + \varepsilon_{it} \qquad (3.19)$$

表 3.25　模型（3.16）至模型（3.19）回归结果汇总

	模型（3.16） ROE 为解释变量			模型（3.17） ROA 为解释变量			模型（3.18） EPS 为解释变量			模型（3.19） CFP4 为解释变量		
	标准化回归系数	Sig.	VIF	标准化回归系数	Sig.	VIF	标准化回归系数	Sig.	VIF	标准化回归系数	Sig.	VIF
（常量）		0.000			0.000			0.000			0.000	
FSIZE	0.151	0.000	2.717	0.124	0.000	2.717	0.206	0.000	2.717	0.323	0.000	2.717
FSR	−0.002	0.862	1.750	0.019	0.135	1.750	0.003	0.801	1.750	0.023	0.058	1.750
RID	−0.029	0.004	1.036	−0.046	0.000	1.036	−0.035	0.000	1.036	−0.036	0.000	1.036
RSB	0.000	0.981	1.010	−0.002	0.852	1.010	−0.019	0.053	1.010	−0.006	0.477	1.010
BDE	−0.005	0.683	1.505	−0.002	0.878	1.505	−0.015	0.205	1.505	0.003	0.781	1.505
NFE	0.023	0.029	1.059	0.011	0.263	1.059	0.045	0.000	1.059	0.032	0.000	1.059
TIME	−0.113	0.000	1.161	−0.120	0.000	1.161	−0.101	0.000	1.161	−0.115	0.000	1.161
EAST	−0.015	0.149	1.117	−0.011	0.274	1.117	−0.050	0.000	1.117	−0.026	0.007	1.117
CENT	−0.035	0.001	1.062	−0.053	0.000	1.062	−0.061	0.000	1.062	−0.042	0.000	1.062
DEBT	−0.168	0.000	1.190	−0.374	0.000	1.190	−0.197	0.000	1.190	−0.312	0.000	1.190
NEMP	−0.006	0.683	2.174	0.026	0.064	2.174	0.041	0.005	2.174	0.035	0.008	2.174
ECP	0.255	0.000	1.487	0.248	0.000	1.487	0.250	0.000	1.487	0.283	0.000	1.487
C_HPG	−0.229	0.000	1.216	−0.182	0.000	1.216	−0.137	0.000	1.216	−0.194	0.000	1.216
R^2		0.144			0.251			0.162			0.305	
Aj-R^2		0.142			0.249			0.161			0.304	
F 值		110.417			220.177			127.461			289.170	

此外，改变模型（3.11）至模型（3.15）中的自变量 HPG，应用基于薪酬水平比较的薪酬鸿沟指数 R_HPG，构建模型（3.20）至模型（3.23）。回归结果汇总如表 3.26 所示。结果未发生性质变化。

$$
\begin{aligned}
ROE_{i(t+1)} =\ & \alpha + \sigma_1 FSIZE_{it} + \sigma_2 FSR_{it} + \sigma_3 RID_{it} + \sigma_4 RSB_{it} + \sigma_5 BDE_{it} + \\
& \sigma_6 NFE_{it} + \sigma_7 TIME_{it} + \sigma_8 EAST_{it} + \sigma_9 CENT_{it} + \sigma_{10} DEBT_{it} + \\
& \sigma_{11} NEMP_{it} + \sigma_{12} ECP_{it} + \sigma_{13} R\_HPG_{it} + \varepsilon_{it}
\end{aligned} \tag{3.20}
$$

$$
\begin{aligned}
ROA_{i(t+1)} =\ & \alpha + \sigma_1 FSIZE_{it} + \sigma_2 FSR_{it} + \sigma_3 RID_{it} + \sigma_4 RSB_{it} + \sigma_5 BDE_{it} + \\
& \sigma_6 NFE_{it} + \sigma_7 TIME_{it} + \sigma_8 EAST_{it} + \sigma_9 CENT_{it} + \sigma_{10} DEBT_{it} + \\
& \sigma_{11} NEMP_{it} + \sigma_{12} ECP_{it} + \sigma_{13} R\_HPG_{it} + \varepsilon_{it}
\end{aligned} \tag{3.21}
$$

表 3.26 模型（3.20）至模型（3.24）回归结果汇总

	模型（3.20）ROE 为解释变量			模型（3.21）ROA 为解释变量			模型（3.22）EPS 为解释变量			模型（3.23）CFP4 为解释变量		
	标准化回归系数	Sig.	VIF	标准化回归系数	Sig.	VIF	标准化回归系数	Sig.	VIF	标准化回归系数	Sig.	VIF
（常量）		0.000			0.000			0.000			0.000	
FSIZE	0.100	0.000	2.810	0.064	0.000	2.810	0.160	0.000	2.810	0.267	0.000	2.810
FSR	0.016	0.214	1.735	0.031	0.010	1.735	0.013	0.320	1.735	0.037	0.002	1.735
RID	−0.024	0.016	1.037	−0.039	0.000	1.037	−0.030	0.003	1.037	−0.030	0.001	1.037
RSB	0.001	0.910	1.010	−0.002	0.870	1.010	−0.019	0.053	1.010	−0.006	0.510	1.010
BDE	−0.015	0.207	1.506	−0.012	0.270	1.506	−0.023	0.051	1.506	−0.007	0.494	1.506
NFE	0.021	0.042	1.059	0.010	0.287	1.059	0.044	0.000	1.059	0.031	0.001	1.059
TIME	−0.093	0.000	1.165	−0.101	0.000	1.165	−0.086	0.000	1.165	−0.096	0.000	1.165
EAST	−0.027	0.012	1.121	−0.024	0.014	1.121	−0.060	0.000	1.121	−0.038	0.000	1.121
CENT	−0.032	0.002	1.063	−0.050	0.000	1.063	−0.059	0.000	1.063	−0.039	0.000	1.063
DEBT	−0.169	0.000	1.187	−0.368	0.000	1.187	−0.192	0.000	1.187	−0.308	0.000	1.187
NEMP	−0.023	0.109	2.141	0.021	0.123	2.141	0.038	0.000	2.141	0.027	0.040	2.141
ECP	0.245	0.000	1.442	0.262	0.000	1.442	0.261	0.000	1.442	0.290	0.000	1.442
R_HPG	−0.228	0.000	1.121	−0.247	0.000	1.121	−0.187	0.000	1.121	−0.240	0.000	1.121
R^2		0.147			0.278			0.178			0.326	
Aj-R^2		0.146			0.277			0.177			0.325	
F 值		113.515			253.644			142.623			317.820	

$$\begin{aligned} EPS_{i(t+1)} &= \alpha + \sigma_1 FSIZE_{it} + \sigma_2 FSR_{it} + \sigma_3 RID_{it} + \sigma_4 RSB_{it} + \sigma_5 BDE_{it} + \\ &\quad \sigma_6 NFE_{it} + \sigma_7 TIME_{it} + \sigma_8 EAST_{it} + \sigma_9 CENT_{it} + \sigma_{10} DEBT_{it} + \\ &\quad \sigma_{11} NEMP_{it} + \sigma_{12} ECP_{it} + \sigma_{13} R\_HPG_{it} + \varepsilon_{it} \end{aligned} \tag{3.22}$$

$$\begin{aligned} PRICE_{i(t+1)} &= \alpha + \sigma_1 FSIZE_{it} + \sigma_2 FSR_{it} + \sigma_3 RID_{it} + \sigma_4 RSB_{it} + \sigma_5 BDE_{it} + \\ &\quad \sigma_6 NFE_{it} + \sigma_7 TIME_{it} + \sigma_8 EAST_{it} + \sigma_9 CENT_{it} + \sigma_{10} DEBT_{it} + \\ &\quad \sigma_{11} NEMP_{it} + \sigma_{12} ECP_{it} + \sigma_{13} R\_HPG_{it} + \varepsilon_{it} \end{aligned} \tag{3.23}$$

此外，改变模型（3.11）至模型（3.15）中的自变量 HPG，应用基于薪酬水平比较的薪酬鸿沟指数 G_HPG，构建模型（3.24）至模型（3.27）。回归结果汇总如表 3.27 所示。结果未发生性质变化。

$$\begin{aligned} ROE_{i(t+1)} &= \alpha + \sigma_1 FSIZE_{it} + \sigma_2 FSR_{it} + \sigma_3 RID_{it} + \sigma_4 RSB_{it} + \sigma_5 BDE_{it} \\ &\quad + \sigma_6 NFE_{it} + \sigma_7 TIME_{it} + \sigma_8 EAST_{it} + \sigma_9 CENT_{it} + \sigma_{10} DEBT_{it} \\ &\quad + \sigma_{11} NEMP_{it} + \sigma_{12} ECP_{it} + \sigma_{13} G\_HPG_{it} + \varepsilon_{it} \end{aligned} \tag{3.24}$$

表 3.27 模型（3.24）至模型（3.27）回归结果汇总

	模型（3.24）ROE 为解释变量			模型（3.25）ROA 为解释变量			模型（3.26）EPS 为解释变量			模型（3.27）CFP4 为解释变量		
	标准化回归系数	Sig.	VIF	标准化回归系数	Sig.	VIF	标准化回归系数	Sig.	VIF	标准化回归系数	Sig.	VIF
（常量）		0.000			0.000			0.000			0.000	
FSIZE	0.163	0.000	2.710	0.133	0.000	2.710	0.211	0.000	2.710	0.333	0.000	2.710
FSR	−0.018	0.158	1.750	−0.002	0.874	1.750	−0.019	0.129	1.750	0.001	0.906	1.750
RID	−0.024	0.015	1.036	−0.039	0.000	1.036	−0.029	0.003	1.036	−0.029	0.001	1.036
RSB	0.007	0.490	1.010	0.004	0.635	1.010	−0.014	0.133	1.010	0.000	0.992	1.010
BDE	−0.026	0.028	1.508	−0.022	0.044	1.508	−0.034	0.004	1.508	−0.018	0.078	1.508
NFE	0.010	0.310	1.059	−0.001	0.931	1.059	0.035	0.000	1.059	0.020	0.020	1.059
TIME	−0.068	0.000	1.175	−0.077	0.000	1.175	−0.062	0.000	1.175	−0.070	0.000	1.175
EAST	−0.008	0.458	1.117	−0.004	0.684	1.117	−0.044	0.000	1.117	−0.018	0.040	1.117
CENT	−0.035	0.000	1.062	−0.053	0.000	1.062	−0.060	0.000	1.062	−0.041	0.000	1.062
DEBT	−0.162	0.000	1.184	−0.364	0.000	1.184	−0.184	0.000	1.184	−0.302	0.000	1.184
NEMP	−0.040	0.004	2.122	0.001	0.945	2.122	0.025	0.070	2.122	0.009	0.480	2.122
ECP	0.133	0.000	1.339	0.144	0.000	1.339	0.165	0.000	1.339	0.173	0.000	1.339
G_HPG	−0.337	0.000	1.058	−0.332	0.000	1.058	−0.306	0.000	1.058	−0.351	0.000	1.058
R^2		0.208			0.328			0.236			0.391	
Aj-R^2		0.207			0.327			0.234			0.390	
F 值		173.061			320.840			202.853			422.214	

$$ROA_{i(t+1)} = \alpha + \sigma_1 FSIZE_{it} + \sigma_2 FSR_{it} + \sigma_3 RID_{it} + \sigma_4 RSB_{it} + \sigma_5 BDE_{it} + \sigma_6 NFE_{it} + \sigma_7 TIME_{it} + \sigma_8 EAST_{it} + \sigma_9 CENT_{it} + \sigma_{10} DEBT_{it} + \sigma_{11} NEMP_{it} + \sigma_{12} ECP_{it} + \sigma_{13} G\_HPG_{it} + \varepsilon_{it} \quad (3.25)$$

$$EPS_{i(t+1)} = \alpha + \sigma_1 FSIZE_{it} + \sigma_2 FSR_{it} + \sigma_3 RID_{it} + \sigma_4 RSB_{it} + \sigma_5 BDE_{it} + \sigma_6 NFE_{it} + \sigma_7 TIME_{it} + \sigma_8 EAST_{it} + \sigma_9 CENT_{it} + \sigma_{10} DEBT_{it} + \sigma_{11} NEMP_{it} + \sigma_{12} ECP_{it} + \sigma_{13} G\_HPG_{it} + \varepsilon_{it} \quad (3.26)$$

$$PRICE_{i(t+1)} = \alpha + \sigma_1 FSIZE_{it} + \sigma_2 FSR_{it} + \sigma_3 RID_{it} + \sigma_4 RSB_{it} + \sigma_5 BDE_{it} + \sigma_6 NFE_{it} + \sigma_7 TIME_{it} + \sigma_8 EAST_{it} + \sigma_9 CENT_{it} + \sigma_{10} DEBT_{it} + \sigma_{11} NEMP_{it} + \sigma_{12} ECP_{it} + \sigma_{13} G\_HPG_{it} + \varepsilon_{it} \quad (3.27)$$

以上结果均表明，薪酬鸿沟比企业规模、高管薪酬激励、资产负债率等传统的企业绩效决定因素更能够决定国有企业绩效水平，而且其影响效应是负向的。进一步，据此结果可以推断，本章开发的薪酬鸿沟指标可信且可靠。

3.5.5　基于薪酬鸿沟的企业绩效方差分析：独立样本 T 检验

在薪酬鸿沟均值处，将样本分为高薪酬鸿沟样本和低薪酬鸿沟样本，采用独立样本 T 检验，进行企业绩效方差分析。结果如表 3.28 和表 3.29 所示。

表 3.28　独立样本 T 检验分组统计特征

	薪酬鸿沟指数	样本数	均值	标准差	标准误差均值
ROE	≥0.32	5103	0.04793026	0.180459213	0.002526192
	<0.32	3469	0.09702766	0.102530508	0.001740808
ROA	≥0.32	5103	0.02830732	0.066415386	0.000929728
	< 0.32	3469	0.05058726	0.056237348	0.000954823
EPS	≥ 0.32	5103	0.283334	0.6927401	0.0096975
	< 0.32	3469	0.389544	0.5063656	0.0085973
PRICE	≥0.32	5103	2.4399	0.63303	0.00886
	<0.32	3469	2.4160	0.64665	0.01098
CFP4	≥0.32	5103	−0.1177390	1.08359917	0.01516896
	<0.32	3469	0.1731975	0.83284230	0.01414037

表 3.29　独立样本 T 检验结果

		Levene's Test for Equality of Variances		t-test for Equality of Means		
		F	Sig.	t	Sig. (2-tailed)	Mean Difference
ROE	Equal variances assumed	42.608	0.000	−14.511	0.000	−0.049097404
	Equal variances not assumed			−16.004	0.000	−0.049097404
ROA	Equal variances assumed	0.739	0.390	−16.201	0.000	−0.022279935
	Equal variances not assumed			−16.718	0.000	−0.022279935
EPS	Equal variances assumed	10.917	0.001	−7.734	0.000	−0.1062098
	Equal variances not assumed			−8.195	0.000	−0.1062098
PRICE	Equal variances assumed	6.653	0.010	1.698	0.090	0.02386
	Equal variances not assumed			1.691	0.091	0.02386
CFP4	Equal variances assumed	8.927	0.003	−13.357	0.000	−0.29093652
	Equal variances not assumed			−14.029	0.000	−0.29093652

独立样本 T 检验结果显示，高薪酬鸿沟状态下，国有企业样本的平均绩效（不论采用何种指标）均明显低于低薪酬鸿沟状态下的绩效水平。再次验证了薪酬鸿沟的指标体系可靠性以及薪酬鸿沟对国有企业绩效的负向影响效应。

3.5.6　薪酬鸿沟与员工离职关系线性回归分析检验

为了检验薪酬鸿沟与员工离职率 TURNOVER 的关系，构建基于 OLS 的多元回归模型（3.28）。应用该模型进行数据拟合，结果如表 3.30 所示。其中，控制变量的选择，参考了郝冬梅等（2016）、石冠峰和雷良军（2016）、赵西萍等（2003）、张勉等（2003），以及叶仁荪等（2005）等文献的研究成果。

$$\begin{aligned}
\text{TURNOVER}_{i(t+1)} = {} & \alpha + \sigma_1 \text{FSIZE}_{it} + \sigma_2 \text{FSR}_{it} + \sigma_3 \text{RID}_{it} + \sigma_4 \text{RSB}_{it} + \sigma_5 \text{BDE}_{it} + \\
& \sigma_6 \text{NFE}_{it} + \sigma_7 \text{TIME}_{it} + \sigma_8 \text{EAST}_{it} + \sigma_9 \text{CENT}_{it} + \sigma_{10} \text{DEBT}_{it} + \\
& \sigma_{11} \text{NEMP}_{it} + \sigma_{12} \text{ECP}_{it} + \sigma_{13} \text{HPG}_{it} + \varepsilon_{it}
\end{aligned} \tag{3.28}$$

表 3.30　法则效度检验：薪酬鸿沟指数（HPG）与
员工离职（TURNOVER）关系分析结果

模型	变量	非标准化系数		标准系数	t	Sig.	共线性统计量	
		B	标准误差	β			容差	VIF
(3.28)	（常量）	1.093	0.099		11.055	0.000		
	FSIZE	0.002	0.005	0.007	0.409	0.682	0.362	2.762
	FSR	−0.068	0.005	−0.193	−13.684	0.000	0.463	2.159
	RID	−0.451	0.040	−0.145	−11.398	0.000	0.571	1.751
	RSB	0.251	0.087	0.028	2.894	0.004	0.964	1.038
	BDE	−0.567	0.080	−0.068	−7.082	0.000	0.990	1.010
	NFE	0.062	0.021	0.035	2.964	0.003	0.664	1.506
	TIME	0.030	0.005	0.059	5.992	0.000	0.945	1.058
	EAST	0.001	0.001	0.009	0.893	0.372	0.857	1.167
	CENT	0.034	0.010	0.035	3.492	0.000	0.895	1.118
	DEBT	0.024	0.010	0.024	2.416	0.016	0.941	1.062
	NEMP	−0.027	0.006	−0.048	−4.192	0.000	0.704	1.421
	ECP	0.051	0.023	0.023	2.178	0.029	0.834	1.199
	HPG	0.605	0.018	0.347	33.982	0.000	0.881	1.135
模型拟合参数	R^2	0.214		F	178.791	Sig.	0.000	

表 3.30 显示，HPG 对 TURNOVER 的回归系数显著为正（β = 0.347，t = 33.982），表明本章测度的薪酬鸿沟指数对员工离职率具有显著正向促进作用，不利于人才保留。该结果既在一定程度上证实了本章测度指标的有效性，又在一定程度上证实薪酬鸿沟现象在当前国有企业中真实存在。

为了检验基于薪酬水平比较的薪酬鸿沟指数（C_ HPG）与员工离职率

TURNOVER 的关系，构建基于 OLS 的多元回归模型（3.29）。应用该模型进行数据拟合，结果如表 3.31 所示。

$$TURNOVER_{i(t+1)} = \alpha + \sigma_1 FSIZE_{it} + \sigma_2 FSR_{it} + \sigma_3 RID_{it} + \sigma_4 RSB_{it} + \sigma_5 BDE_{it} +$$
$$\sigma_6 NFE_{it} + \sigma_7 TIME_{it} + \sigma_8 EAST_{it} + \sigma_9 CENT_{it} + \sigma_{10} DEBT_{it} +$$
$$\sigma_{11} NEMP_{it} + \sigma_{12} ECP_{it} + \sigma_{13} C\_HPG_{it} + \varepsilon_{it} \tag{3.29}$$

表 3.31 显示，C_HPG 对 TURNOVER 的回归系数显著为正（$\beta = 0.171$，$t = 15.421$），表明本章测度的基于薪酬比较的薪酬鸿沟指数（C_HPG）亦对员工离职率具有显著正向促进作用，不利于人才保留。该结果既在一定程度上证实了本章测度指标的有效性，又在一定程度上证实薪酬鸿沟现象在当前国有企业中真实存在。

表 3.31 法则效度检验：薪酬鸿沟指数（C_HPG）与
员工离职（TURNOVER）关系的分析结果

模型	变量	非标准化系数		标准系数	t	Sig.	共线性统计量	
		B	标准误差	β			容差	VIF
(3.29)	（常量）	1.307	0.107		12.266	0.000		
	FSIZE	−0.019	0.006	−0.055	−3.289	0.001	0.368	2.717
	FSR	−0.058	0.005	−0.164	−11.062	0.000	0.460	2.174
	RID	−0.522	0.042	−0.167	−12.555	0.000	0.572	1.750
	RSB	0.370	0.091	0.042	4.062	0.000	0.966	1.036
	BDE	−0.574	0.084	−0.069	−6.829	0.000	0.990	1.010
	NFE	0.033	0.022	0.019	1.502	0.133	0.665	1.505
	TIME	0.029	0.005	0.056	5.443	0.000	0.944	1.059
	EAST	0.003	0.001	0.040	3.721	0.000	0.861	1.161
	CENT	0.024	0.010	0.025	2.371	0.018	0.896	1.117
	DEBT	0.029	0.010	0.029	2.814	0.005	0.942	1.062
	NEMP	−0.006	0.007	−0.010	−0.791	0.429	0.672	1.487
	ECP	0.121	0.025	0.054	4.920	0.000	0.841	1.190
	C_HPG	0.237	0.015	0.171	15.421	0.000	0.822	1.216
模型拟合参数	R^2	0.132		F	99.763	Sig.		0.000

为了检验基于回归估计比较的薪酬鸿沟指数（R_HPG）与员工离职率 TURNOVER 的关系，构建基于 OLS 的多元回归模型（3.30）。应用该模型进行数据拟合，结果如表 3.32 所示。

$$TURNOVER_{i(t+1)} = \alpha + \sigma_1 FSIZE_{it} + \sigma_2 FSR_{it} + \sigma_3 RID_{it} + \sigma_4 RSB_{it} + \sigma_5 BDE_{it} +$$
$$\sigma_6 NFE_{it} + \sigma_7 TIME_{it} + \sigma_8 EAST_{it} + \sigma_9 CENT_{it} + \sigma_{10} DEBT_{it} +$$
$$\sigma_{11} NEMP_{it} + \sigma_{12} ECP_{it} + \sigma_{13} R\_HPG_{it} + \varepsilon_{it} \tag{3.30}$$

表 3.32 显示，R_ HPG 对 TURNOVER 的回归系数显著为正（β = 0.240，t = 22.876），表明本章测度的基于回归估计的薪酬鸿沟指数（R_ HPG）亦对员工离职率，具有显著正向促进作用，不利于人才保留。该结果既在一定程度上证实了本章测度指标的有效性，又在一定程度上证实薪酬鸿沟现象在当前国有企业中真实存在。

表 3.32　法则效度检验：薪酬鸿沟指数（R_ HPG）与员工离职（TURNOVER）关系分析结果

模型	变量	非标准化系数		标准系数	t	Sig.	共线性统计量	
		B	标准误差	β			容差	VIF
(3.30)	（常量）	0.934	0.102		9.143	0.000		
	FSIZE	0.001	0.006	0.004	0.247	0.805	0.356	2.810
	FSR	−0.057	0.005	−0.161	−11.077	0.000	0.467	2.141
	RID	−0.558	0.041	−0.179	−13.711	0.000	0.576	1.735
	RSB	0.311	0.090	0.035	3.464	0.001	0.964	1.037
	BDE	−0.575	0.083	−0.069	−6.954	0.000	0.990	1.010
	NFE	0.052	0.022	0.029	2.375	0.018	0.664	1.506
	TIME	0.029	0.005	0.057	5.592	0.000	0.945	1.059
	EAST	0.002	0.001	0.021	2.009	0.045	0.859	1.165
	CENT	0.037	0.010	0.038	3.623	0.000	0.892	1.121
	DEBT	0.026	0.010	0.026	2.514	0.012	0.941	1.063
	NEMP	−0.014	0.007	−0.025	−2.064	0.039	0.694	1.442
	ECP	0.107	0.024	0.048	4.432	0.000	0.842	1.187
	R_ HPG	0.239	0.010	0.240	22.876	0.000	0.892	1.121
模型拟合参数	R^2	0.159		F	124.371	Sig.	0.000	

为了检验基于薪酬增长比较的薪酬鸿沟指数（G_ HPG）与员工离职率 TURNOVER 的关系，构建基于 OLS 的多元回归模型（3.31）。应用该模型进行数据拟合，结果如表 3.33 所示。

表 3.33　法则效度检验：薪酬鸿沟指数（G_ HPG）与员工离职（TURNOVER）关系分析结果

模型	变量	非标准化系数		标准系数	t	Sig.	共线性统计量	
		B	标准误差	β			容差	VIF
(3.31)	（常量）	0.632	0.101		6.258	0.000		
	FSIZE	−0.022	0.006	−0.063	−3.935	0.000	0.369	2.710
	FSR	−0.049	0.005	−0.140	−9.843	0.000	0.471	2.122
	RID	−0.472	0.040	−0.151	−11.726	0.000	0.571	1.750
	RSB	0.325	0.088	0.037	3.680	0.000	0.965	1.036

续表

模型	变量	非标准化系数		标准系数	t	Sig.	共线性统计量	
		B	标准误差	β			容差	VIF
	BDE	−0.619	0.081	−0.075	−7.605	0.000	0.990	1.010
	NFE	0.065	0.021	0.036	3.013	0.003	0.663	1.508
	TIME	0.034	0.005	0.067	6.635	0.000	0.944	1.059
	EAST	0.000	0.001	0.003	0.281	0.779	0.851	1.175
	CENT	0.018	0.010	0.019	1.843	0.065	0.896	1.117
	DEBT	0.029	0.010	0.029	2.864	0.004	0.942	1.062
	NEMP	0.048	0.006	0.086	7.573	0.000	0.747	1.339
	ECP	0.106	0.024	0.047	4.457	0.000	0.845	1.184
	G_HPG	0.370	0.013	0.286	28.535	0.000	0.945	1.058
模型拟合参数	R^2	0.185		F	149.442	Sig.	0.000	

$$TURNOVER_{i(t+1)} = \alpha + \sigma_1 FSIZE_{it} + \sigma_2 FSR_{it} + \sigma_3 RID_{it} + \sigma_4 RSB_{it} + \sigma_5 BDE_{it} +$$
$$\sigma_6 NFE_{it} + \sigma_7 TIME_{it} + \sigma_8 EAST_{it} + \sigma_9 CENT_{it} + \sigma_{10} DEBT_{it} +$$
$$\sigma_{11} NEMP_{it} + \sigma_{12} ECP_{it} + \sigma_{13} G\_HPG_{it} + \varepsilon_{it} \qquad (3.31)$$

表 3.33 显示，G_HPG 对 TURNOVER 的回归系数显著为正（β = 0.286，t = 28.535），表明本章测度的基于薪酬增长比较的薪酬鸿沟指数（G_HPG）亦对员工离职率具有显著正向促进作用，在实质上不利于核心人才的吸引与保留。该结果既在一定程度上证实了本章测度指标的有效性，又在一定程度上证实薪酬鸿沟现象在当前国有企业中真实存在。

3.5.7 薪酬鸿沟与员工离职关系二元逻辑回归分析

由于员工离职率（TURNOVER）是一个 0、1 取值的虚拟变量，因此以 TURNOVER 为因变量的线性回归可能存在较大误差，从统计分析方法选择上，更适合的回归模型应该是二元逻辑回归。

因此，选择模型（3.28）中的自变量和控制变量，仍然沿用 TURNOVER 为因变量，构建二元逻辑回归模型（3.32）。数据拟合的结果如表 3.34 所示。结果显示，薪酬鸿沟仍然对员工离职有显著正向影响。二者关系不随数据分析方法的改变而改变。

表 3.34　薪酬鸿沟与员工离职关系二元逻辑回归分析结果［模型（3.32）］

变量	B	S.E.	Wald	df	Sig.	Exp（B）
FSIZE	−0.051	0.031	2.762	1	0.097	0.950
NEMP	−0.439	0.028	248.230	1	0.000	0.645
FSR	−2.832	0.222	163.102	1	0.000	0.059
RID	1.819	0.503	13.071	1	0.000	6.163

变量	B	S. E.	Wald	df	Sig.	Exp（B）
RSB	−3.757	0.453	68.765	1	0.000	0.023
BDE	0.319	0.113	8.006	1	0.005	1.375
NFE	0.179	0.027	43.070	1	0.000	1.196
TIME	0.014	0.005	8.374	1	0.004	1.014
EAST	0.169	0.054	9.697	1	0.002	1.184
CENT	0.125	0.055	5.258	1	0.022	1.134
ECP	−0.217	0.036	36.488	1	0.000	0.805
DEBT	0.398	0.130	9.391	1	0.002	1.489
HPG	2.705	0.104	682.725	1	0.000	14.961
Constant	6.248	0.569	120.511	1	0.000	516.792
Model Summary	−2 Log likelihood	9229.927	Cox & Snell R^2	0.208	Nagelkerke R^2	0.284

注：模型（3.32）是将模型（3.28）转换成逻辑回归模型，仅需要将 $TURNOVER_{i(t+1)}$，变成 logit （$TURNOVER_{i(t+1)}$）即可，其他不变。因此，模型（3.32）表达式可省略。

3.6　国有企业薪酬鸿沟的描述与刻画

3.6.1　国有企业薪酬鸿沟现状的分行业刻画

应用本章开发的薪酬鸿沟度量指标体系，测算采矿业的薪酬鸿沟指数（HPG），其分布特征如表 3.35 所示。表 3.35 表明，采矿业国有企业薪酬鸿沟平均值为 0.2996，分布标准差为 0.27284。采矿业国有企业薪酬鸿沟呈现左偏分布特征（偏度>0）。

表 3.35　采矿业的薪酬鸿沟指数（HPG）分布特征

行业名称	统计量			标准误
	均值		0.2996	0.01373
	均值的 95%	下限	0.2726	
	置信区间	上限	0.3266	
	5%修整均值		0.2834	
	中值		0.2223	
采矿业	方差		0.074	
（n=395）	标准差		0.27284	
	极小值		0.00	
	极大值		1.00	
	范围		1.00	
	四分位距		0.56	
	偏度		0.571	0.123
	峰度		−0.744	0.245

应用本章开发的薪酬鸿沟度量指标体系，测算电力、热力、燃气及水生产业的薪酬鸿沟指数（HPG），其分布特征如表 3.36 所示。表 3.36 表明，电力、热力、燃气及水生产业国有企业薪酬鸿沟平均值为 0.3201。分布标准差为 0.25599。电力、热力、燃气及水生产业国有企业薪酬鸿沟呈现左偏分布特征（偏度>0）。

表 3.36　电力、热力、燃气及水生产业国有企业薪酬鸿沟指数（HPG）分布特征

行业名称	统计量			标准误
	均值		0.3201	0.00959
	均值的 95%	下限	0.3013	
	置信区间	上限	0.3389	
	5%修整均值		0.3108	
	中值		0.3333	
电力、热力、燃气	方差		0.066	
及水生产业	标准差		0.25599	
（n=713）	极小值		0.00	
	极大值		1.00	
	范围		1.00	
	四分位距		0.44	
	偏度		0.243	0.092
	峰度		−1.104	0.183

应用本章开发的薪酬鸿沟度量指标体系，测算房地产业的薪酬鸿沟指数（HPG），其分布特征如表 3.37 所示。表 3.37 表明，房地产业国有企业薪酬鸿沟平均值为 0.3479。分布标准差为 0.279160。房地产业国有企业薪酬鸿沟呈现较弱的左偏分布特征（偏度>0）。

表 3.37　房地产业国有企业薪酬鸿沟指数（HPG）分布特征

行业名称	统计量			标准误
	均值		0.3479	0.01206
	均值的 95%	下限	0.3242	
	置信区间	上限	0.3715	
	5%修整均值		0.3391	
	中值		0.3333	
	方差		0.078	
房地产业（n=536）	标准差		0.27916	
	极小值		0.00	
	极大值		0.89	
	范围		0.89	
	四分位距		0.56	
	偏度		0.132	0.106
	峰度		−1.327	0.211

应用本章开发的薪酬鸿沟度量指标体系，测算建筑业的薪酬鸿沟指数（HPG），其分布特征如表 3.38 所示。表 3.38 表明，建筑业国有企业薪酬鸿沟平均值为 0.3398。分布标准差为 0.26991。建筑业国有企业薪酬鸿沟呈现较弱的左偏分布特征（偏度>0）。

表 3.38　建筑业国有企业薪酬鸿沟指数（HPG）分布特征

行业名称	统计量			标准误
	均值		0.3398	0.01528
	均值的 95%	下限	0.3097	
	置信区间	上限	0.3698	
	5%修整均值		0.3307	
	中值		0.3333	
	方差		0.073	
建筑业（n=312）	标准差		0.26991	
	极小值		0.00	
	极大值		0.89	
	范围		0.89	
	四分位距		0.44	
	偏度		0.194	0.138
	峰度		−1.200	0.275

应用本章开发的薪酬鸿沟度量指标体系，测算交通运输、仓储和邮政业的薪酬鸿沟指数（HPG），其分布特征如表 3.39 所示。表 3.39 表明，交通运输、仓储和邮政业国有企业薪酬鸿沟平均值为 0.2994。分布标准差为 0.28426。交通运输、仓储和邮政业国有企业薪酬鸿沟呈现较强的左偏分布特征（偏度>0）。

表 3.39　交通运输、仓储和邮政业国有企业薪酬鸿沟指数（HPG）分布特征

行业名称	统计量			标准误
	均值		0.2994	0.01125
	均值的 95%	下限	0.2774	
	置信区间	上限	0.3215	
	5%修整均值		0.2823	
	中值		0.2223	
	方差		0.081	
交通运输、仓储和邮政业（n=639）	标准差		0.28426	
	极小值		0.00	
	极大值		1.00	
	范围		1.00	
	四分位距		0.56	
	偏度		0.612	0.097
	峰度		−0.836	0.193

应用本章开发的薪酬鸿沟度量指标体系，测算教育、科学研究和技术服务业的薪酬鸿沟指数（HPG），其分布特征如表 3.40 所示。表 3.40 表明，教育、科学研究和技术服务业 国有企业薪酬鸿沟平均值为 0.4088。分布标准差为 0.23749。教育、科学研究和技术服务业国有企业薪酬鸿沟呈现较弱的右偏分布特征（偏度<0）。

表 3.40　教育、科学研究和技术服务业国有企业薪酬鸿沟指数（HPG）分布特征

行业名称	统计量			标准误
	均值		0.4088	0.03262
	均值的 95%	下限	0.3433	
	置信区间	上限	0.4743	
	5%修整均值		0.4102	
	中值		0.3333	
教育、科学研究	方差		0.056	
和技术服务业（n＝53）	标准差		0.23749	
	极小值		0.00	
	极大值		0.89	
	范围		0.89	
	四分位距		0.44	
	偏度		-0.165	0.327
	峰度		-0.918	0.644

应用本章开发的薪酬鸿沟度量指标体系，测算农、林、牧、渔业的薪酬鸿沟指数（HPG），其分布特征如表 3.41 所示。表 3.41 表明，农、林、牧、渔业国有企业薪酬鸿沟平均值为 0.3803。分布标准差为 0.25153。农、林、牧、渔业国有企业薪酬鸿沟呈现较弱的右偏分布特征（偏度<0）。

表 3.41　农、林、牧、渔业国有企业薪酬鸿沟指数（HPG）分布特征

行业名称	统计量			标准误
	均值		0.3803	0.02061
	均值的 95%	下限	0.3396	
	置信区间	上限	0.4210	
	5%修整均值		0.3785	
	中值		0.3333	
农、林、牧、渔业	方差		0.063	
（n＝149）	标准差		0.25153	
	极小值		0.00	
	极大值		0.89	
	范围		0.89	
	四分位距		0.44	
	偏度		-0.173	0.199
	峰度		-1.160	0.395

　　应用本章开发的薪酬鸿沟度量指标体系，测算批发和零售业的薪酬鸿沟指数（HPG），其分布特征如表 3.42 所示。表 3.42 表明，批发和零售业国有企业薪酬鸿沟平均值为 0.3819。分布标准差为 0.26537。批发和零售业国有企业薪酬鸿沟呈现较弱的右偏分布特征（偏度 < 0）。

表 3.42　批发和零售业国有企业薪酬鸿沟指数（HPG）分布特征

行业名称	统计量			标准误
	均值		0.3819	0.01035
	均值的 95%	下限	0.3615	
	置信区间	上限	0.4022	
	5% 修整均值		0.3786	
	中值		0.4443	
批发和零售业	方差		0.070	
（n = 657）	标准差		0.26537	
	极小值		0.00	
	极大值		1.00	
	范围		1.00	
	四分位距		0.56	
	偏度		−0.148	0.095
	峰度		−1.244	0.190

　　应用本章开发的薪酬鸿沟度量指标体系，测算水利、环境和公共设施管理业的薪酬鸿沟指数（HPG），其分布特征如表 3.43 所示。表 3.43 表明，水利、环境和公共设施管理业国有企业薪酬鸿沟平均值为 0.3203。分布标准差为 0.24439。水利、环境和公共设施管理业国有企业薪酬鸿沟基本呈现正态分布特征（偏度接近于 0）。

表 3.43　水利、环境和公共设施管理业国有企业薪酬鸿沟指数（HPG）分布特征

行业名称	统计量			标准误
	均值		0.3203	0.02420
	均值的 95%	下限	0.2723	
	置信区间	上限	0.3683	
	5% 修整均值		0.3126	
	中值		0.3333	
水利、环境和公共	方差		0.060	
设施管理业	标准差		0.24439	
（n = 102）	极小值		0.00	
	极大值		0.78	
	范围		0.78	
	四分位距		0.47	
	偏度		0.044	0.239
	峰度		−1.042	0.474

应用本章开发的薪酬鸿沟度量指标体系，测算文化、体育和娱乐业的薪酬鸿沟指数（HPG），其分布特征如表 3.44 所示。表 3.44 表明，文化、体育和娱乐业国有企业薪酬鸿沟平均值为 0.3567。分布标准差为 0.24362。文化、体育和娱乐业国有企业薪酬鸿沟基本呈现正态分布特征（偏度接近于 0）。

表 3.44　文化、体育和娱乐业国有企业薪酬鸿沟指数（HPG）分布特征

行业名称	统计量			标准误
	均值		0.3567	0.01836
	均值的 95%	下限	0.3205	
	置信区间	上限	0.3929	
	5%修整均值		0.3509	
	中值		0.3333	
文化、体育和娱乐业	方差		0.059	
（n = 176）	标准差		0.24362	
	极小值		0.00	
	极大值		0.89	
	范围		0.89	
	四分位距		0.42	
	偏度		−0.054	0.183
	峰度		−0.819	0.364

应用本章开发的薪酬鸿沟度量指标体系，测算信息传输、软件和信息技术服务业的薪酬鸿沟指数（HPG），其分布特征如表 3.45 所示。表 3.45 表明，信息传输、软件和信息技术服务业国有企业薪酬鸿沟平均值为 0.3894。分布标准差为 0.24557。信息传输、软件和信息技术服务业国有企业薪酬鸿沟基本呈现正态分布特征（偏度接近于 0）。

表 3.45　信息传输、软件和信息技术服务业国有企业薪酬鸿沟指数（HPG）分布特征

行业名称	统计量			标准误
	均值		0.3894	0.01648
	均值的 95%	下限	0.3569	
	置信区间	上限	0.4219	
	5%修整均值		0.3867	
	中值		0.4443	
信息传输、软件	方差		0.060	
和信息技术服务业	标准差		0.24557	
（n = 222）	极小值		0.00	
	极大值		0.89	
	范围		0.89	
	四分位距		0.33	
	偏度		−0.118	0.163
	峰度		−0.981	0.325

应用本章开发的薪酬鸿沟度量指标体系，测算制造业的薪酬鸿沟指数（HPG），其分布特征如表3.46和图3.1所示。表3.46表明，制造业国有企业薪酬鸿沟平均值为0.3630。分布标准差为0.26616。图3.1显示，制造业国有企业薪酬鸿沟基本呈现正态分布特征（偏度接近于0，为正）。

表3.46　制造业国有企业薪酬鸿沟指数（HPG）分布特征

行业名称	统计量			标准误
	均值		0.3630	0.00405
	均值的95%	下限	0.3550	
	置信区间	上限	0.3709	
	5%修整均值		0.3561	
	中值		0.3333	
	方差		0.071	
制造业（n=4315）	标准差		0.26616	
	极小值		0.00	
	极大值		1.00	
	范围		1.00	
	四分位距		0.44	
	偏度		0.054	0.037
	峰度		−1.128	0.075

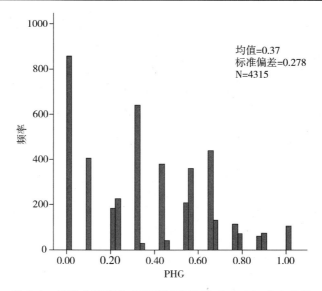

图3.1　制造业国有企业薪酬鸿沟指数（HPG）分布特征

应用本章开发的薪酬鸿沟度量指标体系，测算住宿和餐饮业的薪酬鸿沟指数（HPG），其分布特征如表3.47所示。表3.47表明，住宿和餐饮业国有企业薪酬鸿沟平均值为0.3029。分布标准差为0.27548。住宿和餐饮业国有企业薪酬鸿沟基本呈现较明显的左偏分布特征（偏度>0）。

表 3.47　住宿和餐饮业国有企业薪酬鸿沟指数（HPG）分布特征

行业名称	统计量			标准误
	均值		0.3029	0.03224
	均值的 95%	下限	0.2386	
	置信区间	上限	0.3672	
	5%修整均值		0.2883	
	中值		0.3333	
住宿和餐饮业	方差		0.076	
（n=73）	标准差		0.27548	
	极小值		0.00	
	极大值		0.89	
	范围		0.89	
	四分位距		0.56	
	偏度		0.487	0.281
	峰度		-0.975	0.555

　　应用本章开发的薪酬鸿沟度量指标体系，测算综合性行业的薪酬鸿沟指数（HPG），其分布特征如表 3.48 所示。表 3.48 表明，综合性行业国有企业薪酬鸿沟平均值为 0.4497。分布标准差为 0.24935。综合性行业国有企业薪酬鸿沟基本呈现右偏分布特征（偏度<0）。

表 3.48　综合性行业国有企业薪酬鸿沟指数（HPG）分布特征

行业名称	统计量			标准误
	均值		0.4497	0.02422
	均值的 95%	下限	0.4017	
	置信区间	上限	0.4977	
	5%修整均值		0.4506	
	中值		0.5555	
综合性行业	方差		0.062	
（n=106）	标准差		0.24935	
	极小值		0.00	
	极大值		1.00	
	范围		1.00	
	四分位距		0.44	
	偏度		-0.359	0.235
	峰度		-0.730	0.465

　　应用本章开发的薪酬鸿沟度量指标体系，测算租赁和商务服务业的薪酬鸿沟指数（HPG），其分布特征如表 3.49 所示。表 3.49 表明，租赁和商务服务业国有企业薪酬鸿沟平均值为 0.3468。分布标准差为 0.28885。租赁和商务服务业国有企业薪酬鸿沟基本呈现较明显的左偏分布特征（偏度>0）。

表 3.49 租赁和商务服务业国有企业薪酬鸿沟指数（HPG）分布特征

行业名称	统计量			标准误
租赁和商务服务业（n = 124）	均值		0.3468	0.02594
	均值的 95%	下限	0.2954	
	置信区间	上限	0.3981	
	5%修整均值		0.3391	
	中值		0.2778	
	方差		0.083	
	标准差		0.28885	
	极小值		0.00	
	极大值		0.89	
	范围		0.89	
	四分位距		0.56	
	偏度		0.249	0.217
	峰度		−1.442	0.431

将所有行业的薪酬鸿沟指数的均值与标准差整合到一起，形成表 3.50 和图 3.2、图 3.3。结果显示，行业之间的薪酬鸿沟现象存在显著差异，教育、科学研究和技术服务业和综合性行业是薪酬鸿沟程度最高的行业，而采矿业和交通运输、仓储和邮政业则是薪酬鸿沟程度最低的行业。

表 3.50 各行业国有企业薪酬鸿沟指数（HPG）分布特征比较

行业编码	微调合并后的行业类型	均值	N	标准差
IND01	采矿业	0.2996	395	0.27284
IND02	电力、热力、燃气及水生产业	0.3201	713	0.25599
IND03	房地产业	0.3479	536	0.27916
IND04	建筑业	0.3398	312	0.26991
IND05	交通运输、仓储和邮政业	0.2994	639	0.28426
IND06	教育、科学研究和技术服务业	0.4088	53	0.23749
IND07	农、林、牧、渔业	0.3803	149	0.25153
IND08	批发和零售业	0.3819	657	0.26537
IND09	水利、环境和公共设施管理业	0.3203	102	0.24439
IND10	文化、体育和娱乐业	0.3567	176	0.24362
IND11	信息传输、软件和信息技术服务业	0.3894	222	0.24557
IND12	制造业	0.3630	4315	0.26616
IND13	住宿和餐饮业	0.3029	73	0.27548
IND14	综合	0.4497	106	0.24935
IND15	租赁和商务服务业	0.3468	124	0.28885
总计		0.3524	8572	0.26779

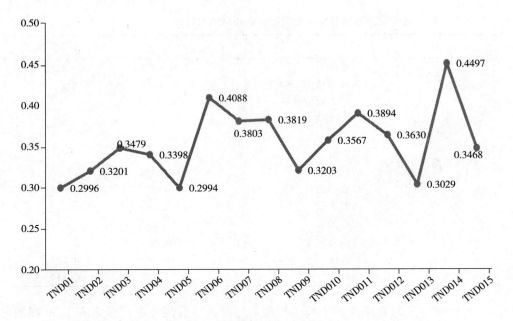

图 3.2 各行业国有企业薪酬鸿沟指数 (HPG) 分布特征比较

注：行业编码所代表行业具体见表 3.50。

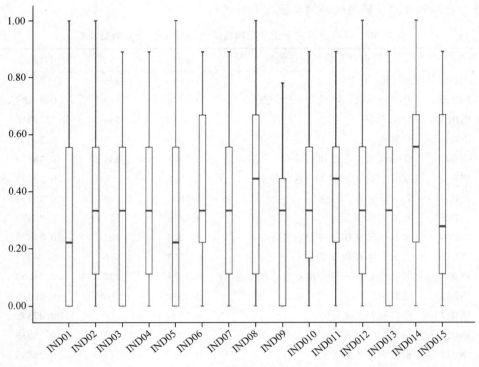

图 3.3 各行业国有企业薪酬鸿沟指数 (HPG) 分布茎叶图

注：行业编码所代表行业具体见表 3.50。

3.6.2　国有企业薪酬鸿沟现状的分地区刻画

依据同样的逻辑，将所有国有企业样本根据不同的省份（或直辖市）进行薪酬鸿沟指数的刻画与描述，结果如表 3.51 至表 3.55 所示。

表 3.51　各地区国有企业薪酬鸿沟指数（HPG）分布特征比较（1/5）

统计量		安徽省	北京市	福建省	甘肃省	广东省	广西壮族自治区
均值		0.2965	0.3504	0.3885	0.3591	0.4103	0.3734
均值的 95% 置信区间	下限	0.2708	0.3330	0.3569	0.3124	0.3914	0.3220
	上限	0.3222	0.3678	0.4202	0.4059	0.4293	0.4248
5%修整均值		0.2898	0.3400	0.3812	0.3554	0.4058	0.3706
中值		0.3333	0.3333	0.4443	0.3333	0.4443	0.3334
方差		0.065	0.076	0.074	0.062	0.078	0.084
标准差		0.25463	0.27558	0.27281	0.24959	0.27905	0.29038
极小值		0.00	0.00	0.00	0.00	0.00	0.00
极大值		0.89	1.00	1.00	0.89	1.00	0.89
范围		0.89	1.00	1.00	0.89	1.00	0.89
四分位距		0.56	0.44	0.56	0.44	0.56	0.67
偏度		0.229	0.246	0.002	0.005	−0.020	−0.074
峰度		−1.292	−1.083	−1.028	−1.139	−1.265	−1.547

表 3.52　各地区国有企业薪酬鸿沟指数（HPG）分布特征比较（2/5）

统计量		贵州省	海南省	河北省	河南省	黑龙江省	湖北省
均值		0.3444	0.4000	0.3575	0.3600	0.3496	0.2926
均值的 95% 置信区间	下限	0.2987	0.3323	0.3202	0.3279	0.3056	0.2666
	上限	0.3902	0.4678	0.3948	0.3922	0.3936	0.3185
5%修整均值		0.3386	0.3951	0.3498	0.3547	0.3434	0.2837
中值		0.3333	0.3333	0.3333	0.3333	0.3333	0.3332
方差		0.075	0.093	0.074	0.068	0.068	0.060
标准差		0.27358	0.30448	0.27187	0.26030	0.26043	0.24538
极小值		0.00	0.00	0.00	0.00	0.00	0.00
极大值		1.00	0.89	0.89	1.00	0.89	0.89
范围		1.00	0.89	0.89	1.00	0.89	0.89
四分位距		0.64	0.56	0.56	0.44	0.44	0.33
偏度		0.036	0.035	0.034	−0.058	0.079	0.394
峰度		−1.355	−1.428	−1.219	−1.162	−1.124	−1.055

表 3.53　各地区国有企业薪酬鸿沟指数（HPG）分布特征比较（3/5）

统计量		湖南省	吉林省	江苏省	江西省	辽宁省	内蒙古自治区
均值		0.3677	0.4406	0.3544	0.3532	0.3883	0.3005
均值的 95% 置信区间	下限	0.3403	0.3902	0.3312	0.3136	0.3580	0.2388
	上限	0.3951	0.4910	0.3775	0.3928	0.4185	0.3622
5%修整均值		0.3635	0.4342	0.3472	0.3447	0.3863	0.2899
中值		0.3333	0.4444	0.3333	0.3333	0.3334	0.3333
方差		0.066	0.094	0.068	0.065	0.061	0.068
标准差		0.25694	0.30722	0.25996	0.25528	0.24698	0.26053
极小值		0.00	0.00	0.00	0.00	0.00	0.00
极大值		1.00	1.00	1.00	1.00	1.00	0.89
范围		1.00	1.00	1.00	1.00	1.00	0.89
四分位距		0.44	0.56	0.44	0.44	0.33	0.56
偏度		−0.042	−0.056	0.059	0.226	−0.104	0.244
峰度		−1.182	−1.159	−1.108	0.759	−1.044	−1.187

表 3.54　各地区国有企业薪酬鸿沟指数（HPG）分布特征比较（4/5）

统计量		宁夏回族自治区	青海省	山东省	山西省	陕西省	上海市
均值		0.3353	0.2141	0.3478	0.2444	0.3979	0.3197
均值的 95% 置信区间	下限	0.2646	0.1310	0.3235	0.2115	0.3658	0.3018
	上限	0.4059	0.2972	0.3721	0.2772	0.4299	0.3377
5%修整均值		0.3272	0.2009	0.3382	0.2297	0.3988	0.3095
中值		0.3333	0.0000	0.3333	0.1666	0.4444	0.3333
方差		0.072	0.069	0.074	0.057	0.057	0.074
标准差		0.26856	0.26340	0.27174	0.23906	0.23943	0.27117
极小值		0.00	0.00	0.00	0.00	0.00	0.00
极大值		0.89	0.67	1.00	0.78	0.89	0.89
范围		0.89	0.67	1.00	0.78	0.89	0.89
四分位距		0.47	0.50	0.44	0.36	0.33	0.56
偏度		0.157	0.754	0.169	0.766	−0.354	0.203
峰度		−1.287	−1.103	−1.110	−0.608	−0.943	−1.297

表 3.55　各地区国有企业薪酬鸿沟指数（HPG）分布特征比较（5/5）

统计量		四川省	天津市	西藏自治区	新疆维吾尔自治区	云南省	浙江省	重庆市
均值		0.3362	0.3719	0.3067	0.3669	0.3449	0.3760	0.2960
均值的 95%	下限	0.3079	0.3326	0.2176	0.3304	0.3078	0.3482	0.2563
置信区间	上限	0.3644	0.4113	0.3958	0.4034	0.3819	0.4037	0.3357
5%修整均值		0.3342	0.3582	0.3050	0.3611	0.3424	0.3715	0.2921
中值		0.3333	0.3333	0.3333	0.3333	0.3333	0.4443	0.3333
方差		0.057	0.087	0.047	0.062	0.058	0.073	0.050
标准差		0.23798	0.29548	0.21586	0.24948	0.24013	0.26982	0.22443
极小值		0.00	0.00	0.00	0.00	0.00	0.00	0.00
极大值		0.89	1.00	0.67	0.89	0.78	1.00	0.67
范围		0.89	1.00	0.67	0.89	0.78	1.00	0.67
四分位距		0.44	0.56	0.44	0.44	0.44	0.56	0.44
偏度		−0.053	0.227	−0.225	−0.002	−0.069	−0.062	−0.109
峰度		−1.177	−0.941	−1.153	−0.933	−1.118	−1.270	−1.405

各地区企业内部薪酬鸿沟指数分布如图 3.4 所示。

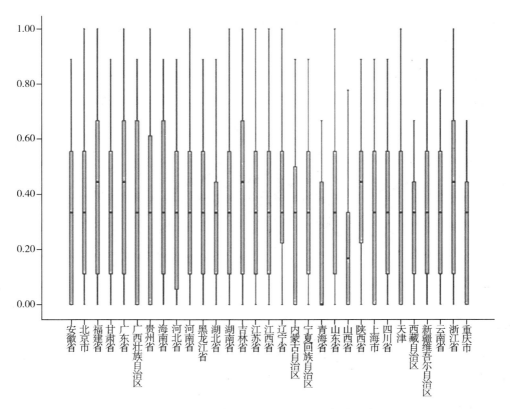

图 3.4　地区企业内部薪酬鸿沟指数分布的茎叶图

各地区企业内部薪酬鸿沟指数分布的比较如表 3.56 和图 3.5 所示。结合表 3.51 至表 3.56，以及图 3.4、图 3.5 可知，各地区之间的国有企业内部薪酬差距分布有显著差异，其中，吉林省和广东省是国有企业内部薪酬鸿沟指数最高的两个地区，而山西省和青海省是国有企业内部薪酬鸿沟指数最低的两个地区。

表 3.56　各地区企业内部薪酬鸿沟指数分布

省份	均值	样本数	标准差	省份	均值	样本数	标准差
安徽省	0.2965	380	0.25463	辽宁省	0.3883	259	0.24698
北京市	0.3504	965	0.27558	内蒙古自治区	0.3005	71	0.26053
福建省	0.3885	288	0.27281	宁夏回族自治区	0.3353	58	0.26856
甘肃省	0.3591	112	0.24959	青海省	0.2141	41	0.26340
广东省	0.4103	834	0.27905	山东省	0.3478	483	0.27174
广西壮族自治区	0.3734	125	0.29038	山西省	0.2444	206	0.23906
贵州省	0.3444	140	0.27358	陕西省	0.3979	217	0.23943
海南省	0.4000	80	0.30448	上海市	0.3197	881	0.27117
河北省	0.3575	207	0.27187	四川省	0.3362	275	0.23798
河南省	0.3600	254	0.26030	天津市	0.3719	219	0.29548
黑龙江省	0.3496	137	0.26043	西藏自治区	0.3067	25	0.21586
湖北省	0.2926	346	0.24538	新疆维吾尔自治区	0.3669	182	0.24948
湖南省	0.3677	340	0.25694	云南省	0.3449	164	0.24013
吉林省	0.4406	145	0.30722	浙江省	0.3760	365	0.26982
江苏省	0.3544	486	0.25996	重庆市	0.2960	125	0.22443
江西省	0.3532	162	0.25528				
总计	0.3524	8572	0.26779				

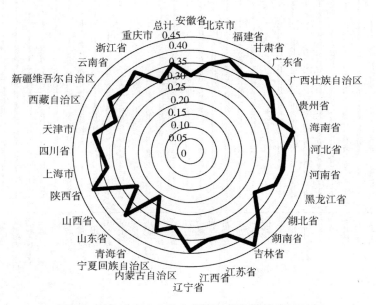

图 3.5　各地区企业内部薪酬鸿沟指数分布比较

3.6.3　国有企业薪酬鸿沟的发展趋势分析

将样本按照年份分为 2006~2016 年 11 个子样本，针对每个子样本测算其平均薪酬鸿沟指数，结果如图 3.6 和表 3.57 所示。

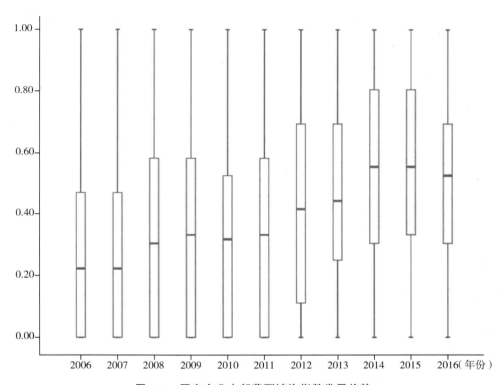

图 3.6　国有企业内部薪酬鸿沟指数发展趋势

表 3.57　国有企业内部薪酬鸿沟指数发展趋势

年份	Mean	N	Grouped Median	Minimum	Maximum	Variance	Kurtosis	Skewness
2006	0.2706	627	0.2111	0.00	1.00	0.087	−0.399	0.845
2007	0.2716	670	0.2272	0.00	1.00	0.081	−0.549	0.744
2008	0.3209	684	0.3066	0.00	1.00	0.095	−0.839	0.595
2009	0.3197	735	0.3145	0.00	1.00	0.093	−0.899	0.545
2010	0.2901	776	0.3069	0.00	1.00	0.080	−0.640	0.639
2011	0.3294	799	0.3272	0.00	1.00	0.084	−0.877	0.416
2012	0.4400	837	0.3950	0.00	1.00	0.105	−1.207	0.100
2013	0.4678	847	0.4537	0.00	1.00	0.095	−1.123	−0.052

年份	Mean	N	Grouped Median	Minimum	Maximum	Variance	Kurtosis	Skewness
2014	0.4944	854	0.5422	0.00	1.00	0.098	-1.140	-0.138
2015	0.5228	862	0.5582	0.00	1.00	0.102	-1.114	-0.181
2016	0.4860	881	0.5292	0.00	1.00	0.094	-1.048	-0.091
总计	0.3920	8572	0.3446	0.00	1.00	0.101	-1.141	0.264

图 3.6 和表 3.57 表明，自 2006 年以来，国有企业内部薪酬鸿沟基本上处于逐年上升的趋势，且上升速度有加速的现象。但在 2016 年，薪酬鸿沟增长得到控制，开始有缓慢下降。这或许表明，国有企业"限薪"政策的执行，在 2016 年开始产生了一定的效果。

3.6.4　国有企业基于企业规模差异的薪酬鸿沟比较分析

将样本按照企业规模的大小排序，并从企业规模的 33.333% 分位和 66.667% 分位处将样本分为小企业样本、中等规模企业样本和大企业样本。应用 ANOVA 分析，比较不同规模国有企业薪酬鸿沟指数的差异。结果如表 3.58 所示。

表 3.58　基于企业规模差异的薪酬鸿沟指数（HPG）ANOVA 多重比较

	(I)	(J)	均值差（I-J）	均值（J）	显著性	95%置信区间 下限	上限
Bonferroni	1. 小企业	2.00	-0.00807	0.3542	0.713	-0.0244	0.0083
		3.00	-0.03322*	0.3794	0.000	-0.0523	-0.0141
	2. 中等规模企业	1.00	0.00807	0.3542	0.713	-0.0083	0.0244
		3.00	-0.02515*	0.3794	0.003	-0.0434	-0.0069
	3. 大企业	1.00	0.03322*	0.3461	0.000	0.0141	0.0523
		2.00	0.02515*	0.3542	0.003	0.0069	0.0434
Tamhane	1. 小企业	2.00	-0.00807	0.3542	0.544	-0.0241	0.0080
		3.00	-0.03322*	0.3794	0.000	-0.0527	-0.0137
	2. 中等规模企业	1.00	0.00807	0.3542	0.544	-0.0080	0.0241
		3.00	-0.02515*	0.3794	0.004	-0.0439	-0.0064
	3. 大企业	1.00	0.03322*	0.3461	0.000	0.0137	0.0527
		2.00	0.02515*	0.3542	0.004	0.0064	0.0439

注：* 表示均值差的显著性水平为 0.05；a. 本列中 1、2、3 分别代表三个子样本。下同。

根据 Bonferroni 法的分析结果，小企业与中等规模企业之间并无显著的薪酬鸿沟差异，而大规模企业比小企业、中等规模企业都呈现更高的薪酬鸿沟指数，而且统计显著性都在 1% 的水平。与此同时，基于 Tamhane 法的分析结果，也再次证实这一结论。因此，企业规模越大，员工越容易感受到薪酬不公平，薪酬鸿沟现象越容易出现。

3.6.5　国有企业基于股权集中度差异薪酬鸿沟比较分析

将样本按照股权集中度（第一大股东持股比例）的大小排序，并从股权集中度的 33.333% 分位和 66.667% 分位处将样本分为低股权集中度样本、中股权集中度样本和高股权集中度样本。应用 ANOVA 分析，比较不同股权集中度企业薪酬鸿沟指数的差异。结果如表 3.59 所示。

表 3.59　基于股权集中度差异的薪酬鸿沟指数（HPG）ANOVA 多重比较

	（I）	（J）	均值差（I-J）	均值（J）	显著性	95% 置信区间 下限	95% 置信区间 上限
Bonferroni	1. 低股权集中度	2.00	0.02625*	0.3615	0.000	0.0100	0.0425
		3.00	0.08189*	0.3058	0.000	0.0629	0.1009
	2. 中股权集中度	1.00	−0.02625*	0.3877	0.000	−0.0425	−0.0100
		3.00	0.05564*	0.3058	0.000	0.0374	0.0738
	3. 高股权集中度	1.00	−0.08189*	0.3877	0.000	−0.1009	−0.0629
		2.00	−0.05564*	0.3615	0.000	−0.0738	−0.0374
Tamhane	1. 低股权集中度	2.00	0.02625*	0.3615	0.000	0.0098	0.0428
		3.00	0.08189*	0.3058	0.000	0.0632	0.1006
	2. 中股权集中度	1.00	−0.02625*	0.3877	0.000	−0.0428	−0.0098
		3.00	0.05564*	0.3058	0.000	0.0380	0.0733
	3. 高股权集中度	1.00	−0.08189*	0.3877	0.000	−0.1006	−0.0632
		2.00	−0.05564*	0.3615	0.000	−0.0733	−0.0380

注：* 表示均值差的显著性水平为 0.05。

根据 Bonferroni 法的分析结果，不同股权集中度业之间有显著的薪酬鸿沟差异，股权集中度更高的企业，将呈现更低的薪酬鸿沟指数，而且统计显著性都在 1% 的水平。与此同时，基于 Tamhane 法的分析结果，也再次证实这一结论。因此，股权集中度与薪酬鸿沟负相关，即股权集中度越低，员工越容易感受到薪酬不公平，薪酬鸿沟现象越容易出现。

3.6.6　国有企业基于独立董事比例的薪酬鸿沟比较分析

将样本按照独立董事比例的大小排序，并从独立董事比例的 33.333% 分位和 66.667% 分位处将样本分为低独立董事比例样本、中独立董事比例样本和高独立董事比例样本。应用 ANOVA 分析，比较不同独立董事比例国有企业薪酬鸿沟指数的差异。结果如表 3.60 所示。

表 3.60　基于独立董事比例差异的薪酬鸿沟指数（HPG）ANOVA 多重比较

	（I）	（J）	均值差（I-J）	均值（J）	显著性	95%置信区间	
						下限	上限
Bonferroni	1. 低独立董事比例	2.00	0.02403*	0.3414	0.001	0.0077	0.0404
		3.00	-0.00914	0.3746	0.756	-0.0282	0.0100
	2. 中等独立董事比例	1.00	-0.02403*	0.3655	0.001	-0.0404	-0.0077
		3.00	-0.03316*	0.3746	0.000	-0.0514	-0.0149
	3. 高独立董事比例	1.00	0.00914	0.3655	0.756	-0.0100	0.0282
		2.00	0.03316*	0.3414	0.000	0.0149	0.0514
Tamhane	1. 低独立董事比例	2.00	0.02403*	0.3414	0.001	0.0076	0.0404
		3.00	-0.00914	0.3746	0.583	-0.0282	0.0100
	2. 中等独立董事比例	1.00	-0.02403*	0.3655	0.001	-0.0404	-0.0076
		3.00	-0.03316*	0.3746	0.001	-0.0513	-0.0151
	3. 高独立董事比例	1.00	0.00914	0.3655	0.583	-0.0100	0.0282
		2.00	0.03316*	0.3414	0.000	0.0151	0.0513

注：* 表示均值差的显著性水平为 0.05。

根据 Bonferroni 法的分析结果显示，低独立董事比例企业与中等独立董事比例企业之间有显著的薪酬鸿沟差异，前者显著更高；高独立董事比例企业与中等独立董事比例企业之间有显著的薪酬鸿沟差异，前者显著更高；而低独立董事比例企业与高独立董事比例企业之间没有显著的薪酬鸿沟差异。显然，独立董事比例对薪酬鸿沟的影响是非线性的"U"形影响效应。与此同时，基于 Tamhane 法的分析结果，也证实这一结论。因此，独立董事比例与薪酬鸿沟为非线性曲线相关，呈现"U"形关系。

3.6.7　国有企业基于监事会比例差异的薪酬鸿沟比较分析

将样本按照监事会比例的大小排序，并从监事会比例的 33.333%分位和 66.667%分位处将样本分为低监事会比例样本、中监事会比例样本和高监事会比例样本。应用 ANOVA 分析，比较不同监事会比例的国有企业薪酬鸿沟指数的差异。结果如表 3.61 所示。

表 3.61　基于监事会比例差异的薪酬鸿沟指数（HPG）ANOVA 多重比较

	（I）	（J）	均值差（I-J）	均值（J）	显著性	95%置信区间	
						下限	上限
Bonferroni	1. 低监事会比例	2.00	0.00124	0.3610	1.000	-0.0151	0.0176
		3.00	0.01866	0.3436	0.058	-0.0005	0.0378
	2. 中等监事会比例	1.00	-0.00124	0.3622	1.000	-0.0176	0.0151
		3.00	0.01743	0.3436	0.068	-0.0009	0.0357
	3. 高监事会比例	1.00	-0.01866	0.3622	0.058	-0.0378	0.0005
		2.00	-0.01743	0.3610	0.068	-0.0357	0.0009

续表

	（I）	（J）	均值差（I-J）	均值（J）	显著性	95%置信区间 下限	上限
Tamhane	1. 低监事会比例	2.00	0.00124	0.3610	0.997	−0.0151	0.0176
		3.00	0.01866	0.3436	0.053	−0.0002	0.0375
	2. 中等监事会比例	1.00	−0.00124	0.3622	0.997	−0.0176	0.0151
		3.00	0.01743	0.3436	0.064	−0.0007	0.0356
	3. 高监事会比例	1.00	−0.01866	0.3622	0.053	−0.0375	0.0002
		2.00	−0.01743	0.3610	0.064	−0.0356	0.0007

注：＊表示均值差的显著性水平为 0.05。

根据 Bonferroni 分析结果显示，不同监事会比例的国有企业之间，在 5% 的显著度水平上没有显著的薪酬鸿沟差异。与此同时，基于 Tamhane 法的分析结果，也基本证实该结论。因此，监事会比例与薪酬鸿沟相关性不显著。

3.6.8 国有企业基于股权制衡度差异的薪酬鸿沟比较分析

将样本按照股权制衡度的大小排序，并从股权制衡度的 33.333% 分位和 66.667% 分位处将样本分为低股权制衡度样本、中股权制衡度样本和高股权制衡度样本。应用 ANOVA 分析，比较不同股权制衡度国有企业薪酬鸿沟指数的差异。结果如表 3.62 所示。

表 3.62 基于股权制衡度差异的薪酬鸿沟指数（HPG）ANOVA 多重比较

	（I）	（J）	均值差（I-J）	均值（J）	显著性	95%置信区间 下限	上限
Bonferroni	1. 低股权制衡度	2.00	−0.01779＊	0.3603	0.028	−0.0341	−0.0014
		3.00	−0.03083＊	0.3734	0.000	−0.0499	−0.0117
	2. 中等股权制衡度	1.00	0.01779＊	0.3425	0.028	0.0014	0.0341
		3.00	−0.01304	0.3734	0.264	−0.0313	0.0053
	3. 高股权制衡度	1.00	0.03083＊	0.3425	0.000	0.0117	0.0499
		2.00	0.01304	0.3603	0.264	−0.0053	0.0313
Tamhane	1. 低股权制衡度	2.00	−0.01779＊	0.3603	0.026	−0.0340	−0.0016
		3.00	−0.03083＊	0.3734	0.000	−0.0501	−0.0116
	2. 中等股权制衡度	1.00	0.01779＊	0.3425	0.026	0.0016	0.0340
		3.00	−0.01304	0.3734	0.254	−0.0316	0.0055
	3. 高股权制衡度	1.00	0.03083＊	0.3425	0.000	0.0116	0.0501
		2.00	0.01304	0.3603	0.254	−0.0055	0.0316

注：＊表示均值差的显著性水平为 0.05。

根据 Bonferroni 分析结果显示，低股权制衡度企业与中等股权制衡度企业之间有显著的薪酬鸿沟差异（P=0.028），后者显著更高；低股权制衡度企业与高股权制衡度企业之间有显著的薪酬鸿沟差异，后者显著更高（P=0.000）；而中等股权制衡度企业与高股权制衡度企业之间没有显著的薪酬鸿沟差异（P=0.264）。与此同时，基于 Tamhane 法的分析结果，也再次证实这一结论。因此，整体上，股权制衡度与薪酬鸿沟是非线性正相关关系。

3.6.9 国有企业基于女性高管规模差异的薪酬鸿沟比较分析

将样本按照女性高管规模的大小排序，并从女性高管规模的 33.333%分位和 66.667%分位处将样本分为低女性高管规模样本、中女性高管规模样本和高女性高管规模样本。应用 ANOVA 分析，比较不同女性高管规模国有企业薪酬鸿沟指数的差异。结果如表 3.63 所示。

表 3.63　基于女性高管规模差异的薪酬鸿沟指数（HPG）ANOVA 多重比较

	（I）	（J）	均值差（I-J）	均值（J）	显著性	95%置信区间	
						下限	上限
Bonferroni	1 低女性高管规模	2.00	−0.00593	0.3534	1.000	−0.0223	0.0104
		3.00	−0.03123*	0.3787	0.000	−0.0503	−0.0121
	2 中等女性高管规模	1.00	0.00593	0.3475	1.000	−0.0104	0.0223
		3.00	−0.02530*	0.3787	0.000	−0.0436	−0.0070
	3 高女性高管规模	1.00	0.03123*	0.3475	0.000	0.0121	0.0503
		2.00	0.02530*	0.3534	0.003	0.0070	0.0436
Tamhane	1 低女性高管规模	2.00	−0.00593	0.3534	0.770	−0.0223	0.0105
		3.00	−0.03123*	0.3787	0.000	−0.0502	−0.0123
	2 中等女性高管规模	1.00	0.00593	0.3475	0.770	−0.0105	0.0223
		3.00	−0.02530*	0.3787	0.003	−0.0434	−0.0072
	3 高女性高管规模	1.00	0.03123*	0.3475	0.000	0.0123	0.0502
		2.00	0.02530*	0.3534	0.003	0.0072	0.0434

注：* 表示均值差的显著性水平为 0.05。

根据 Bonferroni 分析结果显示，低女性高管规模企业与中等女性高管规模企业之间无显著的薪酬鸿沟差异（P=1.000）；低女性高管规模企业与高女性高管规模企业之间有显著的薪酬鸿沟差异，后者显著更高（P=0.000）；而中等女性高管规模企业与高女性高管规模企业之间有显著的薪酬鸿沟差异，后者显著更高（P=0.003）。与此同时，基于 Tamhane 法的分析结果，也再次证实了这一结论。因此，整体上，女性高管规模与薪酬鸿沟呈非线性正相关关系。

3.6.10　国有企业基于上市时间差异的薪酬鸿沟比较分析

将样本按照上市时间的大小排序，并从上市时间的 33.333%分位和 66.667%分位处将样本分为短上市时间样本、中等上市时间样本和长上市时间样本。应用 ANOVA 分析，比较不同上市时间的国有企业薪酬鸿沟指数的分布差异。结果如表 3.64 所示。

根据 Bonferroni 分析结果显示，短上市时间企业与中等上市时间企业之间有显著的薪酬鸿沟差异，后者显著更高（P = 0.000）；短上市时间企业与长上市时间企业之间有显著的薪酬鸿沟差异，后者显著更高（P = 0.000）；而中等上市时间企业与长上市时间企业之间亦有显著的薪酬鸿沟差异，后者显著更高（P = 0.000）。与此同时，基于 Tamhane 法的分析结果，也再次证实了这一结论。因此，整体上，上市时间与薪酬鸿沟呈显著线性正相关关系。

表 3.64　基于上市时间差异的薪酬鸿沟指数（HPG）ANOVA 多重比较

	（I）	（J）	均值差（I-J）	均值（J）	显著性	95%置信区间 下限	上限
Bonferroni	1. 短上市时间	2.00	−0.03962*	0.3576	0.000	−0.0559	−0.0234
		3.00	−0.09611*	0.4141	0.000	−0.1151	−0.0771
	2. 中等上市时间	1.00	0.03962*	0.3180	0.000	0.0234	0.0559
		3.00	−0.05649*	0.4141	0.000	−0.0746	−0.0383
	3. 长上市时间	1.00	0.09611*	0.3180	0.000	0.0771	0.1151
		2.00	0.05649*	0.3576	0.000	0.0383	0.0746
Tamhane	1. 短上市时间	2.00	−0.03962*	0.3576	0.000	−0.0557	−0.0235
		3.00	−0.09611*	0.4141	0.000	−0.1151	−0.0771
	2. 中等上市时间	1.00	0.03962*	0.3180	0.000	0.0235	0.0557
		3.00	−0.05649*	0.4141	0.000	−0.0748	−0.0382
	3. 长上市时间	1.00	0.09611*	0.3180	0.000	0.0771	0.1151
		2.00	0.05649*	0.3576	0.000	0.0382	0.0748

注：* 表示均值差的显著性水平为 0.05。

3.6.11　国有企业基于央企身份的薪酬鸿沟分布差异

根据样本公司是否央企，将样本分为央企与地方国有企业。应用独立样本 T 检验，对两个子样本进行薪酬鸿沟的均值比较分析。结果如表 3.65 所示。央企相比较地方国企而言，薪酬鸿沟程度较高。

表 3.65　央企与地方国企薪酬鸿沟独立样本 T 检验结果

	方差方程的 Levene 检验		均值方程的 t 检验				
	F	Sig.	Sig.（双侧）	均值差值	均值	差分的 95% 置信区间	
						下限	上限
假设方差相等	1.416	0.234	0.000	−0.02971	0.3418（地方国企）	−0.04153	−0.01789
假设方差不相等			0.000	−0.02971	0.3715（央企）	−0.04150	−0.01793

3.6.12　国有企业基于所属地区的薪酬鸿沟比较分析

根据样本公司是否属于东部地区，将样本分为东部地区企业与中西部地区国有企业。应用独立样本 T 检验，对两个子样本进行薪酬鸿沟的均值比较分析。结果如表 3.66 所示。东部国有企业相比较中西部地区国有企业而言，薪酬鸿沟程度较高。

表 3.66　东部地区企业与中西部地区企业薪酬鸿沟独立样本 T 检验结果

	方差方程的 Levene 检验		均值方程的 t 检验				
	F	Sig.	Sig.（双侧）	均值差值	均值	差分的 95% 置信区间	
						下限	上限
假设方差相等	57.093	0.000	0.000	−0.02113	0.3405（中西部地区）	−0.03255	−0.00972
假设方差不相等			0.000	−0.02113	0.3617（东部地区）	−0.03246	−0.00981

3.7　结语与对策

本章通过规范的过程，构建了基于上市公司客观数据的企业内部薪酬鸿沟度量指标体系，并应用回归分析、方差分析和独立样本 T 检验，证实了该度量指标体系的可靠性与有效性。应用该指标体系，本章测算了 8752 家国有上市公司薪酬鸿沟指数，并刻画了国有企业薪酬鸿沟的行业分布与地区分布特征，描述了国有企业薪酬鸿沟 2006~2016 年整体发展趋势，比较分析了国有企业薪酬鸿沟基于企业规模差异、股权集中度差异、独立董事比例差异、监事会比例差异、股权制衡度差异、女性高管比例差异、上市时间差异、高管薪酬差距差异、资产负债率差异、央企身份差异和地区差异的分布特征。

本章发现如下：

第一，企业内部薪酬鸿沟可以从三个方面九个指标共同测度。其中，基于薪酬水平比较的薪酬鸿沟（C_HPG）由C_HPG1、C_HPG2、C_HPG3三个指标测度，主要通过员工将高管及其自身薪酬水平分别与行业薪酬水平、地区薪酬水平相比较而确定；基于回归估计的薪酬鸿沟（R_HPG）由R_HPG1、R_HPG3和R_HPG4三个指标测度，主要通过构建五个包含不同控制变量的回归估计模型用以估计合理的薪酬差距，并将实际薪酬差距与之相比较而确定；基于薪酬增长的薪酬鸿沟（G_HPG），由G_HPG1、G_HPG2、G_HPG5三个指标测度，主要通过将高管及其自身薪酬增长情况分别与行业薪酬增长、地区薪酬增长相比较而确定。该指标体系在信度和效度上都能够满足度量指标体系的基本要求。国有企业可以按照本章设计的薪酬鸿沟指标体系对本企业进行薪酬鸿沟的科学测度，尽量避免本企业陷入较高的企业内部薪酬鸿沟旋涡；而国有企业相关监管部门，比如说各级国资委，也可以参照本章设计的薪酬鸿沟指标体系对下属各企业进行薪酬鸿沟的测度与监控，针对薪酬鸿沟指数较高的企业，给予更为密切的关注，并要求其给予更为清晰、透明的薪酬实践披露。

第二，不论是多元回归分析，还是方差分析，其实证分析结果均表明，国有企业内部薪酬鸿沟显著负向影响企业短期财务绩效（ROA、ROE、EPS）和企业市场绩效（股价，PRICE）；不论是多元回归分析，还是逻辑回归分析，结果均显示，国有企业内部薪酬鸿沟显著提升企业内部员工离职率。换句话说，以本章度量指标体系测度出来的企业内部薪酬鸿沟，满足法则效度的基本要求，符合"差距拉大—不公平感上升/被剥削感加剧—产生薪酬鸿沟—负面的个体行为和组织结果"这一基本的逻辑链。该结论既是对内部薪酬鸿沟指标体系的进一步验证，也是对内部薪酬鸿沟效应的确切展示和论证。值得指出的是，薪酬鸿沟对企业绩效的影响效应强度，在实证分析结果中，超过其他所有控制变量的影响效应强度，具有无可置疑的重要地位。对研究者而言，进一步运用该指标探讨内部薪酬鸿沟对其他各种组织结果变量的影响，强化薪酬鸿沟的负面效应，对于当前高管群体过度追求拉大薪酬差距以求提升企业竞争力有很好的说服力。至少有相当一部分企业的管理者，其本身具有很强的利企性动机，但不清楚或者是不相信高管薪酬差距过高而带来的薪酬鸿沟效应，以致现实中薪酬管制政策再三出台，但薪酬差距却整体上越来越大，不受节制。理论界对此要承担起责任，要做出有分量的研究结果，进行正确的管理知识科普，改变企业家和管理者的错误认知。

第三，国有企业薪酬鸿沟在不同行业、不同地区和不同时间呈现差异化的分布特征。从薪酬鸿沟的行业分布来看，行业之间的薪酬鸿沟现象存在显著差异，教育、科学研究和技术服务业和综合性行业是薪酬鸿沟程度最严重的两大行业，而采矿业和交通运输、仓储和邮政业则是薪酬鸿沟程度最低的两个行业。因此，对于教育、科学研究和技术服务业和综合性行业这类高薪酬鸿沟的行业，董事会和股东应当对企业内部薪酬差距设置给予更多关注，可以要求管理层对薪酬差距的合理性进行更多的解释和说明，而对于采矿业和交通运输、仓储和邮政业，董事会和股东可以对企业内部薪酬差距设置较少关注；从薪酬鸿沟的地区分布来看，各地区之间的企业内部薪酬差距分布有显著差异，其中，吉林省和广东省是企业内部薪酬鸿沟指数最高的两个地区，而山西省和青海省是企业内部薪酬鸿沟指数最低的两个地区。因此，对于吉林省和广东省等高薪酬鸿沟地区的国有企业而言，企业内外部监管机构都应当给予薪酬差距的设置更多的关注，或者将薪酬设置的权力紧密掌握在自己手中，而对于山西省和青海省等低薪酬鸿沟地区的国有企业而言，相关监督机构需要注意过度的平均主义，不能因噎废食，因为顾虑薪酬鸿沟的负面影响，就过度压缩薪酬差距，反而抑制高管和核心员工的竞争动力；从薪酬鸿沟的时间分布而言，2006 年以来，国有企业内部薪酬鸿沟基本上处于逐年上升的趋势，且上升速度有加速的现象。但 2016 年，薪酬鸿沟增长得到控制，开始有缓慢下降。这表明，国有企业"限薪"政策的执行，在 2016 年开始产生了一定的效果。

第四，本章进行了国有企业基于企业治理特征的薪酬鸿沟分布比较分析，结果发现：企业规模越大，员工越容易感受到薪酬不公平，薪酬鸿沟现象越容易出现；股权集中度越低，员工越容易感受到薪酬不公平，薪酬鸿沟现象越容易出现；独立董事比例对薪酬鸿沟的影响是非线性的"U"形影响效应，整体上呈现先抑制后促进的影响效应；监事会比例与薪酬鸿沟相关性不显著；股权制衡度与薪酬鸿沟是非线性正相关关系；女性高管规模与薪酬鸿沟是非线性正相关关系；上市时间与薪酬鸿沟是显著线性正相关关系，成立时间越长则薪酬鸿沟程度越严重；央企相较地方国企而言，薪酬鸿沟程度较高；东部企业相较中西部地区国有企业而言，薪酬鸿沟程度较高；高管薪酬差距与薪酬鸿沟是显著线性正相关关系；资产负债率与薪酬鸿沟呈显著线性正相关关系。因此，在企业规模较大、股权集中度较低、股权制衡度较高、女性高管比例较高、上市时间较长、属于央企、位于东部地区、有过高的高管薪酬差距，或较高的资产负债率时，董事会、股东或者国有企业监管部门，应当更加关注其薪酬差距设置的合理性，要求有更详尽的信息披露与薪酬政策合理性的阐释，并在适当的时机予以干涉。

第4章 经理自主权对国有企业内部高管—员工薪酬差距与薪酬鸿沟的影响机理研究：兼论知识密集度的调节效应

4.1 引言

本书题目中"薪酬鸿沟"是一个相对较新的学术概念，虽与薪酬差距有密切联系，但绝不与之等同。第3章的研究证实，薪酬鸿沟是超越合理水平之后的薪酬差距，在当前国有企业中广泛存在。目前，中国国有企业内部高管与员工间平均绝对薪酬差距已经超过50万元，而相对薪酬差距多已超过12倍。这一现状突破了普通大众的心理接受度，广受社会各界的关注、批评与质疑。越来越多的学术文献证实，相当一部分国有企业内部薪酬差距已明显超越了合理水平区间，并已对未来企业绩效产生显著的负向影响（卢锐，2007；王怀明、史晓明，2009）。因此，不论是主观的经验观察感知结果，还是严谨客观的学术研究成果，都确切表明中国部分国有企业内部存在薪酬鸿沟是毋庸置疑的。本章拟从经理自主权理论视角出发，研究、探讨并试图解答国有企业薪酬鸿沟的形成与治理问题。此外，知识密集度对该形成机理的调节效应也是本章的研究内容之一。

4.2 理论分析与研究假设

4.2.1 国有企业经理自主权对高管—员工薪酬差距的影响效应分析

在我国高度计划经济体制下，国有企业的总经理通常由政府任命，在确定报酬时一般与公司的业绩无关。但是，在计划经济体制下，国有企业作为国民经济的主体和抵抗跨国公司的主要力量，其经营效率低下，已不能满足中国人民日益增长的物质文化需要。有鉴于此，中国政府作出了改革国有企业的战略决策。因此，自20世纪80年代中国改革开放以来，中国开始走市场经济道路，国有企业收入分配市场化逐渐将高管薪酬与企业业绩挂钩（高灼琴，2017）。

作为国有企业经营者薪酬指导的开创性政策，1988年由中国国务院颁布的《全民所有制工业企业承包经营责任制暂行规定》指出，国有企业经营者的收入应根据其合同的完成情况确定。2003年11月，国有资产管理委员会颁布并实施了《中央企业负责人绩效考核暂行办法》，其中细致规定了对中央企业负责人的考核应采用会计绩效指标。因此，该文件的正式规定明确地将国有企业中高管的报酬与公司业绩联系起来。2004 年 6 月，由国有资产管理委员会发布的《中央企业负责人薪酬管理暂行办法》，将国有企业 CEO 薪酬分为基薪、绩效工资和中长期激励三部分，进一步要求国有企业负责人的报酬必须与企业业绩挂钩。2006 年 12 月，国有资产管理委员会对有关规定进行了更详细的修订。2007 年，由国有资产管理委员会发布的《关于加强中央企业负责人第二次业绩考核期间薪酬管理的意见》，更进一步强调国有企业管理者的薪酬应与经济效益和绩效评价的结果密切相关，并适度提高。

2008 年 2 月，国有资产管理委员会又出台了《中央企业负责人年度绩效考核补充规定》，更进一步强化了国有企业薪酬管理体制改革。2009 年，国有资产管理委员会再一次修订了《中央企业负责人绩效考核暂行办法》，调整的重点是强化中央企业经济增加值的绩效评价，进一步完善绩效评价体系。2018 年 6 月，国务院印发《关于改革国有企业工资决定机制的意见》，提出了包括改革工资总额决定机制，完善企业内部工资分配管理等多项改革措施，突出了工资决定的市场化倾向。根据这一制度改革，国家有关部门首要考虑将高管（或雇员）的薪酬与公司业绩和外部市场相挂钩，以鼓励经营者，提高首席执行官的经营热情，以增加国有资产的价值。

由此，考虑到中国国有企业的具体性质和背景，随着国有企业市场化改革的实施，国有企业的 CEO 日益认识到自己的工资水平应与公司的业绩密切相关，提高公司业绩的动机也更大（黎文靖等，2014）。另外，从国有企业 CEO 的角度来看，目前的国有企业 CEO 选拔机制在过去已逐渐从纯粹的任命机制中逐渐加入选择和竞选各种方法。因此，越来越多的 CEO 都是以市场为导向的职业经理人，具有良好的教育背景，较高的专业资格，更富有工作热情和专业理想，追求事业的成功，并且更有强烈的主观愿望去经营一家好的公司，决心做好公司的管理，以获得自我满足和职业生涯成功。为提高公司绩效，公司治理中的经典"锦标赛理论"在公司治理实践中一直发挥着指导作用。

锦标赛理论主张扩大公司各级员工之间的薪酬差距，以鼓励员工积极工作，继而促进公司业绩的提高。虽然与锦标赛理论相反，但组织行为理论认为，增加高管—员工薪酬差距可能会导致员工之间的不公平感，进而导致员工的消极行为，致使公司业绩下降。然而，目前的研究，绝对多数还是证实了锦标赛理论的适用性，高管与员工薪酬差距与公司绩效存在显著正相关，并扩大了企业内高管与员工薪酬差距，它在激励员工方面起到了很好的作用，从而提高了企业的绩效。此外，从国有企业过去的历史发展经验来看，强调"平均主义"和"公平分配"并不会导致国有企业资产利益的增加；相反，在激烈的市场化竞争中，它带来了经营效率低下、创新意识薄弱和优势缺失等问题（江剑平，2016）。因此，为了提高企业绩效，国有企业的 CEO 将利用自己所持自主权，遵循锦标赛理论指导来扩大高管与员工之间的薪酬差距。

但是，不可否认的是，深化国有企业改革是一个权力不断下放的过程。随着改革的不断深入，国有企业的管理能力也在不断增强。在我国独特的国情和制度下，国有企业存在"所有者缺位""内部控制"以及"监督机制弱化"等问题。因此，国有企业的 CEO 便有了更多的机会利用自己的权力为自己谋取利益，这可能导致一系列寻租和被寻租行为。在国有企业的 CEO 中，相当一部分人可能只是在打着改善业绩的幌子，利用其自身的自主权来获得利益与更高的薪酬。也可能是通过压低员工的薪资，争取更多的利税上缴，凸显自己的政治绩效，以此获取晋升的政治资本。值得指出的是，目前的实证研究为这种利益的攫取提供了良好的"科学舆论"环境：较高的薪酬差距有利于企业绩效的提升（Brian 等，2013；张长征、李怀祖，2008；鲁海帆，2007；卢锐，2008）。

基于以上分析，国有企业 CEO 可能基于提升公司绩效的利企性动机，也可能是基于个人私利，多对高管—员工薪酬差距有正向操纵倾向。由此提出以下假设 H4.2-1：

H4.2-1：国有企业经理自主权与高管—员工薪酬差距正相关。

4.2.2　国有企业经理自主权对薪酬鸿沟的影响效应分析

随着薪酬差距的拉大，企业内部的锦标赛激励效应会限定在一个"天花板"上，处于增长乏力的状态；而与此同时，企业内部来自于员工的"被剥夺感""被蔑视感"和"不公平感"，则可能以指数形式快速上升。当社会比较理论视角下预期的负面影响效应超越锦标赛的正面激励效应时，"薪酬鸿沟现象"就出现了。因此，不论国有企业 CEO 出于利企性或者利己性目的过度提升内部薪酬差距时，都极有可能触发，甚至超越员工的"不公平容忍"阈值，导致薪酬鸿沟的出现。由此提出假设 H4.2-2、H4.2-3：

H4.2-2：国有企业经理自主权与薪酬鸿沟正相关。

H4.2-3：国有企业高管—员工薪酬差距的拉大是薪酬鸿沟形成的直接原因。

4.2.3　知识密集度对国有企业经理自主权与薪酬鸿沟关系的调节效应分析

本章研究认为，知识密集度对经理自主权与薪酬鸿沟的关系具有显著的调节效应。理由如下：

一方面，知识型企业的技术研究和技术投入需要高度的协作要求（Nandan，2014；Samir 和 Michael，2014），要求员工提供更多的个体创新行为、员工建言行为和知识共享行为，愿意呈现更高的关联绩效表现，并表现出对工作和企业更高的心理所有权状态。与之相对应的是，高管—员工间较大的薪酬差距，在一定程度上会降低员工心理所有权，破坏领导—成员交换质量，大幅度抑制员工之间的高效合作行为和优质信息共享，继而降低团队凝聚力，进一步影响团队成员之间的合作，甚至导致消极的组织政治行为，由此导致公司整体和未来业绩的下降。

由此，对于知识密集程度较高的行业，理性的 CEO 会采取相对缩小高管—员工薪酬差距的做法，即知识密集程度会对经理自主权与高管—员工薪酬差距之间的关系产生负面调节作用。按照该逻辑，在知识型企业中，经理自主权对高管—员工薪酬差距的操纵效应降低，从而导致出现薪酬鸿沟现象的概率会降低。

另一方面，知识型企业的高级管理人员和员工的责任存在明显差异。知识型企业高管通常需要拥有高水平的人力资本，负责制定和实施业务发展战略，对公司的成长和发展会产生实质性影响。高管的努力和责任远超过普通员工，因此高管本应得到比普通员工更多的报酬。知识强度高的行业对高级管理人员的知识含有量和专业水平的要求要高于知识密集度低的行业。由此，知识密集度可能正向强化经理自主权与高管—员工薪酬差距间的关系。按照这一逻辑，在知识型企业中，经理自主权对高管—员工薪酬差距的操纵效应提升，从而导致出现薪酬鸿沟现象的概率会提升。两种可能的调节效应，在现实当中，到底哪一种能够占据主导，是本章关注的核心问题之一，有待下文的实证数据检验。

因此，本章有以下假设：

H4.2-4：知识密集度能够调节国有企业经理自主权与薪酬鸿沟的正相关关系。

4.2.4 知识密集度对国有企业薪酬鸿沟绩效后果的调节效应分析

知识密集度高的行业，知识密集度可能会对薪酬鸿沟的绩效后果产生不同性质的调节作用。

一方面，知识型企业中，普通员工的基本素质相对较高，对薪酬鸿沟的心理承受度要比其他行业员工更强。此时，这些员工有更大可能比较正面地看待那些比自己获得更高薪酬水平的同事，将原因归结为同事创造的价值本来就更高。因此，知识密集度可能弱化薪酬鸿沟的负面绩效后果。

另一方面，知识型企业中，员工，尤其是核心员工的工作能力和工作投入对企业绩效的决定能力更强，而且又由于知识型员工的工作可见性、可预判性、可观测性差，更难以通过传统的惩罚和控制措施进行有效的监督和绩效控制。感受到薪酬鸿沟的知识型员工，能够在管理者不知情、无从观测的情况下，降低努力投入和创新行为，从而对企业绩效产生更高的负面影响。而对于传统的体力劳动占据主导位置的员工而言，即使其内心再不满意，感觉再不公平，由于其工作可观察性、可控制性、可考评性，乃至可替代性非常强，难以通过偷懒或降低工作努力的方式来实现心理失衡的调整，否则就会面临失去工作的风险。更进一步而言，这些员工的再就业能力没有办法与知识型员工竞争，更加珍惜现有的工作职位。所以，薪酬鸿沟状态下的员工可能只是感觉到了不公平和不幸福，但是对企业绩效的影响程度相对较低。因此，知识密集度可能强化了薪酬鸿沟的负面绩效后果。

因此，本章有以下假设：

H4.2-5：知识密集度能够调节国有企业薪酬鸿沟与企业绩效的负相关关系。

基于以上论述，本章提出的研究假设，汇总如表4.1所示：

表 4.1 假设列表

序号	假设
H4.2-1	国有企业经理自主权与高管—员工薪酬差距正相关
H4.2-2	国有企业经理自主权与薪酬鸿沟正相关
H4.2-3	国有企业高管—员工薪酬差距的拉大是薪酬鸿沟形成的直接原因
H4.2-4	知识密集度能够调节国有企业经理自主权与薪酬鸿沟的正相关关系
H4.2-5	知识密集度能够调节国有企业薪酬鸿沟与企业绩效的负相关关系

4.3 研究设计

4.3.1 样本选择和数据来源

样本选择方法和标准沿用第3章。拟继续以2006～2016年共11年沪深两市发行A股的国有上市公司数据为样本框，按照以下原则剔除不符合本章研究要求的公司，选择下文的研究样本：①剔除ST、PT公司；②鉴于金融、保险类企业资产结构及经营管理的特殊性，剔除金融、保险行业类的上市公司；③剔除年报信息披露不全的公司。如年报中没详细披露高管薪酬的公司；④剔除具有极端值的样本公司。如果样本公司的数据过高或过低，将严重影响模型的有效性，因此剔除上述数据。

根据以上标准最终得到沪、深两市8572条观测样本的非平衡面板数据作为研究样本。研究过程中主要使用了SPSS、Excel、Stata等统计软件。

4.3.2 研究变量操作定义

4.3.2.1 自变量

经理自主权（MDI）：关于经理自主权概念的分析和界定，已经在第1章做了详尽的描述，此处不再赘述。

基于相关文献（段艳霞，2014；李阳，2014；李有根，2002；母欣，2017；树友林，2011；张长征、李怀祖，2008；Zhang Changzheng，2011，2018），结合经理自主权的多维性、动态性和综合性特征，拟从职位权、关联权、资源运作权、行业自主权和所有权构建综合性指数（MDI）来衡量经理自主权。应用2008～2015年①电气机械及器材制造业，②化学原料及化学制品制造业，③计算机、通信和其他电子设备制造业，④汽车制造业，⑤石油加工、炼焦及核燃料加工业，⑥铁路、船舶、航空航天和其他运输设备制造业，⑦医药制造业，⑧仪器仪表制造业，⑨专用设备制造业九个知识密集型行业中数据完整、符合研究样本筛选条件要求的 A 股上市公司数据为经理自主权度量指标体系开发测度样本（下文称为"经理自主权测度样本"），对经理自主权度量指标体系进行有效性检验。

其中，依据现有文献，①职位权（SPP）拟由"董事长与总经理两职兼任与否"（SPPI）、"董事长与总经理在高管团队中的排位差加 1 取倒数"（SPP2）和"CEO 内部兼职数量"（SPP3）共同测度。应用经理自主权测度样本，基于主成分法的因子分析结果显示，三个指标因子载荷均大于 0.65，而且累计解释程度达到 76.65%。SPP1、SPP2、SPP3 能够有效度量职位权。②关联权（GLP）拟由"CEO 外部兼职的类型总个数"（GLP1）、"CEO 外部兼职的个数"（GLP2）和"CEO 外部兼职层次"（GLP3）共同测度。应用经理自主权测度样本，基于主成分法的因子分析结果显示，三个指标因子载荷均大于 0.80，而且累计解释程度达到 80.75%。GLP1、GLP2 和 GLP3 能够有效度量关联权。③资源运作权（COP）拟由"营运资金比率"（COPI）、"非固定资产比率"（COP2）和"流动资产比率"（COP3）共同测度。应用经理自主权测度样本，基于主成分法的因子分析结果显示，三个指标因子载荷均大于 0.85，而且累计解释程度达到 79.61%。COP1、COP2 和 COP3 能够有效度量资源运作权。④所有权（OSP）拟由"CEO 是否持股"（OSP1）、"CEO 持股数对数"（OSP2）和"CEO 持股数对数/非 CEO 高管最多持股数加 1 的对数"（OSP3）共同测度。应用经理自主权测度样本，基于主成分法的因子分析结果显示，三个指标因子载荷均大于 0.75，而且累计解释程度达到 62.67%。OSP1、OSPP2 和 OSP3 能够有效度量所有权。⑤行业自主权（HYZ）拟由"行业净利润增长率"（HYZ1）、"行业研发费用投入增长"（HYZ2）和"行业新产品国际收入增长"（HYZ3）三个指标共同测度。应用经理自主权测度样本，基于主成分法的因子分析结果显示，三个指标因子载荷均大于 0.64，而且累计解释程度达到 79.61%。HYZ1、HYZ2、HYZ3 能够有效度量行业自主权。

以上是将经理自主权各维度分别进行独立的因子分析，下文进一步将以上 15 个指标一次性纳入统一的因子分析，可以得到五个成分，总体解释力度达到了 73.32%。五个成分分别完美对应职位权（SPP）、关联权（GLP）、资源运作权（COP）、所有权（OSP）和行业自主权（HYZ）。其中，SPPI、SPP2 和 SPP3 可以提取为职位权因子（SPP），GLPI、GLP2 和 GLP3 能提取为关联权因子（GLP1），COP1、COP2 和 COP3 能提取为资源运作权因子（COP），OSP1、OSPP2 和 OSP3 能提取为所有权因子（OSP），而 HYZ1、HYZ2 和 HYZ3 能够提取为行业自主权因子（HYZ）。其中，最低因子载荷为 0.590，而最高因子载荷为 0.891，符合因子分析要求。此外，进一步对五个因子的度量指标进行一致性信度检验，结果表明均符合一致性信度要求。

具体而言，职位权（SPP）操作定义为"（SPP1+SPP2+SPP3）/3"，关联权（GLP）操作定义为"（GLPI + GLP2 + GLP3）/3"运作权（COP）操作定义为"（COP1+COP2+COP3）/3"，所有权（OSP）操作定义为"（OSP1+OSP2+OSP3）/3"，

行业自主权（HYZ）的操作定义为"（HYZ1+HYZ2+HYZ3）/3"。经理自主权指数（MDI）的操作定义为"（SPP+GLP+COP+OSP+HYZ）/5"。

此外，考虑到对五个因子进行平均值处理似乎难以摆脱主观判断的嫌疑，本章还基于经理自主权测度样本，采用每个因子的方差贡献率作为权数与该因子的得分乘数之和构造得分函数，以加权平均的方式测算经理自主权指数（MDI），作为MDI的替代性度量方式。以MDI1测度的经理自主权指数，采用本章设计的实证模型，拟合4.3.1中的样本数据，结果与MDI测度的经理自主权指数在下文所做出的实证发现相比，并无实质上的差异。

4.3.2.2　因变量

高管—员工薪酬差距（EEPD）：前三高管平均薪酬与员工平均薪酬水平差值的对数。员工薪酬水平的测算方式沿用第2章的测算方式。

薪酬鸿沟（HPG）：沿用第3章中开发的薪酬鸿沟度量指标体系。分别采用薪酬水平比较法（C_HPG1、C_HPG2、C_HPG3）、回归估计比较法（R_HPG1、R_HPG3、R_HPG4）和薪酬增长比较法（G_HPG1、G_HPG2、G_HPG5）测算三个薪酬鸿沟指标HPG1、R_HPG、G_HPG5。最终的薪酬鸿沟指数（HPG）取三者的平均值。此外，还设定HPG01作为薪酬鸿沟测度的替代性指标，即薪酬鸿沟指数大于样本均值的话，设定为1，认为发生了薪酬鸿沟现象；而薪酬鸿沟指数小于样本均值的话，设定为0，认为薪酬差距尚未发展至薪酬鸿沟，处于可接受阶段。

离职率（TURNOVER）：拟借鉴孙晓云（2016）将员工离职行为定义为虚拟变量，衡量企业是否发生员工离职，通过比较T期和T-1期的员工人数进行判断。若上一期的员工总规模比当期的员工总规模大，则认为有离职现象发生取1，否则为0。虽然该测量方式会有误差，但因为离职率并非本章最重要的研究变量，在变量测度上达到可接受的程度即可。

企业绩效（FPER）：在现有研究基础上（Siegel和Hambrick，2005；李四海等，2015），选取资产收益率（ROA）作为衡量公司绩效的指标，以净资产收益率（ROE）和每股收益（EPS）分别替代ROA，作为衡量公司绩效的稳健性检验指标。

4.3.2.3　调节变量

知识密集度（KID）：选取行业性质（IND）、员工学历（EED）、无形资产比例（RIA）这三个指标共同测度。具体如下：

行业性质（IND）：依据证监会对行业类型的划分（制造业按照细分后的二级行业，其他为一级行业），对知识密集型行业赋值为1；对其他行业则赋值为0。知识密集型行业具体包括：仪器仪表制造业、专用设备制造业、铁路、电气机械及器材制造业、船舶、汽车制造业、航空航天和其他运输设备制造业、医药制造业、通信和其他电子设备制造业、计算机、教育、科学研究和技术服务业、信息传输、软件和信息技术服务业；其他类型行业则具体包括：纺织业、橡胶和塑料制品业、化学纤维制造业、农副食品加工业、酒、饮料和精制茶制造业、造纸及纸制品业、有色金属冶炼和压延加工业、非金属矿物制品业、炼焦及核燃料加工业、石油加工、通用设备制造业、采矿业、电力、热力、燃气及水生产业、房地产业、建筑业、交通运输、仓储和邮政业、农、林、牧、渔业、批发和零售业、水利、环境和公共设施管理业、文化、体育和娱乐业、住宿和餐饮业、综合、租赁和商务服务业等行业。员工学历（EED）：从公司年报中，测算本科毕业及以上学历员工的比例。当该比例值小于样本均值时，EED 设定为 0；否则设定为 1。对少数未详细披露员工学历数据的企业，视同为学历程度整体上偏低，EED 设定为 0。无形资产比例（RIA）：对于无形资产比例低于样本平均值的设定为 0，对高于样本平均值的设定为 1。

最后，将以上三个指标加权平均得到知识密集度指数（KID）。

4.3.2.4　控制变量

本章除了以上主要研究变量外，还根据现有高管薪酬领域的研究文献，为有效规避对研究结论的获得产生不可逆转的遗漏偏差的可能干扰，选取了以下控制变量。

企业规模（FSIZE）：公司规模的扩大将使公司更难管理，相应的高管团体将需要做出更大的努力，高管的薪酬亦将会增加（Chen，Liu 和 Li，2010），薪酬差距便随之增大，从而提升薪酬鸿沟的出现概率；员工规模（NEMP）：员工数量越大，单个员工的话语权越小，而且员工之间的协同行动难度越大，从而导致在薪酬制定中被忽视甚至被牺牲（Chen，Liu 和 Li，2010），提升薪酬鸿沟的出现概率；股权集中度（FSR）：因为风险的存在，股东会选择投资多元化投资，而多元化会导致股东对任何单一公司都缺乏足够的重视，这将降低对公司 CEO 的监控效率，进而降低股东对 CEO 设定合理薪酬的能力（肖东生等，2014）。从而影响薪酬鸿沟出现的概率。本章以第一大股东的持股比例来衡量股权集中度；独立董事比率（RID）：独立董事在利益（理论上）上独立于上市公司，在决策上较少受到受高管约束，在一定程度上可以作出客观判断，进而能够相应地限制高管的决策权（Crespí-Cladera 和 Pascual-Fuster，2014），对高管薪酬制定能够进行有效约束，从而影响薪酬鸿沟出现的概率。

监事会比例（RSB）：监事会人数的数量在很大程度上限制了董事会的决策权，同时，亦避免了董事会或高管完全自制薪酬，增加了普通员工的发言权（肖东生等，2014），从而影响薪酬鸿沟现象的出现概率。以监事会规模与高管团队规模的比值作为衡量监事会影响的指标；股权制衡度（BDE）：以第二大股东与第一大股东持股比例的比值来衡量大股东之间的股权制衡程度（刘香伶，2013）。预期该制衡程度将影响薪酬鸿沟出现的概率；成立时间

（TIME）：一家企业成立时间会在一定程度上影响这家企业管理水平和管理资源的积累（Yongli Luo，2013），成立时间较早，则经过市场的长久考验，不仅该企业得到了发展的基础，同时也会使这家企业的 CEO 获得相应比较稳固的社会关系和地位；女性高管数量（NFE）：采用高管团队中女性高管数量的对数来衡量女性高管的规模。本章预期女性高管的性别特征将影响薪酬鸿沟出现的概率。

东部地区（EAST）：地区导致的薪酬差异已经成为常识（赵健梅、任雪薇，2014）。对有关地区的变量划分，将其他地区设为 0，东部地区设为 1；是否央企（CENT）：隶属于央企，将面临更为严格的薪酬监管与更慎重的社会责任，当然也会掌控更大的资源禀赋，因此，有理由推断是否央企将对企业的薪酬政策产生显著影响。如果隶属于央企，或者其最终控制者为中央国有资产管理委员会部门，赋值为 1；否则为 0；高管薪酬差距（ECP）：企业内部高管薪酬差距越高，越可能伴随着更高的 CEO 薪酬，也伴随着更大高管—员工薪酬差距（傅强、李雯雯，2012），从而影响薪酬鸿沟现象的诞生概率。取前三高管与其他高管薪酬的平均值之差的对数作为 ECP 的值；资产负债率（DEBT）：负债与资产之比代表企业的偿付能力，如若企业的偿付能力较低，则代表亦会影响到企业高管的薪酬激励水平（黎文靖、胡玉明，2012），进而影响薪酬鸿沟出现的概率。

4.3.3　实证模型设计

为验证假设 H4.2-1，拟设计基于 OLS 的多元回归模型（4.1）。

$$EEPD_{it} = \alpha + \gamma_1 FSIZE_{it} + \gamma_2 NEMP_{it} + \gamma_3 FSR_{it} + \gamma_4 RID_{it} + \gamma_5 BDE_{it} +$$
$$\gamma_6 NFE_{it} + \gamma_7 TIME_{it} + \gamma_8 EAST_{it} + \gamma_9 CENT_{it} + \gamma_{10} DEBT_{it} +$$
$$\gamma_{11} EPS_{it} + \gamma_{12} MDI_{it} + \varepsilon \qquad (4.1)$$

将样本数据分别代入模型（4.1），如果 γ_{12} 为正，则假设 H4.2-1 得到支持。

为验证假设 H4.2-2，拟设计基于 OLS 的多元回归模型（4.2）。

$$HPG_{it} = \alpha + \gamma_1 FSIZE_{it} + \gamma_2 NEMP_{it} + \gamma_3 FSR_{it} + \gamma_4 BDE_{it} + \gamma_5 NFE_{it} +$$
$$\gamma_6 TIME_{it} + \gamma_7 EAST_{it} + \gamma_8 CENT_{it} + \gamma_9 ECP_{it} + \gamma_{10} DEBT_{it} +$$
$$\gamma_{11} EPS_{it} + \gamma_{12} MDI_{it} + \varepsilon \qquad (4.2)$$

用样本数据拟合模型（4.2），如果 γ_{12} 为正，则假设 H4.2-2 得到支持。

为验证假设 H4.2-3，拟设计基于 OLS 的多元回归模型（4.3）。

$$HPG_{it} = \alpha + \gamma_1 FSIZE_{it} + \gamma_2 NEMP_{it} + \gamma_3 FSR_{it} + \gamma_4 RID_{it} + \gamma_5 RSB_{it} +$$
$$\gamma_6 NFE_{it} + \gamma_7 TIME_{it} + \gamma_8 EAST_{it} + \gamma_9 CENT_{it} + \gamma_{10} BDE_{it} +$$
$$\gamma_{11} DEBT_{it} + \gamma_{12} EEPD_{i(t-1)} + \varepsilon \qquad (4.3)$$

用样本数据拟合模型（4.3），如果 γ_{12} 为正，则假设 H4.2-3 得到支持。

为验证假设 H4.2-4，拟设计基于 OLS 的多元回归模型（4.4）。

$$HPG_{it} = \alpha + \gamma_1 FSIZE_{it} + \gamma_2 NEMP_{it} + \gamma_3 FSR_{it} + \gamma_4 RID_{it} + \gamma_5 RSB_{it} + \gamma_6 BDE_{it} +$$
$$\gamma_7 NFE_{it} + \gamma_8 TIME_{it} + \gamma_9 EAST_{it} + \gamma_{10} CENT_{it} + \gamma_{11} ECP_{i(t-1)} +$$
$$\gamma_{12} DEBT_{it} + \gamma_{13} MDI_{it} + \gamma_{14} EPS_{i(t-1)} + \gamma_{15} KID_{it} + \gamma_{16} ZKID_{it} \times ZMDI_{it} + \varepsilon \quad (4.4)$$

用样本数据拟合模型（4.4），如果 γ_{16} 为正，则假设 H4.2-4 得到支持。

为验证假设 H4.2-5，拟设计基于 OLS 的多元回归模型（4.5）。

$$ROA_{i(t+1)} = \alpha + \gamma_1 FSIZE_{it} + \gamma_2 NEMP_{it} + \gamma_3 FSR_{it} + \gamma_4 RID_{it} + \gamma_5 RSB_{it} +$$
$$\gamma_6 BDE_{it} + \gamma_7 NFE_{it} + \gamma_8 TIME_{it} + \gamma_9 EAST_{it} + \gamma_{10} CENT_{it} + \gamma_{11} ECP_{i(t-1)} +$$
$$\gamma_{12} DEBT_{it} + \gamma_{13} MDI_{it} + \gamma_{14} KID_{it} + \gamma_{15} HPG_{it} + \gamma_{16} ZHPG_{it} \times ZMDI_{it} + \varepsilon \quad (4.5)$$

用样本数据拟合模型（4.5），如果 γ_{16} 为正，则假设 H4.2-5 得到支持。

为验证假设 H4.2-5，拟设计基于 OLS 的多元回归模型（4.6）、模型（4.7）、模型（4.8）。

$$TURNOVER_{it} = \alpha + \gamma_1 FSIZE_{it} + \gamma_2 FSR_{it} + \gamma_3 RID_{it} + \gamma_4 RSB_{it} + \gamma_5 BDE_{it} +$$
$$\gamma_6 NFE_{it} + \gamma_7 TIME_{it} + \gamma_8 EAST_{it} + \gamma_9 CENT_{it} + \gamma_{10} DEBT_{it} +$$
$$\gamma_{11} ROA_{i(t-1)} + \gamma_{12} MDI_{it} + \varepsilon \quad (4.6)$$

$$HPG_{it} = \alpha + \gamma_1 FSIZE_{it} + \gamma_2 FSR_{it} + \gamma_3 RID_{it} + \gamma_4 RSB_{it} + \gamma_5 BDE_{it} +$$
$$\gamma_6 NFE_{it} + \gamma_7 TIME_{it} + \gamma_8 EAST_{it} + \gamma_9 CENT_{it} + \gamma_{10} DEBT_{it} +$$
$$\gamma_{11} ROA_{i(t-1)} + \gamma_{12} MDI_{it} + \varepsilon \quad (4.7)$$

$$TURNOVER_{it} = \alpha + \gamma_1 FSIZE_{it} + \gamma_2 FSR_{it} + \gamma_3 RID_{it} + \gamma_4 RSB_{it} + \gamma_5 BDE_{it} +$$
$$\gamma_6 NFE_{it} + \gamma_7 TIME_{it} + \gamma_8 EAST_{it} + \gamma_9 CENT_{it} + \gamma_{10} DEBT_{it} +$$
$$\gamma_{11} ROA_{i(t-1)} + \gamma_{12} MDI_{it} + \gamma_{13} HPG_{it} + \gamma_{14} ZMDI_{it} \times ZHPG_{it} + \varepsilon \quad (4.8)$$

为验证假设 H4.2-5，拟设计基于 OLS 的多元回归模型（4.9）。

$$EEPD_{it} = \alpha + \gamma_1 FSIZE_{it} + \gamma_2 NEMP_{it} + \gamma_3 FSR_{it} + \gamma_4 RID_{it} + \gamma_5 RSB_{it} +$$
$$\gamma_6 NFE_{it} + \gamma_7 TIME_{it} + \gamma_8 EAST_{it} + \gamma_9 CENT_{it} + \gamma_{10} ECP_{i(t-1)} +$$
$$\gamma_{11} DEBT_{it} + \gamma_{12} MDI_{it} + \varepsilon \quad (4.9)$$

4.3.4　变量描述性统计与相关性分析

鉴于本章研究中的主要研究变量，除经理自主权和知识密集度之外，在上一章中，对其描述性统计与相关性都进行了分析，并给出了具体的分析结果，在本章中，我们在此部分，重点对经理自主权、知识密集度以及二者与其他变量之间的关系进行分析。结果如表4.2、表4.3、表4.4所示。

表 4.2　经理自主权与知识密集度的描述性统计

	N	Minimum	Maximum	Mean	Std. Deviation
MDI	8572	0.00	1.00	0.3306	0.24478
KDI	8572	0.00	1.00	0.2644	0.29064
Valid N（listwise）	8572				

表4.3 经理自主权与其他变量的相关性分析

Pearson Correlation	HPG	FSIZE	NEMP	FSR	RID	RSB	BDE	NFE	TIME
MDI	0.442**	0.144**	0.108**	−0.088**	0.032**	−0.004	0.035**	0.072**	0.104**

Pearson Correlation	EAST	CENT	ECP	DEBT	ROE	ROA	EPS	PRICE	CFP4
MDI	0.082**	−0.016	0.197**	−0.068**	0.041**	0.059**	0.071**	0.072**	0.094**

注：n=8572；* 和 ** 分别表示在5%和1%水平上显著。

为验证变量之间是否存在某种依赖关系，需要进行相关分析，而进行相关分析，要求变量尽量服从正态分布，而回归分析也是基于变量正态分布的前提。因此，有必要检查关键变量的正态性，为后续假设验证的准确性提供前提。本章借鉴李金旱（2008）介绍的正态性检验方法，通过直方图对经理自主权、知识密集度、薪酬鸿沟、公司绩效关键研究变量进行直观观察。结果表明，由于研究样本相对较大，变量分布基本符合正态分布要求，适合回归分析。

表4.4 知识密集度与其他变量的相关性分析

Pearson Correlation	HPG	FSIZE	NEMP	FSR	RID	RSB	BDE	NFE	TIME
KID	0.234**	−0.065**	0.089**	−0.045**	−0.010	−0.025*	0.004	−0.035**	−0.022*

Pearson Correlation	EAST	CENT	ECP	DEBT	ROE	ROA	EPS	PRICE	CFP4
KID	−0.091**	0.096**	−0.004	−0.050**	−0.150**	−0.126**	−0.113**	0.057**	−0.135**

注：n=8572；* 和 ** 分别表示在5%和1%水平上显著。

4.4 实证分析

4.4.1 H 4.2-1检验：国有企业经理自主权与高管—员工薪酬差距

4.4.1.1 经理自主权与高管绝对薪酬差距关系分析

应用样本数据，对模型（4.1）进行拟合，结果如表4.5所示。回归结果显示，模型（4.1）的解释方差效度为31.4%，F值为300.977，且在1%的统计水平上显著，表明该模型与样本数据的拟合度符合要求。数据分析结果显示，企业规模（FSIZE）对高管—员工薪酬差距的回归系数在所有控制变量中是最大的（β=0.263），显著性程度也最高（T=18.166）。该结果验证了当前其他研究的结论，企业资产规模对拉大高管—员工薪酬差距具有至关重要的作用。

表 4.5 国有企业经理自主权（MDI）与高管—员工绝对薪酬差距（EEPD）关系回归结果

模型	变量	非标准化		标准系数	t	Sig.
		系数 B	标准误差	β		
	（Constant）	7.592	0.163		46.458	0.000
	FSIZE	0.177	0.010	0.263	18.166	0.000
	NEMP	0.095	0.009	0.138	10.587	0.000
	FSR	−0.401	0.073	−0.066	−5.515	0.000
	RID	0.020	0.158	0.001	0.129	0.897
	RSB	−0.677	0.146	−0.042	−4.627	0.000
	BDE	0.166	0.038	0.047	4.310	0.000
（4.1）	NFE	0.078	0.009	0.078	8.464	0.000
	TIME	0.020	0.002	0.117	12.224	0.000
	EAST	0.297	0.018	0.157	16.932	0.000
	CENT	0.191	0.018	0.097	10.610	0.000
	DEBT	−0.440	0.043	−0.100	−10.143	0.000
	EPS	0.274	0.014	0.182	19.124	0.000
	MDI	0.522	0.036	0.136	14.625	0.000
模型拟合参数	R^2	0.314	F	300.977	Sig.	0.000

表 4.5 显示，经理自主权（MDI）的标准化回归系数为 0.136，显著度为 0.000。结果表明，经理自主权将正向操纵高管—员工薪酬差距。假设 H4.2-1 得到验证。

4.4.1.2 经理自主权与高管相对薪酬差距关系分析

为进一步检验假设 H4.2-1 的稳健性，将模型（4.1）中的 EEPD 替换成高管—员工薪酬比值（EEPR），审视实证结论是否会因为薪酬差距度量方式不同而变化。回归结果如表 4.6 所示。

$$EEPR_{it} = \alpha + \gamma_1 FSIZE_{it} + \gamma_2 NEMP_{it} + \gamma_3 FSR_{it} + \gamma_4 RID_{it} + \gamma_5 BDE_{it} +$$
$$\gamma_6 NFE_{it} + \gamma_7 TIME_{it} + \gamma_8 EAST_{it} + \gamma_9 CENT_{it} + \gamma_{10} DEBT_{it} +$$
$$\gamma_{11} EPS_{it} + \gamma_{12} MDI_{it} + \varepsilon \qquad (4.10)$$

表 4.6 显示，经理自主权（MDI）的标准化回归系数为 0.059，显著度为 0.000。结果表明，即使改变薪酬差距的度量方式，经理自主权仍将正向操纵高管—员工相对薪酬差距。假设 H4.2-1 再次得到验证。

值得指出的是，不论是采用相对薪酬差距，还是绝对薪酬差距的度量方式，女性高管规模（NFE）对高管—员工薪酬差距的正向促进作用都是在 1% 的水平上显著的。这表明，与常识中大众对其性别的刻板印象不同，女性高管在薪酬设定过程中，不是追求更公平的分配方式，更融洽的工作氛围，而似乎是更为理性地倾向于拉大企业内部的薪酬差距，以追求更高的财务绩效水平。

表 4.6　国有企业经理自主权（MDI）与高管—员工相对薪酬差距（EEPR）关系回归结果

模型	变量	非标准化		标准系数	t	Sig.
		系数 B	标准误差	β		
（4.10）	（Constant）	10.116	1.052		9.618	0.000
	FSIZE	−0.783	0.063	−0.194	−12.490	0.000
	NEMP	1.974	0.058	0.476	34.123	0.000
	FSR	−6.449	0.468	−0.176	−13.772	0.000
	RID	−0.890	1.020	−0.009	−0.873	0.383
	RSB	−4.905	0.942	−0.050	−5.207	0.000
	BDE	0.626	0.247	0.030	2.533	0.011
	NFE	0.580	0.060	0.096	9.737	0.000
	TIME	0.001	0.010	0.001	0.103	0.918
	EAST	1.298	0.113	0.114	11.507	0.000
	CENT	0.219	0.116	0.019	1.894	0.058
	DEBT	−0.285	0.279	−0.011	−1.022	0.307
	EPS	1.502	0.092	0.167	16.310	0.000
	MDI	1.358	0.230	0.059	5.911	0.000
模型拟合参数	R^2	0.210	F	175.787	Sig.	0.000

4.4.2　H 4.2-2 检验：国有企业经理自主权与薪酬鸿沟的形成

4.4.2.1　经理自主权与薪酬鸿沟指数的曲线关系分析

运用 SPSS 程序里提供的 11 种曲线函数，在不考虑控制变量的情况下，对经理自主权（MDI）与薪酬鸿沟（HGP）进行数据拟合，拟合结果如表 4.7 所示。结果显示，只有线性函数、二次曲线函数和三次曲线函数能够通过模型显著性检验。三者的解释力度相同，都是 14.6%。根据模型精简性的原则，有理由认为，二者关系本质上是正的线性关系。无控制变量情况下，假设 H4.2-2 成立。

表 4.7　国有企业经理自主权（MDI）与薪酬鸿沟（HPG）关系的曲线回归结果

Equation	Model Summary					Parameter Estimates			
	R Square	F	df1	df2	Sig.	Constant	b1	b2	b3
Linear	0.146	1461.163	1	8570	0.000	0.215	0.429		
Quadratic	0.146	733.000	2	8569	0.000	0.222	0.369	0.082	
Cubic	0.146	489.132	3	8568	0.000	0.224	0.308	0.284	−0.162

4.4.2.2　经理自主权与薪酬鸿沟指数的多元线性回归分析

应用样本数据，对模型（4.2）进行拟合，结果如表 4.8 所示。回归结果显示，模型（4.2）的解释方差效度为32.5%，F值为294.024，且在1%的统计水平上显著，表明该模型与样本数据的拟合度符合要求。

分析结果显示，员工数量（NEMP）对高管—员工薪酬差距的回归系数显著为正（β=0.168，t=12.952）。该结果表明，员工数量将提升薪酬鸿沟出现的概率。员工数量越大，则每一个员工的重要性下降，而且员工之间的分散难以形成合力与企业进行薪酬谈判。因此，员工整体上更加处于薪酬谈判的弱势地位，员工个体将会感觉到受到忽视，更容易感知到不公。

表4.8 国有企业经理自主权（MDI）与薪酬鸿沟（HPG）关系回归结果

模型	变量	非标准化		标准系数	t	Sig.
		系数 B	标准误差	β		
(4.2)	(Constant)	−0.439	0.054		−8.070	0.000
	FSIZE	−0.038	0.003	−0.195	−13.133	0.000
	NEMP	0.034	0.003	0.168	12.952	0.000
	RID	0.162	0.046	0.032	3.518	0.000
	RSB	−0.087	0.043	−0.018	−2.039	0.041
	BDE	−0.026	0.011	−0.025	−2.284	0.022
	NFE	0.000	0.003	0.001	0.079	0.937
	TIME	0.001	0.000	0.030	3.130	0.002
	EAST	−0.034	0.005	−0.061	−6.483	0.000
	CENT	0.008	0.005	0.014	1.493	0.135
	ECP	0.100	0.003	0.307	29.343	0.000
	DEBT	0.150	0.013	0.117	11.797	0.000
	EPS	−0.141	0.004	−0.321	−33.30	0.000
	MDI	0.404	0.010	0.359	38.679	0.000
模型拟合参数	R^2	0.325	F	294.024	Sig.	0.000

表4.8显示，经理自主权（MDI）的标准化回归系数为0.359，显著度为0.000。结果表明，经理自主权将显著正向影响薪酬鸿沟。假设 H4.2-2 得到验证。

4.4.2.3 经理自主权与薪酬鸿沟存在性（HPG01）的多元线性回归分析

为进一步检验假设 H4.2-2 的稳健性，将模型（4.2）中的 HPG 替换成 HPG01（是否出现薪酬鸿沟），进行数据分析。回归结果如表4.9所示。

$$HPG01_{it} = \alpha + \gamma_1 FSIZE_{it} + \gamma_2 NEMP_{it} + \gamma_3 FSR_{it} + \gamma_4 BDE_{it} + \gamma_5 NFE_{it} +$$
$$\gamma_6 TIME_{it} + \gamma_7 EAST_{it} + \gamma_8 CENT_{it} + \gamma_9 ECP_{it} + \gamma_{10} DEBT_{it} +$$
$$\gamma_{11} EPS_{it} + \gamma_{12} MDI_{it} + \varepsilon \qquad (4.11)$$

表4.9显示，经理自主权（MDI）的标准化回归系数为0.306，显著度为0.000。结果表明，即使改变薪酬鸿沟的度量方式，经理自主权仍将正向影响薪

酬鸿沟，而且在影响程度上显著超越了其他变量的影响。假设 H4.2-2 再次得到验证。

表 4.9 国有企业经理自主权（MDI）与薪酬鸿沟（HPG01）关系回归结果

模型	变量	非标准化		标准系数	t	Sig.
		系数 B	标准误差	β		
(4.11)	（Constant）	−0.433	0.106		−4.087	0.000
	FSIZE	−0.067	0.006	−0.189	−11.879	0.000
	NEMP	0.044	0.005	0.120	8.638	0.000
	FSR	−0.163	0.041	−0.050	−3.967	0.000
	RID	0.183	0.090	0.020	2.040	0.041
	RSB	−0.250	0.083	−0.029	−3.017	0.003
	BDE	−0.040	0.022	−0.021	−1.829	0.067
	NFE	−0.003	0.005	−0.005	−0.509	0.611
	TIME	0.002	0.001	0.024	2.279	0.023
	EAST	−0.050	0.010	−0.050	−4.949	0.000
	CENT	0.020	0.010	0.019	1.944	0.052
	ECP	0.155	0.007	0.264	23.489	0.000
	DEBT	0.162	0.025	0.070	6.559	0.000
	EPS	−0.202	0.008	−0.253	−24.506	0.000
	MDI	0.624	0.020	0.306	30.741	0.000
模型拟合参数	R^2	0.223	F	175.397	Sig.	0.000

值得指出的是，根据表 4.9 的结果，第一大持股比例（FSR）对薪酬鸿沟的形成有一定的抑制作用（β = −0.050，T = −3.967），该作用在 1% 的水平上显著。该结果表明，第一大股东持股比例越高，其对企业长期绩效更为关注，愿意投入更多精力在企业内部薪酬治理上，从而使内部薪酬鸿沟出现的概率较低。

4.4.2.4 经理自主权与薪酬鸿沟存在性（HPG01）的逻辑回归分析

鉴于 HPG01 属于非连续性虚拟变量，在作为因变量时，如果使用线性回归模型，会发生较大的回归效应偏差。因此，尝试采用二元逻辑回归再次检验假设 H4.2-2。

表 4.10 显示，即使运用逻辑回归模型，经理自主权（MDI）的回归系数仍显著为正（B = 3.300，Sig. = 0.000）。结果表明，即使改变实证分析的统计模型，经理自主权仍将正向影响薪酬鸿沟。假设 H4.2-2 第三次得到验证。与此同时，第一大股东持股比例对薪酬鸿沟的影响仍然显著为正（β = −0.886，P = 0.000），可见大股东对薪酬鸿沟的抑制效应具有稳健性。

表4.10　国有企业经理自主权（MDI）与薪酬鸿沟（HPG01）关系的二元逻辑回归结果

模型	变量	B	S. E.	Wals	df	Sig.	Exp（B）
	FSIZE	−0.337	0.031	120.515	1	0.000	0.714
	NEMP	0.233	0.027	74.226	1	0.000	1.263
	FSR	−0.866	0.217	15.980	1	0.000	0.421
	RID	0.776	0.479	2.627	1	0.105	2.174
	RSB	−1.076	0.436	6.100	1	0.014	0.341
	BDE	−0.219	0.114	3.663	1	0.056	0.804
	NFE	−0.028	0.028	1.009	1	0.315	0.973
（4.11）	TIME	0.003	0.005	0.410	1	0.522	1.003
	EAST	−0.284	0.054	27.650	1	0.000	0.753
	CENT	0.083	0.054	2.336	1	0.126	1.086
	ECP	0.982	0.041	564.060	1	0.000	2.671
	DEBT	0.663	0.133	24.710	1	0.000	1.941
	EPS	−1.885	0.074	640.841	1	0.000	0.152
	MDI	3.300	0.116	803.969	1	0.000	27.103
	（Constant）	−6.863	0.589	136.017	1	0.000	0.001
模型拟合参数	卡方	2474.477	Cox & Snell R^2		0.251	Nagelkerke R^2	0.335

4.4.3　H4.2-3检验：国有企业高管—员工薪酬差距的拉大是薪酬鸿沟形成的直接原因

4.4.3.1　高管绝对薪酬差距（EEPD）与薪酬鸿沟的关系分析

应用样本数据，对模型（4.3）进行拟合，结果如表4.11所示。回归结果显示，模型（4.3）的解释方差效度为14.4%，F值为120.427，且在1%的统计水平上显著，表明该模型与样本数据的拟合度符合要求。

表4.11　国有企业高管—员工薪酬差距（EEPD）与薪酬鸿沟（HPG）关系回归结果

模型	变量	非标准化		标准系数	t	Sig.
		系数 B	标准误差	β		
	（Constant）	−0.282	0.057		−4.902	0.000
	FSIZE	−0.042	0.003	−0.215	−13.214	0.000
	NEMP	0.021	0.003	0.106	7.261	0.000
（4.3）	FSR	−0.161	0.024	−0.090	−6.836	0.000
	RID	0.198	0.052	0.039	3.829	0.000
	RSB	−0.032	0.048	−0.007	−0.669	0.504
	NFE	0.000	0.003	0.001	0.060	0.952

续表

模型	变量	非标准化		标准系数	t	Sig.
		系数 B	标准误差	β		
	TIME	0.004	0.001	0.078	7.218	0.000
	EAST	−0.019	0.006	−0.035	−3.318	0.001
	CENT	0.013	0.006	0.023	2.227	0.026
	BDE	−0.035	0.013	−0.034	−2.811	0.005
	DEBT	0.191	0.014	0.149	13.746	0.000
	EEPD	0.102	0.003	0.349	29.892	0.000
模型拟合参数	R²	0.144	F	120.427	Sig.	0.000

数据分析结果显示，独立董事比例（RID）对薪酬鸿沟的影响效应显著为正（β = 0.039，t = 3.829）。

该结果表明，独立董事的存在反而会提升薪酬鸿沟出现的概率。其原因可能在于独立董事并不真的"独立"，也可能在于独立董事受到了当前主流研究结果的影响，认为更大的薪酬差距有利于企业绩效，反而忽略了可能出现的薪酬鸿沟现象。显然，数据表明，独立董事并没有真正能够落实其公司治理实践的监督职能。

表 4.11 显示，高管—员工薪酬差距（EEPD）的标准化回归系数为 0.349，显著度为 0.000。结果表明，高管—员工薪酬差距显著正向影响薪酬鸿沟，而且从影响程度上而言，可以认定为是薪酬鸿沟现象的直接原因。假设 H4.2-3 得到验证。

4.4.3.2　高管—员工相对薪酬差距（EEPR）与薪酬鸿沟的关系分析

为进一步检验假设 H4.2-3 的稳健性，拟将回归模型（4.3）中的 EEPD 替换成高管—员工相对薪酬差距（EEPR），构建模型（4.12）。回归结果如表 4.12 所示。回归结果显示，模型（4.12）的解释方差效度为 12.5%，F 值为 102.062，且在 1% 的统计水平上显著，表明该模型与样本数据的拟合度符合要求。

$$HPG_{it} = \alpha + \gamma_1 FSIZE_{it} + \gamma_2 NEMP_{it} + \gamma_3 FSR_{it} + \gamma_4 RID_{it} + \gamma_5 RSB_{it} +$$
$$\gamma_6 NFE_{it} + \gamma_7 TIME_{it} + \gamma_8 EAST_{it} + \gamma_9 CENT_{it} + \gamma_{10} BDE_{it} +$$
$$\gamma_{11} DEBT_{it} + \gamma_{12} EEPR_{i(t-1)} + \varepsilon \qquad (4.12)$$

表 4.12　国有企业高管—员工薪酬差距（EEPR）与薪酬鸿沟（HPG）关系回归结果

模型	变量	非标准化		标准系数	t	Sig.
		系数 B	标准误差	β		
	（Constant）	0.301	0.053		5.644	0.000
	FSIZE	−0.010	0.003	−0.050	−3.134	0.002
（4.12）	NEMP	0.001	0.003	0.007	0.469	0.639
	FSR	−0.116	0.024	−0.065	−4.798	0.000
	RID	0.210	0.052	0.041	4.011	0.000
	RSB	−0.030	0.048	−0.006	−0.630	0.529

模型	变量	非标准化		标准系数	t	Sig.
		系数 B	标准误差	β		
	NFE	−4. 849E−5	0. 003	0. 000	−0. 016	0. 987
	TIME	0. 006	0. 001	0. 118	10. 974	0. 000
	EAST	−0. 008	0. 006	−0. 014	−1. 288	0. 198
	CENT	0. 028	0. 006	0. 049	4. 746	0. 000
	BDE	−0. 027	0. 013	−0. 026	−2. 125	0. 034
	DEBT	0. 140	0. 014	0. 110	10. 153	0. 000
	EEPR	0. 016	0. 001	0. 295	26. 179	0. 000
模型拟合参数	R^2	0. 125	F	102. 062	Sig.	0. 000

表 4.12 显示，高管—员工相对薪酬差距（EEPR）的标准化回归系数为 0.295，显著度为 0.000。稳健性检验结果表明，高管员工相对薪酬差距仍显著正向影响薪酬鸿沟。假设 H4.2-3 再次得到验证。

4.4.3.3 高管—员工绝对薪酬差距（EEPD）与薪酬鸿沟存在性（HPG01）的关系分析

为进一步检验假设 H4.2-3 在薪酬鸿沟度量方法改变情况下的稳健性，拟将回归模型（4.3）中的 HPG 替换成 HPG01，构建模型（4.13）。回归结果如表 4.13 所示。回归结果显示，模型（4.13）的解释方差效度为 12.5%，F 值为 83.743，且在 1% 的统计水平上显著，表明该模型与样本数据的拟合度符合要求。

表 4.13　国有企业高管—员工薪酬差距（EEPD）与薪酬鸿沟（HPG01）关系回归结果

模型	变量	非标准化		标准系数	t	Sig.
		系数 B	标准误差	β		
	（Constant）	−0. 263	0. 107		−2. 469	0. 014
	FSIZE	−0. 073	0. 006	−0. 204	−12. 261	0. 000
	NEMP	0. 024	0. 005	0. 065	4. 356	0. 000
	FSR	−0. 264	0. 044	−0. 081	−6. 021	0. 000
	RID	0. 229	0. 096	0. 025	2. 391	0. 017
	RSB	−0. 164	0. 089	−0. 019	−1. 852	0. 064
（4.13）	NFE	−0. 003	0. 006	−0. 005	−0. 461	0. 645
	TIME	0. 005	0. 001	0. 061	5. 569	0. 000
	EAST	−0. 030	0. 011	−0. 030	−2. 765	0. 006
	CENT	0. 026	0. 011	0. 025	2. 394	0. 017
	BDE	−0. 056	0. 023	−0. 030	−2. 392	0. 017
	DEBT	0. 218	0. 026	0. 094	8. 469	0. 000
	EEPD	0. 165	0. 006	0. 311	26. 075	0. 000
模型拟合参数	R^2	0. 125	F	83. 743	Sig.	0. 000

$$HPG01_{it} = \alpha + \gamma_1 FSIZE_{it} + \gamma_2 NEMP_{it} + \gamma_3 FSR_{it} + \gamma_4 RID_{it} + \gamma_5 RSB_{it} +$$
$$\gamma_6 NFE_{it} + \gamma_7 TIME_{it} + \gamma_8 EAST_{it} + \gamma_9 CENT_{it} + \gamma_{10} BDE_{it} +$$
$$\gamma_{11} DEBT_{it} + \gamma_{12} EEPD_{i(t-1)} + \varepsilon \qquad (4.13)$$

表 4.13 显示，高管—员工绝对薪酬差距（EEPD）针对薪酬鸿沟存在性（HPG01）的标准化回归系数为 0.311，显著度为 0.000。结果表明，高管—员工绝对薪酬差距显著正向影响薪酬鸿沟存在的概率。假设 H4.2-3 第三次得到验证。

表 4.13 还表明，监事会比例的标准化回归系数为（β = −0.019，t = −1.852）。结果显示，监事会并不是像很多研究中所认定的纯粹意义上的"花瓶"，在薪酬鸿沟形成的过程中，其实还是起到了一定的抑制作用。只是该效应在强度和显著度上都有待进一步提升。

4.4.3.4 高管—员工相对薪酬差距（EEPD）与薪酬鸿沟存在性（HPG01）的关系分析

为进一步检验假设 H4.2-3 在薪酬鸿沟度量方法和高管—员工薪酬差距均改变的情况下是否仍然成立，拟将回归模型（4.3）中的 HPG 替换成 HPG01，并将 EEPD 替换成 EEPR，构建模型（4.14）。回归结果如表 4.14 所示。回归结果显示，模型（4.14）的解释方差效度为 8.5%，F 值为 66.104，且在 1% 的统计水平上显著，表明该模型与样本数据的拟合度符合要求。

$$HPG01_{it} = \alpha + \gamma_1 FSIZE_{it} + \gamma_2 NEMP_{it} + \gamma_3 FSR_{it} + \gamma_4 RID_{it} + \gamma_5 RSB_{it}$$
$$+ \gamma_6 NFE_{it} + \gamma_7 TIME_{it} + \gamma_8 EAST_{it} + \gamma_9 CENT_{it} + \gamma_{10} BDE_{it}$$
$$+ \gamma_{11} DEBT_{it} + \gamma_{12} EEPD_{i(t-1)} + \varepsilon \qquad (4.14)$$

表 4.14 显示，高管—员工相对薪酬差距（EEPR）的针对薪酬鸿沟存在性（HPG01）的标准化回归系数为 0.252，显著度为 0.000。结果表明，高管—员工相对薪酬差距显著正向影响薪酬鸿沟存在的概率。假设 H4.2-3 第四次得到验证。

表 4.14　国有企业高管—员工薪酬差距（EEPR）与薪酬鸿沟（HPG01）关系回归结果

模型	变量	非标准化		标准系数	t	Sig.
		系数 B	标准误差	β		
(4.14)	(Constant)	0.687	0.099		6.957	0.000
	FSIZE	−0.021	0.006	−0.059	−3.588	0.000
	NEMP	−0.006	0.006	−0.017	−1.056	0.291
	FSR	−0.197	0.045	−0.061	−4.406	0.000
	RID	0.247	0.097	0.027	2.543	0.011
	RSB	−0.168	0.090	−0.019	−1.867	0.062
	NFE	−0.002	0.006	−0.004	−0.389	0.697
	TIME	0.009	0.001	0.097	8.842	0.000
	EAST	−0.009	0.011	−0.009	−0.861	0.389
	CENT	0.051	0.011	0.049	4.603	0.000

模型	变量	非标准化		标准系数	t	Sig.
		系数 B	标准误差	β		
	BDE	−0.042	0.024	−0.022	−1.775	0.076
	DEBT	0.135	0.026	0.058	5.259	0.000
	EEPR	0.025	0.001	0.252	21.804	0.000
模型拟合参数	R^2	0.085	F	66.104	Sig.	0.000

表 4.14 还表明，公司成立时间的标准化回归系数为（β = 0.097，t = 8.842）。结果显示，公司成立时间越长，越容易形成薪酬鸿沟现象。公司成立时间越长，其积累的官本位文化和官僚行为模式就会相对更为盛行，从而包括 CEO 在内的高管团队的进取心和利企性动机将会削弱，而对员工利益的忽视和不尊重也将日益增长，从而可能过度拉大高管—员工薪酬差距，最终导致薪酬鸿沟现象的出现概率提升。

4.4.3.5 高管员工薪酬增长率（G_ EEPD）与薪酬鸿沟（HPG）的关系分析

最后，为进一步确认高管—员工薪酬差距变化是薪酬鸿沟形成的直接原因，我们预期高管员工薪酬差距的增长率（G_ EEPR）将对薪酬鸿沟产生更为直接的影响。在模型（4.3）的基础上，将 EEPD 替换成 G_ EEPD，构建模型（4.15）。回归结果如表 4.15 所示。回归结果显示，模型（4.15）的解释方差效度为 8.5%，F 值为 66.104，且在 1% 的统计水平上显著，表明该模型与样本数据的拟合度符合要求。

表 4.15 国有企业高管—员工薪酬差距（G_ EEPD）与薪酬鸿沟（HPG）关系回归结果

模型	变量	非标准化		标准系数	t	Sig.
		系数 B	标准误差	β		
	（Constant）	−0.375	0.049		−7.649	0.000
	FSIZE	0.017	0.003	0.087	6.025	0.000
	NEMP	0.024	0.003	0.117	8.986	0.000
	FSR	−0.191	0.021	−0.107	−9.072	0.000
	RID	0.076	0.046	0.015	1.638	0.101
	RSB	−0.141	0.043	−0.030	−3.288	0.001
（4.15）	NFE	0.014	0.003	0.047	5.146	0.000
	TIME	0.005	0.000	0.112	11.727	0.000
	EAST	0.040	0.005	0.073	7.840	0.000
	CENT	0.038	0.005	0.067	7.278	0.000
	BDE	0.007	0.011	0.007	0.660	0.509
	DEBT	−0.014	0.012	−0.011	−1.161	0.246
	G_ EEPD	0.710	0.012	0.541	56.893	0.000
模型拟合参数	R^2	0.085	F	66.104	Sig.	0.000

$$HPG_{it} = \alpha + \gamma_1 FSIZE_{it} + \gamma_2 NEMP_{it} + \gamma_3 FSR_{it} + \gamma_4 RID_{it} + \gamma_5 RSB_{it} +$$
$$\gamma_6 NFE_{it} + \gamma_7 TIME_{it} + \gamma_8 EAST_{it} + \gamma_9 CENT_{it} + \gamma_{10} BDE_{it} +$$
$$\gamma_{11} DEBT_{it} + \gamma_{12} G\_EEPD_{i(t-1)} + \varepsilon \qquad (4.15)$$

表 4.15 显示，高管—员工薪酬差距增长率（G_EEPR）针对薪酬鸿沟程度（HPG）的标准化回归系数为 0.541，显著为 0.000。从动态的视角，结果表明，高管—员工相对薪酬差距的额外增长更容易引起薪酬鸿沟程度的提升。假设 H4.2-3 第五次得到验证。

表 4.15 还表明，是否位于东部地区（EAST）的标准化回归系数为（β= 0.073，t=7.840）。结果显示，从目前的数据分析看，东部地区的薪酬鸿沟现象似乎更加严重。

4.4.4 H4.2-4 检验：知识密集度对国有企业经理自主权与薪酬鸿沟关系的调节效应

4.4.4.1 KID 对国有企业经理自主权（MDI）与薪酬鸿沟（HPG）关系的调节效应

应用样本数据，对模型（4.4）进行拟合，结果如表 4.16 所示。回归结果显示，模型（4.4）的解释方差效度为 36.3%，F 值为 305.073，且在 1% 的统计水平上显著，表明该模型与样本数据的拟合度符合要求。

数据分析结果显示，是否央企（CENT）对薪酬鸿沟的回归系数不显著（β=−0.001，t=−0.113）。该结果表明，央企与地方国有企业之间，在薪酬鸿沟现象上似乎并无显著差异，这与第 2 章的方差分析结果有所差异。

表 4.16 知识密集度对国有企业经理自主权（MDI）
与薪酬鸿沟（HPG）关系的调节效应回归结果

模型	变量	非标准化		标准系数	t	Sig.
		系数 B	标准误差	β		
(4.4)	(Constant)	−0.572	0.053		−10.742	0.000
	FSIZE	−0.030	0.003	−0.152	−10.457	0.000
	NEMP	0.024	0.003	0.120	9.417	0.000
	FSR	−0.082	0.021	−0.046	−4.002	0.000
	RID	0.168	0.045	0.033	3.757	0.000
	RSB	−0.056	0.041	−0.012	−1.354	0.176
	BDE	−0.020	0.011	−0.020	−1.848	0.065
	NFE	0.002	0.003	0.005	0.617	0.537
	TIME	0.002	0.000	0.035	3.782	0.000
	EAST	−0.026	0.005	−0.048	−5.187	0.000
	CENT	−0.001	0.005	−0.001	−0.113	0.910
	ECP	0.096	0.003	0.296	29.021	0.000

续表

模型	变量	非标准化		标准系数	t	Sig.
		系数 B	标准误差	β		
	DEBT	0.161	0.012	0.126	13.076	0.000
	MDI	0.374	0.010	0.333	36.630	0.000
	EPS	−0.130	0.004	−0.295	−31.310	0.000
	KID	0.173	0.009	0.183	19.915	0.000
	ZKID×ZMDI	0.017	0.002	0.062	6.975	0.000
模型拟合参数	R^2	0.363	F	305.073	Sig.	0.000

表 4.16 显示，知识密集度与经理自主权的标准化乘项（ZKID×ZMDI）的回归系数为 0.062，显著度为 0.000。结果表明，知识密集度能够正向调节经理自主权与薪酬鸿沟的关系。换句话说，在知识密集型企业中，CEO 能够更为自如运用自主权操纵高管—员工薪酬差距，从而导致薪酬鸿沟现象以更大概率出现。假设 H4.2-4 得到验证。

表 4.16 显示，RSB、NFE、CENT 在模型（4.4）的回归结果中，并没有通过显著性检验。考虑删除这三个控制变量，构建模型（4.16）。回归结果如表 4.17 所示。回归结果显示，模型（4.16）的解释方差效度为 36.3%，F 值为 305.073，且在 1% 的统计水平上显著，表明该模型与样本数据的拟合度符合要求。

$$HPG_{it} = \alpha + \gamma_1 FSIZE_{it} + \gamma_2 NEMP_{it} + \gamma_3 FSR_{it} + \gamma_4 RID_{it} + \gamma_5 BDE_{it} +$$
$$\gamma_6 TIME_{it} + \gamma_7 EAST_{it} + \gamma_8 ECP_{i(t-1)} + \gamma_9 DEBT_{it} + \gamma_{10} MDI_{it} +$$
$$\gamma_{11} EPS_{i(t-1)} + \gamma_{12} KID_{it} + \gamma_{13} ZKID_{it} \times ZMDI_{it} + \varepsilon \tag{4.16}$$

表 4.17　知识密集度对国有企业经理自主权（MDI）与薪酬鸿沟（HPG）
关系的调节效应回归结果（去除不显著的控制变量）

模型	变量	非标准化		标准系数	t	Sig.
		系数 B	标准误差	β		
(4.16)	(Constant)	−0.586	0.052		−11.280	0.000
	FSIZE	−0.030	0.003	−0.152	−10.474	0.000
	NEMP	0.024	0.003	0.119	9.362	0.000
	FSR	−0.084	0.020	−0.047	−4.084	0.000
	RID	0.169	0.045	0.033	3.779	0.000
	BDE	−0.021	0.011	−0.020	−1.910	0.056
	TIME	0.002	0.000	0.035	3.806	0.000
	EAST	−0.026	0.005	−0.047	−5.110	0.000
	ECP	0.096	0.003	0.297	29.571	0.000
	DEBT	0.161	0.012	0.126	13.088	0.000
	MDI	0.375	0.010	0.333	36.738	0.000
	EPS	−0.129	0.004	−0.294	−31.336	0.000
	KID	0.173	0.009	0.183	20.024	0.000
	ZKID×ZMDI	0.017	0.002	0.061	6.966	0.000
模型拟合参数	R^2	0.363	F	305.073	Sig.	0.000

表 4.17 显示，知识密集度与经理自主权乘项（ZKID×ZMDI）的回归系数 0.061，显著度为 0.000。结果表明，精简控制变量之后，知识密集度仍然能够正向调节经理自主权与薪酬鸿沟的关系。假设 H4.2-4 得到二次验证。

4.4.4.2 KID 对国有企业经理自主权（MDI）与薪酬鸿沟（HPG01）关系的调节效应

为进一步检验假设 H4.2-4 在改变薪酬鸿沟度量方法之后是否仍然成立，拟将模型（4.4）中的 HPG 替换成 HPG01，构建模型（4.17）。回归结果如表 4.18 所示。回归结果显示，模型（4.17）的解释方差效度为 24.9%，F 值为 177.177，且在 1% 的统计水平上显著，表明该模型与样本数据的拟合度符合要求。

表 4.18 知识密集度对国有企业经理自主权（MDI）与薪酬鸿沟（HPG01）关系的调节效应回归结果

模型	变量	非标准化		标准系数	t	Sig.
		系数 B	标准误差	β		
(4.17)	(Constant)	-0.642	0.105		-6.127	0.000
	FSIZE	-0.054	0.006	-0.152	-9.591	0.000
	NEMP	0.029	0.005	0.079	5.676	0.000
	FSR	-0.148	0.040	-0.046	-3.663	0.000
	RID	0.187	0.088	0.020	2.121	0.034
	RSB	-0.203	0.081	-0.023	-2.490	0.013
	BDE	-0.032	0.021	-0.017	-1.479	0.139
	NFE	-0.001	0.005	-0.002	-0.208	0.835
	TIME	0.002	0.001	0.027	2.620	0.009
	EAST	-0.038	0.010	-0.037	-3.754	0.000
	CENT	0.006	0.010	0.006	0.605	0.545
	ECP	0.150	0.007	0.254	22.974	0.000
	DEBT	0.179	0.024	0.077	7.354	0.000
	MDI	0.580	0.020	0.285	28.831	0.000
	EPS	-0.184	0.008	-0.231	-22.611	0.000
	KID	0.279	0.017	0.163	16.282	0.000
	ZKID×ZMDI	0.011	0.005	0.022	2.275	0.023
模型拟合参数	R^2	0.249	F	177.177	Sig.	0.000

$$HPG01_{it} = \alpha + \gamma_1 FSIZE_{it} + \gamma_2 NEMP_{it} + \gamma_3 FSR_{it} + \gamma_4 RID_{it} + \gamma_5 RSB_{it} + \gamma_6 BDE_{it} +$$
$$\gamma_7 NFE_{it} + \gamma_8 TIME_{it} + \gamma_9 EAST_{it} + \gamma_{10} CENT_{it} + \gamma_{11} ECP_{i(t-1)} +$$
$$\gamma_{12} DEBT_{it} + \gamma_{13} MDI_{it} + \gamma_{14} EPS_{i(t-1)} + \gamma_{15} KID_{it} +$$
$$\gamma_{16} ZKID_{it} \times ZMDI_{it} + \varepsilon \qquad (4.17)$$

表 4.18 显示，知识密集度与经理自主权乘项（ZKID×ZMDI）的回归系数

0.022,显著度为 0.023。结果表明,知识密集度仍然能够正向调节经理自主权与薪酬鸿沟的关系。假设 H4.2-4 得到第三次验证。

表 4.18 显示,BDE、NFE、CENT 在模型(4.17)的回归结果中,并没有通过显著性检验。考虑删除这三个控制变量,构建模型(4.18)。回归结果如表 4.19 所示。回归结果显示,模型(4.18)的解释方差效度为 24.9%,F 值为 217.880,且在 1% 的统计水平上显著,表明该模型与样本数据的拟合度符合要求。

$$HPG_{it} = \alpha + \gamma_1 FSIZE_{it} + \gamma_2 NEMP_{it} + \gamma_3 FSR_{it} + \gamma_4 RID_{it} + \gamma_5 RSB_{it} +$$
$$\gamma_6 TIME_{it} + \gamma_7 EAST_{it} + \gamma_8 ECP_{i(t-1)} + \gamma_9 DEBT_{it} + \gamma_{10} MDI_{it} +$$
$$\gamma_{11} EPS_{i(t-1)} + \gamma_{12} KID_{it} + \gamma_{13} ZKID_{it} \times ZMDI_{it} + \varepsilon \qquad (4.18)$$

表 4.19　知识密集度对国有企业经理自主权(MDI)与薪酬鸿沟(HPG)关系的调节效应回归结果(去掉不显著的控制变量)

模型	变量	非标准化		标准系数	t	Sig.
		系数 B	标准误差	β		
	(Constant)	-0.637	0.104		-6.122	0.000
	FSIZE	-0.055	0.006	-0.155	-9.899	0.000
	NEMP	0.029	0.005	0.079	5.735	0.000
	FSR	-0.114	0.033	-0.035	-3.453	0.001
	RID	0.189	0.088	0.020	2.140	0.032
	RSB	-0.206	0.081	-0.024	-2.528	0.011
	TIME	0.003	0.001	0.029	2.916	0.004
(4.18)	EAST	-0.038	0.010	-0.037	-3.757	0.000
	ECP	0.149	0.006	0.253	23.322	0.000
	DEBT	0.180	0.024	0.078	7.442	0.000
	MDI	0.581	0.020	0.285	28.972	0.000
	EPS	-0.184	0.008	-0.231	-22.696	0.000
	KID	0.280	0.017	0.163	16.427	0.000
	ZKID×ZMDI	0.011	0.005	0.022	2.280	0.023
模型拟合参数	R^2	0.249	F	217.880	Sig.	0.000

表 4.19 显示,知识密集度与经理自主权乘项(ZKID×ZMDI)的回归系数为 0.022,显著度为 0.023。结果表明,精简控制变量之后,知识密集度仍然能够正向调节经理自主权与薪酬鸿沟的关系。假设 H4.2-4 得到第四次验证。

4.4.5　H4.2-5 检验:知识密集度对国有企业薪酬鸿沟与企业绩效关系的调节效应

4.4.5.1　KDI 对国有企业薪酬鸿沟(HPG)与企业绩效(ROA)关系的调节效应分析

应用样本数据,对模型(4.5)进行拟合,结果如表 4.20 所示。回归结果显示，模型（4.5）的解释方差效度为 37.2%，F 值为 316.894，且在 1% 的统计水平上显著，表明该模型与样本数据的拟合度符合要求。

数据分析结果显示，女性高管规模（NFE）对企业绩效的回归系数不显著（$\beta = 0.002$，Sig. = 0.786）。该结果表明，女性高管在国有企业运营中的积极效应，还没有得到充分发挥，需要进一步构建有利于女性实现自我价值的平台与制度环境。至少在本章的国有企业样本中，事实如此。

表 4.20　知识密集度对国有企业薪酬鸿沟（HPG）与
下年度企业绩效（ROA）关系的调节效应回归结果

模型	变量	非标准化		标准系数	t	Sig.
		系数 B	标准误差	β		
(4.5)	（Constant）	−0.166	0.012		−13.966	0.000
	FSIZE	0.001	0.001	0.022	1.544	0.123
	NEMP	0.003	0.001	0.064	5.031	0.000
	FSR	0.005	0.005	0.012	1.053	0.292
	RID	−0.036	0.010	−0.031	−3.508	0.000
	RSB	−0.004	0.009	−0.003	−0.385	0.700
	BDE	−0.003	0.002	−0.012	−1.174	0.240
	NFE	0.000		0.002	0.271	0.786
	TIME	−0.001	0.000	−0.089	−9.588	0.000
	EAST	−0.004	0.001	−0.028	−3.067	0.002
	CENT	−0.005	0.001	−0.041	−4.621	0.000
	ECP	0.021	0.001	0.280	27.309	0.000
	DEBT	−0.094	0.003	−0.317	−33.180	0.000
	MDI	0.039	0.002	0.150	15.561	0.000
	KID	−0.003	0.002	−0.014	−1.389	0.165
	HPG	−0.093	0.005	−0.402	−38.638	0.000
	ZKID×ZHPG	−0.004	0.001	−0.076	−7.633	0.000
模型拟合参数	R^2	0.372	F	316.894	Sig.	0.000

知识密集度与薪酬鸿沟程度的乘项（ZKID×ZHPG）的回归系数为 −0.076，显著度为 0.000。结果表明，知识密集度能够负向调节薪酬鸿沟（HPG）与企业绩效（下年度 ROA）的关系。换句话说，在知识密集型企业中，薪酬鸿沟对企业绩效的负面影响更大。假设 H4.2-5 得到验证。

4.4.5.2　KDI 对国有企业薪酬鸿沟（HPG）与企业绩效（ROE）关系的调节效应分析

为了进一步检验假设 H4.2-5 的稳健性，拟将模型（4.5）中的 ROA 替换成 ROE，构建模型（4.19）。回归结果如表 4.21 所示。回归结果显示，模型（4.19）的解释方差效度为 25.5%，F 值为 183.080，且在 1% 的统计水平上显著，表明该模型与样本数据的拟合度符合要求。

$$ROE_{i(t-1)} = \alpha + \gamma_1 FSIZE_{it} + \gamma_2 NEMP_{it} + \gamma_3 FSR_{it} + \gamma_4 RID_{it} + \gamma_5 RSB_{it} +$$
$$\gamma_6 BDE_{it} + \gamma_7 NFE_{it} + \gamma_8 TIME_{it} + \gamma_9 EAST_{it} + \gamma_{10} CENT_{it} +$$
$$\gamma_{11} ECP_{i(t-1)} + \gamma_{12} DEBT_{it} + \gamma_{13} MDI_{it} + \gamma_{14} KID_{it} +$$
$$\gamma_{15} HPG_{it} + \gamma_{16} ZHPG_{it} \times ZMDI_{it} + \varepsilon \qquad (4.19)$$

知识密集度与薪酬鸿沟程度的乘项（ZKID×ZHPG）对 ROE 的标准化回归系数为 −0.064，显著度为 0.000。结果表明，知识密集度能够负向调节薪酬鸿沟（HPG）与企业绩效（下年度 ROE）的关系。假设 H4.2-5 再次得到样本数据验证。

表 4.21 知识密集度对国有企业薪酬鸿沟（HPG）
与下年度企业绩效（ROE）关系的调节效应回归结果

模型	变量	非标准化		标准系数	t	Sig.
		系数 B	标准误差	β		
(4.19)	(Constant)	−0.535	0.032		−16.822	0.000
	FSIZE	0.005	0.002	0.049	3.095	0.002
	NEMP	0.003	0.002	0.027	1.926	0.054
	FSR	−0.005	0.013	−0.005	−0.403	0.687
	RID	−0.043	0.027	−0.015	−1.559	0.119
	RSB	−0.004	0.025	−0.002	−0.163	0.871
	BDE	−0.010	0.007	−0.017	−1.472	0.141
	NFE	0.002	0.002	0.013	1.376	0.169
	TIME	−0.002	0.000	−0.079	−7.877	0.000
	EAST	−0.010	0.003	−0.033	−3.330	0.001
	CENT	−0.007	0.003	−0.021	−2.210	0.027
	ECP	0.050	0.002	0.273	24.429	0.000
	DEBT	−0.083	0.008	−0.115	−11.073	0.000
	MDI	0.094	0.007	0.148	14.109	0.000
	KID	−0.015	0.006	−0.028	−2.546	0.011
	HPG	−0.233	0.006	−0.412	−36.317	0.000
	ZKID×ZHPG	−0.009	0.002	−0.064	−5.946	0.000
模型拟合参数	R^2	0.255	F	183.080	Sig.	0.000

4.4.5.3 KDI 对国有企业薪酬鸿沟（HPG）与企业绩效（FPER4）关系的调节效应分析

为了进一步检验假设 H4.2-5 的稳健性，拟将模型（4.5）中的 ROA 替换成 FPER4，构建模型（4.20）。回归结果如表 4.22 所示。模型（4.20）的解释方差效度为 43%，F 值为 403.524，且在 1% 的统计水平上显著，表明该模型与样本数据的拟合度符合要求。其中，FPER4 是 ROA、ROE、EPS 和股票价格的旋转公因子（最大方差法），作为公司绩效的综合性指标。结果显示，再一次改变绩效指标的条件下，H4.2-5仍然成立。

$$
\begin{aligned}
FPER_{i(t-1)} = &\ \alpha + \gamma_1 FSIZE_{it} + \gamma_2 NEMP_{it} + \gamma_3 FSR_{it} + \gamma_4 RID_{it} + \gamma_5 RSB_{it} + \\
&\ \gamma_6 BDE_{it} + \gamma_7 NFE_{it} + \gamma_8 TIME_{it} + \gamma_9 EAST_{it} + \gamma_{10} CENT_{it} + \\
&\ \gamma_{11} ECP_{i(t-1)} + \gamma_{12} DEBT_{it} + \gamma_{13} MDI_{it} + \gamma_{14} KID_{it} + \\
&\ \gamma_{15} HPG_{it} + \gamma_{16} ZHPG_{it} \times ZMDI_{it} + \varepsilon
\end{aligned}
\tag{4.20}
$$

表4.22 知识密集度对国有企业薪酬鸿沟（HPG）与下年度企业绩效（FPER）关系的调节效应回归结果

模型	变量	非标准化		标准系数	t	Sig.
		系数 B	标准误差	β		
	（Constant）	−7.153	0.179		−40.005	0.000
	FSIZE	0.158	0.010	0.221	15.968	0.000
	NEMP	0.052	0.009	0.071	5.878	0.000
	FSR	0.113	0.071	0.017	1.597	0.110
	RID	−0.375	0.154	−0.020	−2.438	0.015
	RSB	−0.135	0.142	−0.008	−0.948	0.343
	BDE	−0.028	0.037	−0.008	−0.758	0.448
	NFE	0.025	0.009	0.024	2.823	0.005
（4.20）	TIME	−0.015	0.002	−0.083	−9.361	0.000
	EAST	−0.086	0.017	−0.043	−4.953	0.000
	CENT	−0.062	0.018	−0.030	−3.494	0.000
	ECP	0.370	0.012	0.314	32.134	0.000
	DEBT	−1.178	0.042	−0.253	−27.826	0.000
	MDI	0.638	0.037	0.156	17.037	0.000
	KID	−0.022	0.033	−0.006	−0.678	0.498
	HPG	−1.516	0.036	−0.417	−42.086	0.000
	ZKID×ZHPG	−0.068	0.009	−0.073	−7.729	0.000
模型拟合参数	R^2	0.430	F	403.524	Sig.	0.000

4.4.5.4 KDI对国有企业薪酬鸿沟（HPG01）与企业绩效（ROA）关系的调节效应分析

为了进一步检验假设H4.2-5的稳健性，拟将模型（4.5）中的HPG替换成HPG01，构建模型（4.21）。回归结果如表4.23所示。模型（4.21）的解释方差效度为32.2%，F值为253.664，且在1%的统计水平上显著，表明该模型与样本数据的拟合度符合要求。

$$
\begin{aligned}
ROA_{i(t+1)} = &\ \alpha + \gamma_1 FSIZE_{it} + \gamma_2 NEMP_{it} + \gamma_3 FSR_{it} + \gamma_4 RID_{it} + \gamma_5 RSB_{it} + \\
&\ \gamma_6 BDE_{it} + \gamma_7 NFE_{it} + \gamma_8 TIME_{it} + \gamma_9 EAST_{it} + \gamma_{10} CENT_{it} + \\
&\ \gamma_{11} ECP_{i(t-1)} + \gamma_{12} DEBT_{it} + \gamma_{13} MDI_{it} + \gamma_{14} KID_{it} + \gamma_{15} HPG01_{it} + \\
&\ \gamma_{16} ZHPG01_{it} \times ZMDI_{it} + \varepsilon
\end{aligned}
\tag{4.21}
$$

表 4.23　知识密集度对国有企业薪酬鸿沟（HPG01）
与下年度企业绩效（ROA）关系的调节效应回归结果

模型	变量	非标准化		标准系数	t	Sig.
		系数 B	标准误差	β		
	（Constant）	-0.152	0.012		-12.309	0.000
	FSIZE	0.002	0.001	0.049	3.275	0.001
	NEMP	0.002	0.001	0.044	3.330	0.001
	FSR	0.007	0.005	0.017	1.428	0.153
	RID	-0.045	0.011	-0.039	-4.257	0.000
	RSB	-0.006	0.010	-0.006	-0.634	0.526
	BDE	-0.003	0.003	-0.012	-1.103	0.270
	NFE	0.000	0.001	0.004	0.404	0.686
（4.21）	TIME	-0.001	0.000	-0.098	-10.233	0.000
	EAST	-0.003	0.001	-0.022	-2.372	0.018
	CENT	-0.006	0.001	-0.043	-4.680	0.000
	ECP	0.018	0.001	0.244	23.131	0.000
	DEBT	-0.104	0.003	-0.353	-35.977	0.000
	MDI	0.026	0.003	0.101	10.288	0.000
	KID	-0.007	0.002	-0.034	-3.310	0.001
	HPG	-0.038	0.001	-0.301	-30.044	0.000
	ZKID×ZHPG	-0.008	0.001	-0.124	-12.781	0.000
模型拟合参数	R^2	0.322	F	253.664	Sig.	0.000

表 4.23 显示，知识密集度与薪酬鸿沟存在性的乘项（ZKID×ZHPG01）对 ROA 的回归系数是-0.124，显著度为 0.000。结果表明，知识密集度能够负向调节薪酬鸿沟（HPG01）与企业绩效（下年度 ROA）的关系，而且该调节效应是六个调节效应模型检验结果中最强的。假设 H4.2-5 第四次得到验证。

4.4.5.5　KDI 对国有企业薪酬鸿沟（HPG01）与企业绩效（ROE）关系的调节效应分析

为了进一步检验假设 H4.2-5 的稳健性，拟将模型（4.21）中的 ROA 替换成 ROE，构建模型（4.22）。回归结果如表 4.24 所示。回归结果显示，模型（4.22）的解释方差效度为 19.4%，F 值为 128.573，且在 1% 的统计水平上显著，表明模型（4.22）与样本数据的拟合度符合要求。

$$ROE_{i(t+1)} = \alpha + \gamma_1 FSIZE_{it} + \gamma_2 NEMP_{it} + \gamma_3 FSR_{it} + \gamma_4 RID_{it} + \gamma_5 RSB_{it} +$$
$$\gamma_6 BDE_{it} + \gamma_7 NFE_{it} + \gamma_8 TIME_{it} + \gamma_9 EAST_{it} + \gamma_{10} CENT_{it} +$$
$$\gamma_{11} ECP_{i(t-1)} + \gamma_{12} DEBT_{it} + \gamma_{13} MDI_{it} + \gamma_{14} KID_{it} + \gamma_{15} HPG01_{it} +$$
$$\gamma_{16} ZHPG01_{it} \times ZMDI_{it} + \varepsilon \tag{4.22}$$

表 4.24 知识密集度对国有企业薪酬鸿沟（HPG01）与下年度企业绩效（ROE）关系的调节效应回归结果

模型	变量	非标准化		标准系数	t	Sig.
		系数 B	标准误差	β		
	（Constant）	−0.498	0.033		−15.066	0.000
	FSIZE	0.009	0.002	0.079	4.794	0.000
	NEMP	0.001	0.002	0.005	0.322	0.748
	FSR	0.001	0.013	0.001	0.086	0.931
	RID	−0.068	0.028	−0.024	−2.400	0.016
	RSB	−0.011	0.026	−0.004	−0.410	0.682
	BDE	−0.009	0.007	−0.016	−1.343	0.179
	NFE	0.002	0.002	0.014	1.435	0.151
（4.22）	TIME	−0.002	0.000	−0.090	−8.618	0.000
	EAST	−0.009	0.003	−0.027	−2.664	0.008
	CENT	−0.007	0.003	−0.023	−2.291	0.022
	ECP	0.043	0.002	0.234	20.334	0.000
	DEBT	−0.112	0.008	−0.155	−14.477	0.000
	MDI	0.059	0.007	0.093	8.730	0.000
	KID	−0.031	0.006	−0.057	−5.137	0.000
	HPG	−0.091	0.003	−0.292	−26.792	0.000
	ZKID×ZHPG	−0.015	0.002	−0.096	−9.061	0.000
模型拟合参数	R^2	0.194	F	128.573	Sig.	0.000

表 4.24 显示，知识密集度与薪酬鸿沟存在性的乘项（ZKID×ZHPG01）对 ROE 的标准化回归系数为 −0.096，显著度为 0.000。假设 H4.2-5 再次得到验证。

4.4.5.6 KDI 对国有企业薪酬鸿沟（HPG01）与企业绩效（FPER）关系的调节效应分析

为了进一步检验假设 H4.2-5 的稳健性，拟将模型（4.22）中的 ROA 替换成 FPER，构建模型（4.23）。回归结果如表 4.25 所示。回归结果显示，模型（4.23）的解释方差效度为 37.3%，F 值为 318.061，且在 1% 的统计水平上显著，表明该模型与样本数据的拟合度符合要求。

$$
\begin{aligned}
\text{FPER}_{i(t+1)} =\ & \alpha + \gamma_1 \text{FSIZE}_{it} + \gamma_2 \text{NEMP}_{it} + \gamma_3 \text{FSR}_{it} + \gamma_4 \text{RID}_{it} + \gamma_5 \text{RSB}_{it} + \\
& \gamma_6 \text{BDE}_{it} + \gamma_7 \text{NFE}_{it} + \gamma_8 \text{TIME}_{it} + \gamma_9 \text{EAST}_{it} + \gamma_{10} \text{CENT}_{it} + \\
& \gamma_{11} \text{ECP}_{i(t-1)} + \gamma_{12} \text{DEBT}_{it} + \gamma_{13} \text{MDI}_{it} + \gamma_{14} \text{KID}_{it} + \gamma_{15} \text{HPG01}_{it} + \\
& \gamma_{16} \text{ZHPG01}_{it} \times \text{ZMDI}_{it} + \varepsilon
\end{aligned} \tag{4.23}
$$

表 4.25 显示，知识密集度与薪酬鸿沟存在性的乘项（ZKID×ZHPG01）对 FPER 的标准化回归系数为 −0.113，显著度为 0.000。假设 H4.2-5 再次得到验证。

表 4.25　知识密集度对国有企业薪酬鸿沟（HPG01）

与下年度企业绩效（FPER）关系的调节效应回归结果

模型	变量	非标准化		标准系数	t	Sig.
		系数 B	标准误差	β		
	（Constant）	−6.918	0.187		−36.913	0.000
	FSIZE	0.178	0.010	0.249	17.218	0.000
	NEMP	0.037	0.009	0.050	3.939	0.000
	FSR	0.148	0.074	0.023	2.002	0.045
	RID	−0.533	0.161	−0.029	−3.307	0.001
	RSB	−0.179	0.149	−0.010	−1.204	0.229
	BDE	−0.026	0.039	−0.007	−0.673	0.501
	NFE	0.027	0.009	0.025	2.826	0.005
（4.23）	TIME	−0.016	0.002	−0.093	−10.051	0.000
	EAST	−0.075	0.018	−0.037	−4.118	0.000
	CENT	−0.066	0.019	−0.031	−3.538	0.000
	ECP	0.326	0.012	0.276	27.253	0.000
	DEBT	−1.358	0.044	−0.292	−30.904	0.000
	MDI	0.426	0.039	0.104	11.063	0.000
	KID	−0.109	0.034	−0.032	−3.213	0.001
	HPG	−0.618	0.019	−0.308	−32.047	0.000
	ZKID×ZHPG	−0.114	0.009	−0.113	−12.083	0.000
模型拟合参数	R^2	0.373	F	318.061	Sig.	0.000

　　此外，资产负债率（DEBT）与企业绩效（FPER）之间呈现显著的负相关性（$β=-0.292$，$t=-30.904$）。这表明，现有上市公司对于企业债务资金的利用效率并不高。在此情况下，盲目举债对提升国有企业绩效而言并不是一个好的选择。如何进一步提升债务资金的利用效率，或者如何进一步提升股权资金的比例，以促进企业绩效的提升，是国有企业应当考虑的更优选择。与此同时，国有上市公司的成立时间对企业绩效有显著负向影响（$β=-0.093$，$t=-10.051$）。可见，随着上市公司成立时间增长，企业内部层级越来越多，流程日益复杂化，决策的速度和执行效率下降，开拓进取的"锐气"不足，"惰性"越来越显著。

表 4.26　国有企业经理自主权（MDI）与员工离职（TURNOVER）关系回归结果

模型	变量	非标准化		标准系数	t	Sig.
		系数 B	标准误差	β		
	（Constant）	1.544	0.085		18.190	0.000
	FSIZE	−0.049	0.004	−0.142	−11.634	0.000
（4.6）	FSR	−0.540	0.041	−0.173	−13.106	0.000
	RID	0.399	0.090	0.045	4.450	0.000
	RSB	−0.707	0.083	−0.085	−8.526	0.000

续表

模型	变量	非标准化		标准系数	t	Sig.
		系数 B	标准误差	β		
	BDE	0.056	0.022	0.031	2.577	0.010
	NFE	0.043	0.005	0.082	8.137	0.000
	TIME	0.003	0.001	0.037	3.460	0.001
	EAST	0.038	0.010	0.039	3.860	0.000
	CENT	0.020	0.010	0.020	1.925	0.054
	DEBT	0.069	0.025	0.031	2.812	0.005
	ROA	−0.155	0.008	−0.202	−19.154	0.000
	MDI	0.163	0.020	0.083	8.043	0.000
模型拟合参数	R^2	0.157	F	133.306	Sig.	0.000

4.5 结语

基于以上实证分析过程，本章所提出的五个研究假设均得到数据支持。最终的检验结果汇总如表 4.27 所示。

表 4.27 假设检验结果

假设	假设内容	结果
H4.2-1	国有企业经理自主权与高管—员工薪酬差距正相关	成立
H4.2-2	国有企业经理自主权与薪酬鸿沟正相关	成立
H4.2-3	国有企业经理自主权通过拉大高管—员工薪酬差距导致薪酬鸿沟的形成	成立
H4.2-4	知识密集度能够调节国有企业经理自主权与薪酬鸿沟的正相关关系	成立
H4.2-5	知识密集度能够调节国有企业薪酬鸿沟与企业绩效的负相关关系	成立

基于以上假设检验的过程和结果，除了验证了已有研究中关于"经理自主权与高管—员工薪酬差距正相关"这一共识性的结论在中国国有企业仍然显著成立之外，本章主要发现如下：

（1）国有企业经理自主权是导致薪酬鸿沟出现的重要原因，而且这种作用机理很大程度上是通过非理性拉大高管—员工薪酬差距而实现的。因此，监督经理自主权在员工薪酬设定上的运作实践，限制经理自主权在高管薪酬设定上的过度自由，是抑制薪酬鸿沟现象的重要策略。

具体而言，当 CEO 运用其自主权设定员工薪酬变动幅度时，股东和董事会应当将该幅度与高管薪酬的变动幅度紧密联系起来。其原则是，员工薪酬与企业绩效的关联性，在企业绩效上扬时，其增长比率应该大于高管薪酬的增长比例；当企业绩效下滑时，员工薪酬应基本维持稳定或者稍有下降，而高管薪酬则需要面临明显的下降比例，其强度应与绩效增长情形下的薪酬增长率基本等同甚至更高。

其背后的逻辑可能是，战略的制定靠高层管理者，而战略的执行靠员工，双方对企业绩效的贡献是在不同阶段。企业绩效差，往往是因为高层管理者制定战略出现问题，员工其实无力改变绩效；即使战略本身没有问题，是在执行阶段导致绩效降低，这在本质上也是高层管理者在内部管理与组织效率上没有尽到责任。因此，对于企业绩效的下降，高管天然需要在薪酬上承担更多责任，而且从薪酬的绝对数量上说，高管也具有承担责任的能力。企业绩效优秀，当然是战略制定正确，高管有贡献，但员工更是付出了切实的努力，正是员工的一举一动、一言一行将高管制定的战略蓝图变成了实际效益，因此员工是利润的直接创造者。依照这一逻辑，高层管理者应该与员工共享利润的增长和业绩的上升。由于二者薪酬基数不同，因此在增长率上，员工增长率一定要大于高管增长率。否则，企业内部薪酬差距会越来越大，直至薪酬鸿沟变得更加严重。

（2）知识密集度不但能够正向调节国有企业经理自主权与薪酬鸿沟的正相关关系，而且可以强化国有企业薪酬鸿沟对企业绩效的负向影响。对企业的启示是：

首先，在知识密集型企业中，CEO能够更加自如地应用其自主权过度拉大高管薪酬，而过度抑制员工薪酬的增长，从而导致薪酬鸿沟现象更加突出。因此，知识密集型企业应当更加注重高管群体对其薪酬的操纵效应，应当通过聘任具有管理经验和行业资历的独立董事和外部专家对其薪酬政策的制定进行审核与批准，并在必要的时候清晰阐释其薪酬制定的原则、流程和依据。

其次，知识密集型企业中，薪酬鸿沟现象将对企业绩效产生更大的负面影响。根本原因在于，知识密集型企业中高管往往倾向于强化自身重要性的提升，过度强调自身对企业价值创造的影响，而实质上，员工在知识型企业中的作用也是随着知识密集度增加而增加的，甚至其增加的幅度要领先于高管群体。在知识型企业中，员工群体不仅需要对既定战略进行理解和执行，还要投入精力与智慧进行各项创新活动，更要为知识型企业特有的"浮现型"战略的出现负有主要责任。因此，员工整体上要比其他类型企业中的员工，承担更多的绩效责任和创新责任。如果在此情境下，薪酬鸿沟过大，员工因为不公平感、被剥削感或者被摒弃感而导致的降低努力甚至反生产力的行为，将更大程度上降低企业绩效。

因此，知识型企业中，需要对薪酬差距的设置更加用心，力求薪酬差距构建在真实的能力、绩效与贡献基础上，而不仅仅是外在的职位与头衔。当然，对于知识型企业员工的薪酬沟通，在客观薪酬差距较大的背景下，具有更为重要的价值，能够在一定程度上将员工对薪酬不公平感知的"阈值"右移，从而更大程度上享受较高薪酬差距带来的锦标赛激励效应。

此外，根据本章研究中所发现的控制变量与薪酬鸿沟的关系，在公司治理安排上有以下几个方面需要有所改进，以求降低企业内部薪酬鸿沟出现的概率。

首先，加强非执行董事有限任期制度，完善独立董事制度，增强董事会在高管薪酬问题上的独立性。根据这项研究结果证实，随着首席执行官任期的增加，董事会成员对首席执行官的监督程度会不断下降。一方面，可能是双方在长期相处的过程中形成了利益共同体，难以有效履行监督职能；另一方面，可能是因为董事会成员在相处了很长一段时间后，他们理解了首席执行官的气质和行为特征，降低了他们的警惕性，从而导致其对监管的削弱。因此，对于资深首席执行官而言，有必要定期更换非执行董事，并限制双方在 CEO 任期内的时间，以保持董事对现任 CEO 的持续监督。此外，为了改善由公司内部提名任命和支付补贴的独立董事的现状，可尝试成立一个具有准政府背景的独立董事协会，该协会负责挑选并向上市公司派出独立董事，对独立董事应当给予考核和奖惩，这将实现独立董事的真正独立性，而不再仅仅是受 CEO 控制的"花瓶"。

其次，进一步完善股东参与机制，加强股东对高管薪酬决策的影响。相关监管部门应当监督上市公司股东大会的召开和会议程序，规范会议程序，加强对股东大会决定执行情况的逾期监督检查，降低股东采取法律行动维护其直接利益的法律门槛，有效保护广大股东的权益。例如，目前在国外实施的"股东决定薪酬"制度，可以作为逐步完善股东参与公司事务的机制，落实股东在高管薪酬决策中的发言权参考。再如，在更进一步完善现有信息披露机制的基础之上，加强股东内部定向信息披露制度，建立统一的高管薪酬信息集中披露平台，提高针对股东的高管薪酬透明度。向股东披露内部信息应包括比外部披露信息更多的内容，即除了披露高级管理人员的个人报酬外，还应要求定期披露其具体组成、计算依据、变动情况，CEO 薪酬的评估指标及支付方法，以及 CEO 参与薪酬战略制定过程等内容。

再次，建立更加有效、长远的薪酬激励制度，实施股权激励，提高国有企业高管持股比例。我国国有企业股权激励计划实施较晚，直到 2005 年，国有企业管理层才被明确告知有权持有股份，并且对股份所有权、持股数量和比例有严格限制，激励效果不理想。因此，随着我国资本市场的逐步完善，国有企业在制定高级管理人员薪酬制度时，应将短期激励机制与长期激励机制结合起来，实现薪酬结构的多元化和高管薪酬激励结构的进一步优化，提高不同层次薪酬的激励效果，继而提升高管的积极性，使其动力能够长期保持，稳固提高公司绩效。

最后，要尽快完善和推进国有企业高管、员工的薪酬披露制度，提高薪酬透明度。证监会已要求上市公司在年报中披露高管薪酬，但没有细致地要求披露高管薪酬的具体构成，也没有要求上市公司披露高管薪酬计划的结果等细节。员工的薪酬披露就更加有限。因此，责任部门应进一步规范和完善中国国有企业的高管和员工薪酬披露制度，建立有效的标准，加强对高管薪酬和员工薪酬管理做法的监督和限制，并促进其利企动机的形成。另外，加强新闻媒体、市场中介、学术界等外部监督机制在国有企业薪酬体系中的监视作用，高度的外部监督可以弥补我国国有企业内部监督机制的缺陷。

第5章 经理—员工自主权差距对薪酬鸿沟形成的影响机理研究

5.1 引言

第1章的文献综述表明,对于薪酬操纵问题的研究,现有学者从经理自主权视角研究已成为公司治理研究中的热点问题。目前,已有大量研究文献通过对高管薪酬绩效敏感性、高管与员工薪酬差距、高管薪酬水平和高管内部薪酬差距等问题如何受其经理自主权影响做出相应研究,并取得丰硕的研究成果。现有研究整合了高层梯队理论和经理自主权理论,拥有了成熟的理论基础。但是,既有研究在高管—员工薪酬差距问题上的努力起步较晚。与高管—员工薪酬差距密切相关的"薪酬鸿沟"概念未得到足够的关注,其形成机理仍处于"黑箱"状态。第4章静态考察了经理自主权对高管—员工薪酬差距和薪酬鸿沟的影响效应,而本章则试图在此基础上,进一步了解经理—员工自主权差距对高管—员工薪酬差距的影响,并以此为视角相对动态地探索薪酬鸿沟的形成机理。本章可能的贡献在于:

第一,突破以往文献孤立地研究经理自主权与高管—员工薪酬差距关系的限制性,初次引入员工自主权这一变量,全面深入探究高管与员工薪酬差距以及薪酬鸿沟的形成机理。治理实践中,高管、员工是两个利益群体,薪酬作为双方共同享有的劳动成果,在薪酬设定方面两大利益主体均具有实质性的影响力,而具体影响力的大小和强弱则是受到双方自主权的影响。因此,可合理地假定经理自主权是通过直接影响企业中高管人员的薪酬水平,且同时通过决定雇员的薪酬水平来控制高管与员工之间的薪酬差距从而影响薪酬鸿沟的形成过程;与此同时,员工通过其自主权获取薪酬谈判能力,为自身争取更多利益,并在一定程度上约束CEO与高管的自利行为,确保内部薪酬差距在其可接受范围之内。因此,双方在运作各自拥有的自主权过程中,以动态博弈的形式共同决定高管—员工薪酬差距以及与之伴随的薪酬鸿沟。

第二,本章采用两种数据进行实证研究,即问卷调查数据和上市公司年报披露数据。在问卷调查数据中,采用"对薪酬差距的感知"代替上市公司年报中披露的"客观存在的高管—员工薪酬差距",实际上是在测量"薪酬鸿沟"。在现有文献中,由于采用调查方法直接获取经理自主权和高管—员工薪酬差距的准确数据较为困难,所以数据方面主要选择上市公司披露数据。然而,在研究过程中，学者们忽视了规模较大的非上市公司。这些非上市公司的薪酬形成机理很有可能与上市公司不同。因此，本章通过问卷调查的方式对非上市公司进行研究，推动了该领域研究。可以说，本书首次通过采用主观数据研究企业内部纵向薪酬差距的不公平性（薪酬鸿沟）的文献。同时，在主观数据的基础上，采用上市公司数据对研究成果进行进一步的讨论验证，从而确保了研究结论的真实稳健。

5.2　文献与研究假设

既有研究表明经理自主权对高管—员工薪酬差距呈现出了具有初步共识性的正向操纵效应。国内外学者发现经理自主权可以通过独立董事提名（刘诚等，2012；Rafel Crespi 和 Bartolomé，2014）、利用与董事会成员之间的熟人效应（Yongli Luo，2013）、任命与自身具有相同背景的高管董事（David Zhu 和 James Westphal，2014），以及建立攻守同盟以形成"互相挠背"的事实（David R. Meals，2013；Dan Lin 和 Lu Lin，2014；Shenglan Chen 等，2014）等各种途径，最终得以实现高管—员工薪酬差距的正向操纵效应，并且这一效应可跨越不同国家、行业和所有制形式而稳定存在（黎文靖、胡玉明，2012；Brian L. 等，2013；Olubunmi F. 等，2013）。

5.2.1　经理—员工自主权差距与高管—员工薪酬差距关系的假设提出

随着自主权的扩大，CEO 从股东方获得更多利益。由于自主权的扩大，经理自主权可以通过以下多种方式对自身薪酬水平产生显著积极影响：①在薪酬制定过程中，根据规定，董事会有权决定 CEO 薪酬。但由于信息的不对称，董事会对经营业务的不够熟悉，只能信任以 CEO 为核心的高管人员，把薪酬制定的主动权交给 CEO。因此，企业 CEO 对薪酬体系设计有绝对的参与性，并拥有足够的影响力。CEO 通过俘虏董事会，获得超过最优契约下应该获得的那部分薪酬构成了租金。②具有较高自主权水平的 CEO 可以通过专业能力与董事会进行薪酬谈判，获取更高的 CEO 薪酬。③我国公司日常治理中仍存在着较为严重的所有者缺位以及外部管理机制效率低下的现象，高管人员可能俘获董事会，CEO 凭借对董事会成员提名具有的重要的甚至决定性的影响力，可控制薪酬委员会，进而实现自身权力高于公司治理机制的约束。企业中，高管的寻租行为通常就是由这种不受制衡的权力导致的。由此，高管得以扩大其寻租空间，继而为拓展自身的薪酬回报基准提供了渠道和可能性。④具有较大自主权的 CEO 可通过选择薪酬水平高的同行业其他企业作为标杆，试图赶超标杆企业，提高自己的薪酬水平。

关于员工薪酬方面，随着政府放权，中国政府赋予国有企业 CEO 越来越大的权力决定其整体薪酬水平。相较于以前，国有企业 CEO 拥有更多权力决定员工薪酬（Chen 等，2011）。CEO 运用自主权从以下几个方面影响员工薪酬。

首先，受中国传统文化的影响，无论 CEO 还是员工，都受到等级制度的影响，习惯于下级服从上级的文化制度（Jiang 等，2001）。因此，CEO 有更大的空间和理由运用自主权负向操纵员工薪酬水平，而员工只能被动接受。其次，由于中国国有企业的特殊性，具有良好的经营环境和较低的经营风险。在此背景条件下，更多优秀人才更愿意留在国有企业，相比于其他性质企业，国有员工离职率更低（Xing，2007）。因此，非国有企业 CEO 为了吸引留住人才，通过薪酬竞争方式争夺人才，尽可能地拉大薪酬差距，试图通过锦标赛理论原则吸引、留人关键人才。再次，由于国有企业 CEO 由政府提名任职，被解雇可能性低（Lu 等，2008），CEO 主要责任是对政府负责而非员工。在此背景下，CEO 的目的是为政府争取最大利益，而员工薪酬是公司成本的一部分，较高的薪酬水平意味着利益减少。因此，国有企业 CEO 通过减少员工薪酬方式帮助政府获得更多利益。最后，国有企业 CEO 通常利用人事权超额雇佣员工，接纳具有特殊社会资源的员工进而构建自己的"帝国大厦"提高经理自主权。人员超编意味着人力资源利用率下降，在薪酬总额一定的前提下，员工总人数越多平均薪酬水平越低，最终导致高管—员工薪酬差距不断拉大。

由此可以看出，CEO 通过自主权提高高管团队薪酬水平，同时降低员工的薪酬水平。因此，本章提出以下假设：

H5.2-1：在国有企业中，经理自主权正向影响高管—员工薪酬差距。

越来越多的学者开始重视关心从经理自主权的角度来阐述企业组织内部运作结果的相关研究。经理自主权主要包括作为首席执行官的法律权力、合同权力以及超越合同权力的影响，这种权力和影响力的综合结果就是经理自主权。通常，这种权力反映在对业务决策的影响程度上，它反映了首席执行官在追求企业利益最大化的同时，以实现自身效用最大化为主要目的的控制或经营企业资源的能力。同时，这种权力分配也反映了 CEO 和董事会之间的制度安排。从定义上看，经理自主权是多维的。

对于员工自主权而言，可以视为是经理自主权概念的延伸。具体来说，经理自主权在某种程度上影响整个组织的战略选择，而员工职位自主权也会对工作带来一定的影响。也就是说，组织特性能够影响 CEO 的自主权，从而对企业战略决策产生影响（Finkelstein 和 Boyd，1998）。对于员工而言，如果他们拥有较高自主权或被领导信任，那么，企业中的员工不再是完全被动性地接受指令、服从命令，而以一种更加自信的姿态发挥自己的主观能动性与创造性，充分运用自主权影响工作行为，甚至公司决策。

在员工自主权较早的研究文献中，员工自主权行使范围是工作本身，即工作自主权，即职位赋予而非他人授权。Hackman 等（1975）认为，员工自主权是指员工控制工作并施加一定影响的能力。行动能力和影响力意味着员工可以对自己的工作做出决定。在实践中，员工权力来源超出了岗位权力的限制。他们可能比上级拥有更丰富的知识能力、信息能力、人际交往能力和个人魅力。下属不再是完全被动地接受指令，服从命令，而是以一种更加自信的姿态发挥自己的主观能动性，利用个人权力影响上级的思想和行为，甚至公司决策。

与经理自主权一样，大量实证研究证明了员工自主权对组织产生重要的影响。例如，陈明和 Chang Yu（2015）从个体环境匹配的角度剖析阐述了个体特征对创新行为的影响，研究表明，工作自主权对主动性人格与创新行为的关系具有正向调节（增强）作用。Anderson 等（2014）和 Caza（2012）同样认为，工作自主性赋予员工自主行动的空间和自主决策的权力，从而大大提升了员工的内部工作动力，充分激发起员工的创新行为，这是影响个体创新的关键因素。Shalini 和 Ira（2013）认为，员工自主权能够影响组织承诺。此外，Hansung 和 Madeleine（2008）认为，员工自主权负向影响员工离职率，而 Lopes 等（2014）认为，员工自主权正向影响员工满意度和幸福感。在工作绩效方面，Morgeson（2005）通过实证研究表明，员工自主权显著正向影响个人绩效。Susanti（2011）认为，员工自主权对各种工作产出和组织行为方面会产生积极或者消极的影响。

员工薪酬水平由员工薪酬议价能力决定，而薪酬议价能力受员工自主权的影响。员工自主权不仅包括工作自主，还包括制度决策权和人事决策权。员工自主权由个人特征，股权和工会等多种因素共同决定。①人口特征可以影响员工薪酬议价能力。拥有较高学历水平和技能的员工通常具有较高的自主权。对于这一类员工而言，公平和自由是他们更为看重的东西，从而有着更强的动机和能力去获取权力。②国有企业员工具有更高的自主权，因为他们受到中国法律的特殊保护，国有企业部分归员工所有。因此，国有企业 CEO 必须保证员工的薪酬满意度。即使 CEO 对员工工作绩效具有较大的影响力，员工可以通过某些特定手段影响 CEO 的决策行为。③工会帮助员工与企业高管团队进行薪酬议价，最终决定员工薪酬水平（Chen 等，2011）。Henrik 等（2009）发现，在工会的帮助下，高管团队将不得不向员工支付更多薪酬。由此看出，员工自主权能够正向影响员工薪酬水平，但就高管薪酬而言，并不存在显著影响。由此，员工自主权对高管—员工薪酬差距呈负向影响。

因此，通过以上几个方面，员工自主权能够正向影响员工薪酬水平，因此，本章提出如下假设：

H5.2-2：在国有企业中，员工自主权负向影响高管—员工薪酬差距。

Hayes 和 Schaefer（1999）认为，薪酬水平由个人薪酬议价能力决定，是经过博弈之后确定的双方均满意的薪酬水平。因此，本章关于提出高管—员工薪酬差距相关假设将关注 CEO 和员工两个群体的议价能力。有学者认为，当 CEO 具有较强的薪酬议价能力时，高管—员工薪酬差距较大；当员工薪酬议价能力强时，高管—员工薪酬差距会相对较小。

由此可以看出，员工自主权和经理自主权对高管—员工薪酬差距分别从两个相反的方面影响其差距水平，双方在薪酬谈判过程中相互博弈。因此，高管—员工薪酬差距由高管薪酬水平和员工薪酬水平决定。

从高管薪酬水平角度来看，无论是经理自主权还是员工自主权都会对其产生影响。一方面，经理自主权对高管—员工薪酬差距的操纵效应已被证实；另一方面，自从企业赋予员工战略自主权后，较高自主权的员工能够影响企业的战略决策。更有文献指出，高管薪酬是公司治理过程中重要的战略组成部分。有理由认为，员工自主权可以影响高管薪酬水平。既然 CEO 和员工能从完全相反的两个方面影响高管薪酬水平，经理—员工自主权差距在研究高管薪酬水平中变得更加有意义。

从员工薪酬水平角度来看，一方面，CEO 决定员工薪酬政策，而薪酬政策是公司战略的表现方式（成本领先型或差异化战略），根据公司战略规划，CEO 通过自主权影响员工薪酬水平；另一方面，员工决定自己的薪酬水平，他们通过：①向 CEO 提出更高的关于薪酬的要求，这直接影响着 CEO 对员工薪酬水平的态度；②对 CEO 所制定出的薪酬水平做出积极或者消极反应，让 CEO 了解员工对其薪酬水平的整体态度，进而做出适当调节。所以，正如高管薪酬制度确立时所考量的情况，高管与员工自主权差距在确定员工薪酬水平方面相较于经理自主权或者员工自主权具有更为重要的影响和研究意义。

基于以上讨论，经理—员工自主权差距能够显著影响高管薪酬水平和员工薪酬水平，由此，本章提出如下假设：

H5.2-3：在国有企业中，经理—员工自主权差距正向影响高管—员工薪酬差距。

5.2.2　基于经理—员工自主权差距的薪酬鸿沟形成机理假设

根据假设 H5.2-1 的观点，在国有企业中，经理自主权正向影响高管—员工薪酬差距。随着经理自主权对高管—员工薪酬差距操纵效应的加强，该差距有更大可能超越员工对于合理薪酬差距的心理容忍"阈值"，从而达到可导致员工明显不满，或者感觉显著不公平的程度。此时，也就是薪酬鸿沟形成的时候。因此，经理自主权可能通过过度提高高管薪酬，降低员工薪酬，拉大二者薪酬差距，从而导致薪酬鸿沟以更大概率诞生。依据此逻辑，有假设 H5.2-4：

H5.2-4：经理自主权提升国有企业薪酬鸿沟出现的概率。

根据假设 H5.2-2 的观点，在国有企业中，员工自主权抑制高管—员工薪酬差距。随着员工自主权的提升，高管—员工薪酬差距随之缩小，则该差距超越员工对合理薪酬差距心理容忍"阈值"的可能性大大降低。此外，由于员工自主权的不断增大，员工的心理满足感亦渐渐增强，随之自我成就感得到提升，从而对特定薪酬差距的主观感知将倾向于"合理化"。因此，员工自主权将会降低薪酬鸿沟出现的概率。依据此逻辑，有假设 H5.2-5：

H5.2-5：员工自主权降低国有企业薪酬鸿沟出现的概率。

根据假设 H5.2-3 的观点，在国有企业中，经理—员工自主权差距正向促进高管—员工薪酬差距。随着经理—员工自主权差距对高管—员工薪酬差距的操纵效应加强，该差距有更大可能超越员工对于合理薪酬差距的心理容忍"阈值"；与此同时，此时，CEO 与员工之间的自主权差距也会在员工心理上造成"无力感"和"对立感"，从而对可能原本是较为可观、反映各自贡献和价值的合理薪酬差距也会产生较强的不公平负面感知。因此，经理—员工自主权差距更可能通过客观上拉大高管—员工薪酬差距和主观上促进员工的不公平感知，导致薪酬鸿沟以更大概率诞生。依据此逻辑，有假设 H5.2-6：

H5.2-6：经理—员工自主权差距正向影响国有企业薪酬鸿沟。

5.3　研究设计

5.3.1　问卷调查样本选择与数据来源

以"滚雪球式"抽样方式，选择 150 家陕西省国有企业为调查对象，分别从这 150 家企业中抽取至少四个不同部门非高管人员进行问卷调查。在调查过程中，笔者分别以三种方式分别向 150 家企业发放问卷：①在目标企业采用现场发放现场作答直接收回；②通过项目组织成员的人际关系网络，以及学院 MBA、EMBA 学员发放问卷；③通过互联网形式进行问卷发放。最终收回来自 109 家企业的 436 份问卷，有效回收率为 72.6%。在以上三种问卷发放方式中，现场作答形式是最有效的调查方式，有效率为 90% 以上，远高于其他两种问卷发放方式。

为了保证问卷有效性，本章采用 Podsakoff 等（2003）方法对问卷进行处理。首先，为了提高问卷有效性，问卷调查内容以及提问方式通过专业人员审查，在题项翻译过程中聘请专业人员对其校对，保证理解的正确性。对最终形成的问卷采用预试问卷，分别向 3 家国有企业的 12 名员工进行发放测试，测试结果纳入最终版本。其次，问卷调查持续近一年，比较上半年和下半年数据，通过独立样本 T 检验测试两组样本是否存在显著差异。本章通过比较样本平均分发现没有显著性差异。最后，为了解决共同方法偏差问题，本章采用 Harman 的单因素检验，研究大多数方差是否可以用单一因子来解释。测试的基本假设是，如果方法中有变异，在对包含所有研究概念的所有项目进行探索性因子分析时，会沉淀出一个未旋转的因子，而这个公共因子解释了大部分的变异。

样本特征描述性统计如表 5.1 所示。

表 5.1　样本描述性统计结果

变量名称	Category	N	Percentage（%）
年龄	≤25	140	30
	26～35	95	20.4
	36～45	90	19.3
	46～50	74	15.9
	≥51	67	14.4
教育背景	高中及以下	142	30.5
	大学本科	89	19.1
	硕士研究生	88	18.9
	博士及以上	147	31.5
性别	女	225	48.3
	男	241	51.7
职业类型	技术类	100	23.0
	管理类	109	25.0
	生产经营类	83	19.0
	市场营销类	144	33.0
离职倾向	没有	253	58
	至少一次	183	42

5.3.2　上市公司样本选择与数据来源

在上市公司数据方面，以我国主板上市公司和创业板上市公司中，全部农业类上市公司为样本框，选取 2001～2015 年为研究样本时间，同时满足以下条件的公司为研究样本：①非 ST、PT 上市公司；②非奇异性数据上市公司，如当年大幅度亏损的公司；③变量操作定义所需数据可全部获取的上市公司。有关资料主要来源于国泰安数据库以及巨潮网，部分数据来自上市公司门户网站，并对其进行了必要的手工整理，共得到 696 个有效观测样本。数据处理使用 SPSS23.0 软件。

此外，本章应用第 2 章的研究样本设计，以及第 2 章相关变量与实证模型设计，对以上主要假设检验进行了稳健性检验。

5.3.3　问卷调查样本变量设计及描述性统计

5.3.3.1　问卷调查变量设计

（1）因变量。

感知薪酬鸿沟（PHPG）：借鉴 Colquitt 和 Shaw（2005）开发的量表，

本章设计 5 个题项衡量感知的高管—员工薪酬差距合理性（即感知薪酬鸿沟），采用 Likert 七级量表。具体题项举例如下：①企业内部高管与员工薪酬差距高于行业合理水平；②企业内部高管与员工薪酬差距高于地区合理水平；③企业内部高管与员工薪酬差距在未来一段时间内仍会持续拉大。经过信度分析，Cronbach's α 系数为 0.81。本章研究开发的感知薪酬鸿沟量表，与第 2 章使用的感知薪酬鸿沟量表略有差异。第 2 章的量表系在本章以陕西省国有企业为样本进行初步研究的基础上，经修正后开发出的量表，以应用于全国多省份的正式调查。

（2）自变量。

感知经理自主权（PMD）：考虑到受访者的接受程度以及中国文化背景的特殊性，本章在 Bart 等（2014）问卷基础上重新设计题项，主要题项包括"本公司 CEO 对战略决策有独立判断和行动权力""本公司 CEO 可以安排自己的工作进度以及时间安排"、"本公司 CEO 可以完全独立于董事会"等。经过信度分析，Cronbach's α 系数为 0.88。

感知员工自主权（PED）：采用 Breaugh（1985）的工作自主权和 Jaime（2009）的员工自主权测量指标设计出本章员工自主权题项。从对员工的工作目标、操作流程、方法、手段、效率和任务评估等方面进行测量，分别为"我可以自由选择完成工作的方式""我可以自由选择如何完成我的工作"、"组织给我充足空间让我自己做出关于工作内容的决策"。信度分析中，因子载荷范围在 0.79～0.87（α = 0.85）。具体题项内容和信度检验如表 5.2 所示。

表 5.2　问卷调查样本主要研究变量量表信度检验

变量名称	题项	删除项后的克隆巴赫 α	克隆巴赫 α
感知薪酬鸿沟	企业内部高管与员工薪酬差距高于行业平均水平	0.72	
	企业内部高管与员工薪酬差距高于地区平均水平	0.79	
	目前高管与员工薪酬差距已超越合理水平	0.81	0.81
	企业"一把手"倾向尽可能拉大高管与员工薪酬差距	0.68	
	企业内部高管与员工薪酬差距在未来一段时间内仍会持续拉大	0.69	
感知经理自主权	本公司 CEO 能够独立思考并做出决策	0.81	
	本公司 CEO 可以安排自己的工作进度以及时间安排	0.80	
	本公司 CEO 可以完全独立于董事会	0.90	0.88
	本公司 CEO 可以独立不受他人影响地行使自身权力	0.91	
	本公司 CEO 能够像真正的"一把手"那样开展工作	0.79	
	在工作方面，CEO 有绝对的自由行使权力的空间	0.62	
感知员工自主权	我可以自由选择完成工作的方式	0.82	
	我可以自由选择如何完成我的工作	0.89	0.87
	组织给我充足空间让我自己做出关于工作内容的决策	0.83	

（3）控制变量。

本章选取的其他控制变量有：企业规模、行业类型、成立年限、受访者性别、受访者是否为技术人员、受访者是否为生产人员以及受访者是否曾经离职。控制变量的具体定义如表 5.3 所示。

表 5.3　问卷调查研究的控制变量定义

变量名称	变量定义
企业规模	"1" = 80 人以下，"2" = 80～300 人，"3" = 300～800 人，"4" = 800～2000 人，"5" = 2000 人以上
行业类型	"1" = 技术密集型企业，"0" = 劳动密集型企业
成立年限	"1" = 小于 3 年，"2" = 3～6 年，"3" = 6～10 年，"4" = 10 年以上
受访者性别	"1" = 男性，"0" = 女性
受访者是否为技术人员	"1" = 是，"0" = 否
受访者是否为管理人员	"1" = 是，"0" = 否
受访者是否为生产人员	"1" = 是，"0" = 否
受访者是否曾经离职	"1" = 是，"0" = 否
受访者年龄	"1" = 25 岁以下，"2" = 25～30 岁，"3" = 31～35 岁，"4" = 36～45 岁，"5" = 45 岁以上
受访者教育背景	"1" = 高中及以下，"2" = 本科，"3" = 研究生，"4" = 博士及以上

5.3.3.2　问卷调查数据描述性统计及相关分析

在问卷调查样本中，公司规模平均数为 600 人，平均成立时间 8 年，有 47% 公司属于技术密集型企业。在受访者中，52% 的受访者为男性，受访者的平均年龄为 28 岁，其中 23% 受访者属于技术人员，25% 属于管理人员，19% 为生产人员。在教育背景这一项中，硕士学历人数最多，多数人为本科或者研究生。

在表 5.4 中，可以看出，控制变量和经理自主权、员工自主权、感知薪酬鸿沟之间存在显著的相关性。员工自主权与感知薪酬鸿沟显著负相关，员工自主权与经理自主权呈负相关关系，而经理自主权与感知薪酬鸿沟呈正相关关系。在控制变量中，可以看出，公司规模和感知薪酬鸿沟呈正相关关系，成立时间负向影响感知薪酬鸿沟。总体上而言，技术人员和管理人员的感知薪酬鸿沟较小，而生产型人员与高管之间的薪酬差距较大。大多数控制变量与主要研究变量相关，初步说明选择这些控制变量的合理性，整体上相关系数不超过 0.5，说明变量之间的共线性比较弱，有利于后面进行回归型建立与分析。

为了更进一步判断是否存在多重共线性问题，很据著名统计学家陈希孺先生的经验总结，方差膨胀因子（VIF）小于 5 时，通常被认为不存在多重共线性问题。由于本章方差膨胀因子（VIF）显著小于 5，所以不存在共线性问题。

表 5.4　问卷调查样本的变量描述性统计与相关性分析结果

	Mean	SD	V1	V2	V3	V4	V5	V6	V7	V8	V9	V10	V11	V12	V13
V1	3.915	1.407	1												
V2	4.213	1.481	-0.201**	1											
V3	4.262	1.542	-0.327**	0.331**	1										
V4	0.517	0.500	0.099*	0.082	0.179**	1									
V5	2.470	1.596	0.097*	-0.203**	-0.216**	-0.070	1								
V6	0.230	0.424	0.164**	-0.110*	-0.288**	0.004	0.144**	1							
V7	0.250	0.436	-0.005	-0.145**	-0.207**	-0.014	-0.020	-0.323**	1						
V8	0.190	0.393	-0.086	0.122*	0.320**	0.025	-0.128**	-0.268**	-0.283**	1					
V9	0.470	0.500	0.105*	0.133**	-0.120*	0.016	0.062	-0.073	-0.010	0.049	1				
V10	2.610	1.222	-0.154**	0.130**	0.163**	-0.029	-0.040	-0.095*	-0.078	0.130**	-0.022	1			
V11	2.460	0.866	0.095*	-0.138**	-0.280**	-0.041	0.108*	0.053	0.148**	-0.053	-0.001	-0.102*	1		
V12	2.420	0.915	-0.032	-0.047	-0.133**	-0.025	-0.030	-0.018	0.151**	-0.032	-0.086	-0.028	0.194**	1	
V13	0.420	0.495	0.050	-0.034	-0.167**	-0.032	0.126**	0.139**	-0.171**	-0.121**	0.069	0.006	0.030	-0.031	1

注：V1：员工自主权；V2：经理自主权；V3：成立年限；V4：感知薪酬鸿沟；V5：性别；V6：年龄；V7：技术人员；V8：生产人员；V9：技术密集型；V10：公司规模；V11：教育背景；V12：离职意向；V13：离职意向。Listwise N = 436。* 表示 $p < 0.05$；** 表示 $p < 0.01$。

5.3.4 上市公司样本变量设计及描述性统计

5.3.4.1 上市公司样本变量设计

变量分为主要研究变量和控制变量。主要研究变量包括经理自主权、员工自主权、经理—员工自主权差距、高管—员工薪酬差距;控制变量包括资产负债率、所在地区、成立年限、企业规模、企业性质、独立董事比例、公司绩效、高管持股比例。其中经理自主权遵循多维度测度需要,从联合权、所有权和声望权三个维度全面测度,记为 MDI。具体变量定义如表 5.5 所示。

目前对员工自主权(ED)的测量,学术界尚没有统一界定。本章借鉴经理自主权衡量标准,对员工权力进行以下几方面测量:①员工高学历比例。本科学历人数比+本科以上学历人数比×2。员工高学历比例超过样本均值为 1,否则为 0。员工高学历比例越高,则表明越能够独立正确处理工作,上级监督指导频率越小。此时,员工自主权越高。②员工权力集中度。员工人数与高管人数的比值。该比值越高,则意味着员工能够自主行动的空间越大。员工权力集中度高于样本均值,设为 1,否则为 0。③员工监事比例。监事会普通员工能够代表全体员工参与公司决策,监事会中普通员工比例越大,越能够保证监督有效性和公平性,获取更多有效性信息,防止董事会和 CEO 合谋损坏员工利益行为。④员工监事是否持股。员工监事如果持股则该变量设为 1,否则设为 0。⑤研发人员比例。杨立岩和潘慧峰(2003)建立数学模型研究人力资本与经济增长的关系,认为经济增长的决定性因素是以研发人员为核心的人力资本,研发人员的变动将对企业研发活动产生重要的影响。由此认为,研发人员应当比一般公司员工对企业影响作用更大。同时,考虑到研发活动的特殊性,企业一般会赋予研发人员更多的自主权以发挥创造力。研发人员比例高于样本均值为 1,否则为 0。

5.3.4.2 上市公司样本变量描述性统计及相关性分析

各变量描述统计结果如表 5.6 所示。描述性分析结果表明:①高管—员工薪酬差距存在明显的两极分化,高管—员工薪酬巨大差距在一定程度上表明高管薪酬设计的不合理性,同时也损害了全社会收入分配的公平性。就实际薪酬来说,高管—员工薪酬差距最小值为 1 倍,最大值为 60 倍。薪酬差距最小值出现在国有上市公司样本中,最大值出现在非国有上市公司样本中。国有上市公司薪酬差均值小于非国有上市公司薪酬差均值。这可能与政府颁布的"限薪令"有关,不允许高管过高薪酬现象出现。②就自主权来看,经理自主权最大值为 0.9,出现在非国有上市公司样本中;最小值为 0.0051,出现在国有上市公司样本中,经理自主权差异性较大。全样本均值为 0.421,国有上市公司经理自主权小于非国有上市公司样本均值。员工自主权最大值为 0.67,最小值为 0.0063,全样本均值为 0.273。员工自主权在国有与非国有上市公司中均值差别不大,而经理—

表 5.5　上市公司数据变量操作定义

变量类别	变量符号	变量名称	操作定义与说明	参考依据
主要研究变量	PP	职位权	CEO 两职兼任设置为 1，否则为 0	张鹏等（2015），权小锋、吴世农和文芳（2010）
	EP	所有权	CEO 是否持股，持股为 1，否则为 0；CEO 持股额度在高管成员中最高为 1，否则为 0	张长征、李怀祖和赵西萍（2006）
	TP	声望权	CEO 年龄：CEO 年龄在高管成员中最高为 1，否则为 0；CEO 任期：从任职之日起为起始时间，样本中年度 12 月 31 日的时间为截止时间，以年为单位，如若尾数不满一年，则按一年计	吕长江和赵宇恒（2008），周建、金媛媛和袁德利（2013）
	MDI	经理自主权	PP，EP，TP 的算数平均值	本研究
	ED	员工自主权	员工学历、员工权力集中度、研发人员比例、员工监事比例和员工监事是否持股工自主权均值	本研究
	MD-ED	经理—员工自主权差距	经理自主权与员工自主权差值	本研究
	EEPD	高管—员工薪酬差距对数	前三高管薪酬水平与员工薪酬水平差距，取自然对数	本研究第 2 章
	HPG	薪酬鸿沟	三种薪酬鸿沟测算结果的平均值	本研究第 3 章
	FSIZE	企业规模	企业资产总额取对数	张杰等（2007）
	STATE	企业性质	如果是国有企业，赋值为 1，否则赋值为 0	任广乾（2016）
	TIME	公司成立年限	以成立之日为起始至样本年度 12 月 31 日的时间，若尾数不满一年，以年为单位，按一年计	成立为和戴小勇（2012）
控制变量	CGB	高管持股比例	高管持股数占公司总股数比例	唐清泉和易翠（2010）
	RID	独立董事比率	独立董事会个数与董事会总个数的比值	黄国良和董飞（2010）
	DEBT	资产负债率	负债与资产的比值	陈海声和卢丹（2010）
	EAST	所在地区	属于东部省份的企业记为 1，否则为 0	刘笑霞和李明辉（2009）
	ROA	企业绩效	总资产收益率	程华和赵祥（2008）

表 5.6 上市公司数据变量描述性统计与相关性分析结果

	均值	标准差	1	2	3	4	5	6	7	8	9	10	11	12	13
EEPD	5.237	0.4796	1												
MDI-ED	0.148	0.240	0.196**	1											
MDI	0.421	0.213	0.201**	0.914**	1										
ED	0.273	0.097	-0.044	-0.465**	-0.067*	1									
DEBI	0.427	0.181	0.046	-0.068*	-0.168**	-0.198**	1								
EAST	0.590	0.493	0.099**	0.064*	0.034	-0.084*	-0.222**	1							
TIME	11.530	4.829	0.393**	-0.054	0.017	0.172**	0.051	0.047	1						
FSIZE	9.299	0.355	0.338**	-0.011	-0.067*	-0.120**	0.378**	-0.214**	0.284**	1					
STATE	0.360	0.480	-0.357**	-0.149**	-0.207**	-0.086*	-0.002	-0.079*	-0.412**	-0.119**	1				
RID	0.356	0.077	0.276**	0.032	0.076*	0.088*	0.064*	0.094**	0.362**	0.138**	-0.261**	1			
ROA	0.0873	0.958	-0.026	-0.007	-0.003	0.009	0.106**	-0.046	0.050	0.018	-0.032	-0.014	1		
CGB	0.666	0.386	0.148**	-0.006	-0.050	-0.094**	0.188**	-0.104**	0.094**	-0.016	0.058	0.086*	0.024	1	
HPG	0.4647	0.23042	0.693**	0.315**	-0.374**	0.591**	0.194**	0.106**	0.196**	0.154**	-0.184**	0.062	0.061	-0.292**	1

注：* 表示<0.05；** 表示 p<0.01。

员工自主权差距非国有上市公司均值略大于国有上市公司均值。说明不同性质企业对待权力分配较为一致。③在高管持股数量方面，仅有 64% 样本中存在高管持股，且持股量较少，对管理者的股权激励动力较小，侧面说明高管—员工薪酬差距大的原因。主要研究变量之间相关性较好，大多数控制变量与主要研究变量相关，说明选择这些控制变量的合理性，整体上相关系数不超过 0.5，说明变量之间的共线性比较弱，有利于后面进行回归型建立与分析。

5.3.5　实证模型设计

首先，为验证假设 H5.2-1，以高管—员工薪酬差距（EEPD）作为因变量，经理自主权（MDI）以及 8 个控制变量为自变量构建模型（5.1）。并运用最小二乘法（OLS）对模型（5.1）进行估计。

$$EEPD_{it} = \alpha + \gamma_1 DEBT_{it} + \gamma_2 EAST_{it} + \gamma_3 TIME_{it} + \gamma_4 FSIZE_{it} + \gamma_5 STATE_{it} +$$
$$\gamma_6 RID_{it} + \gamma_7 CGB_{it} + \gamma_8 ROA_{it} + \gamma_9 MDI_{it} + \varepsilon_{it} \tag{5.1}$$

为验证假设 H5.2-2，以高管—员工薪酬差距作为因变量，以员工自主权（ED）以及 8 个控制变量为自变量构建模型（5.2）。

$$EEPD_{it} = \alpha + \gamma_1 DEBT_{it} + \gamma_2 EAST_{it} + \gamma_3 TIME_{it} + \gamma_4 FSIZE_{it} + \gamma_5 STATE_{it} +$$
$$\gamma_6 RID_{it} + \gamma_7 CGB_{it} + \gamma_8 ROA_{it} + \gamma_9 ED_{it} + \varepsilon_{it} \tag{5.2}$$

以高管—员工薪酬差作为因变量，以经理—员工自主权差距（MDI-ED）以及 8 个控制变量为自变量构建模型（5.3），验证假设 H5.2-3。

$$EEPD_{it} = \alpha + \gamma_1 DEBT_{it} + \gamma_2 EAST_{it} + \gamma_3 TIME_{it} + \gamma_4 FSIZE_{it} + \gamma_5 STATE_{it} +$$
$$\gamma_6 RID_{it} + \gamma_7 CGB_{it} + \gamma_8 ROA_{it} + \gamma_9 (MDI-ED)_{it} + \varepsilon_{it} \tag{5.3}$$

为验证假设 H5.2-4，以薪酬鸿沟（HPG）作为因变量，经理自主权（MDI）以及 8 个控制变量为自变量构建模型（5.4）。并运用最小二乘法（OLS）对模型（5.4）进行估计。

$$HPG_{it} = \alpha + \gamma_1 DEBT_{it} + \gamma_2 EAST_{it} + \gamma_3 TIME_{it} + \gamma_4 FSIZE_{it} + \gamma_5 STATE_{it} +$$
$$\gamma_6 RID_{it} + \gamma_7 CGB_{it} + \gamma_8 ROA_{it} + \gamma_9 MDI_{it} + \varepsilon_{it} \tag{5.4}$$

为验证假设 H5.2-5，以薪酬鸿沟（HPG）作为因变量，以员工自主权（ED）以及 8 个控制变量为自变量构建基于最小二乘法（OLS）多元回归模型（5.5）。

$$HPG_{it} = \alpha + \gamma_1 DEBT_{it} + \gamma_2 EAST_{it} + \gamma_3 TIME_{it} + \gamma_4 FSIZE_{it} + \gamma_5 STATE_{it} +$$
$$\gamma_6 RID_{it} + \gamma_7 CGB_{it} + \gamma_8 ROA_{it} + \gamma_9 ED_{it} + \varepsilon_{it} \tag{5.5}$$

为验证假设 H5.2-6，以薪酬鸿沟（HPG）作为因变量，以经理—员工自主权差距（MDI-ED）以及 8 个控制变量为自变量构建基于最小二乘法（OLS）多元回归模型（5.6）。

$$EEPD_{it} = \alpha + \gamma_1 DEBT_{it} + \gamma_2 EAST_{it} + \gamma_3 TIME_{it} + \gamma_4 FSIZE_{it} + \gamma_5 STATE_{it} +$$
$$\gamma_6 RID_{it} + \gamma_7 CGB_{it} + \gamma_8 ROA_{it} + \gamma_9 (MDI-ED)_{it} + \varepsilon_{it} \tag{5.6}$$

5.4 实证分析与结果讨论

5.4.1 经理—员工自主权差距与高管—员工薪酬差距关系检验：基于上市公司数据

首先，本章采用上市公司数据，分别对全样本、国有企业上市公司、非国有企业上市公司进行分析比较，分析结果如表 5.7 所示。

表 5.7 上市公司数据实证分析结果

	全样本			国企			非国企		
	模型(5.1)	模型(5.2)	模型(5.3)	模型(5.1)	模型(5.2)	模型(5.3)	模型(5.1)	模型(5.2)	模型(5.3)
（常量）	0.875	1.639**	1.316**	-0.329	0.425	-0.039	-0.249*	-0.125	1.994***
DEBI	-0.017	-0.052	-0.031	-0.064	-0.126*	-0.092	0.002	-0.024	-0.006
EAST	0.124***	0.109***	0.113***	0.232***	0.217***	0.213***	0.089**	0.075*	0.083
TIME	0.201	0.206**	0.213**	0.113*	0.112	0.120*	0.235***	0.249***	0.249***
FISZE	0.279***	0.257***	0.268***	0.322***	0.290***	0.311***	0.289***	0.267***	0.278***
STATE	-0.165***	-0.196***	-0.168***	—	—	—	—	—	—
RID	0.091**	0.103**	0.096**	0.277***	0.305***	0.291***	-0.041	-0.035	-0.042
CGB	0.083*	0.118***	0.086**	0.017	0.019	0.017	0.129**	0.169***	0.130**
ROA	0.128***	0.149***	0.130***	0.131**	0.141**	0.128**	0.112**	0.135**	0.122**
MDI	0.146***	—	—	0.175***	—	—	0.130**	—	—
ED	—	-0.078**	—	—	-0.0089	—	—	-0.085*	—
MDI-ED	—	—	0.154***	—	—	0.175**	—	—	0.148***
F	35.356***	33.230***	35.859***	13.556***	12.301***	13.625***	14.422***	13.652***	14.841***
R^2	0.317	0.304	0.320	0.311	0.291	0.312	0.209	0.200	0.214
调整后 R^2	0.308	0.295	0.311	0.288	0.267	0.289	0.194	0.185	0.199
ΔR^2	0.317	0.304	0.320	0.311	0.291	0.312	0.209	0.200	0.214

注：***表示在 0.01 水平（单侧）上显著相关；**表示在 0.05 水平（单侧）上显著相关；* 表示在 0.1 水平（单侧）上显著相关。

全样本数据回归结果表明，模型（5.1）中，经理自主权（MDI）的回归系数为 0.146，且在 1%的显著性水平上显著为正，证明经理自主权与我国农业上市公司中的高管—员工薪酬之间存在显著的正向关系，经理自主权对薪酬操纵有重要的影响效应，假设 H5.2-1 成立。从国企和非国企样本组的结果来看，经理自主权对薪酬差距的操纵效应存在一定的差异性，国企样本中经理自主权的回归系数为 0.175，显著大于非国有企业样本中的回归系数 0.130，且在 1% 的显著性水平上显著为正。结果表明，在我国农业上市公司的国有企业中，经理自主权对薪酬决策的影响力更大，该影响机理可以理解为是对国有企业所有者缺位，监督缺乏以及内部人控制现象的诠释。

在模型（5.2）中，员工自主权回归系数 -0.78，在 5% 水平上显著，说明员工自主权与我国农业上市公司高管—员工薪酬之间存在显著负相关关系，假设 H5.2-2 成立。从国有企业与非国有企业样本组的结果来看，员工自主权在国有企业中对薪酬的影响力（β=-0.0089）显著小于非国有企业的影响力（β=-0.085），且国有农业上市公司员工自主权和薪酬差距关系不存在显著性。可能的解释在于，国有农业上市公司 CEO 由政府任命，在这一保护伞下 CEO 可更自由地倾向于利己行为。利润分配中，由于非国有农业上市公司竞争更加激烈，为在竞争中获胜，其 CEO 与国有农业上市公司的 CEO 相比，更多考虑员工感受，保证员工获得足够激励从而取得更大绩效在竞争中获胜。

模型（5.3）中，自主权差距系数为 0.154，在 1% 水平上显著，说明经理—员工自主权差距与高管—员工薪酬差距之间存在显著的正相关关系，假设 H5.2-3 成立，即经理—员工自主权差距越大，高管—员工薪酬差越大，CEO 越有能力操纵薪酬。在分样本中，国有农业上市公司经理—员工自主权差距系数为 0.175，大于非国有农业上市公司 0.148，且在 1% 水平上显著。说明在国有企业改革过程中，为了释放企业家能力，政府给国有企业更多的是权力而非监督与控制。其 CEO 由政府任命非靠能力获得此职位，严重的内部人控制导致 CEO 无所顾忌地进行薪酬操纵。进一步验证假设 H5.2-1 和假设 H5.2-2。同时，由于竞争日益激烈，经理人市场不断完善。不论是客观条件还是主观意愿所致，相比国有农业上市公司，非国有农业上市公司缺少政府这一靠山，经理自主权运作的焦点不是放在如何扭曲薪酬设定以直接谋取私利，而是聚焦于如何提升企业绩效和竞争优势以间接获得薪酬水平的提升。因此，相比国有上市公司，非国有上市公司 CEO 更在乎职业声誉，在薪酬操纵中更加顾忌外界声音。

企业规模是决定高管薪酬水平最重要的因素，与 Peter 等（2014）的研究结论一致。企业规模扩张不仅能扩大 CEO 权力，同时伴随着薪酬提高，同时规模扩张、收购能够降低"就业风险"。全样本中，企业规模回归系数为 0.268，在 1% 水平下显著。国有农业上市公司样本中企业规模回归系数大于非国有上市公司回归系数。这合理地解释为，国有企业 CEO 更多利用自主权将其规模偏好更多反映在薪酬契约上，同时更看中自己的"就业风险"，而非国有企业 CEO 则因为主观意愿或者客观约束的原因较少采用此种途径操纵其薪酬水平。与前面研究结论一致。

在全样本和非国企样本中，容易发现，独立董事与薪酬差距呈显著正相关关系，而在国有企业中没有显著性。这与 Main（1995）的研究相一致，即独立董事是 CEO 的合作伙伴，CEO 通过与独立董事的合作来操纵薪酬委员会获取高额报酬，CEO 能够通过影响力建立起有利于自己的各种期权激励条款。而在国有企业中，独立董事与薪酬差距没有显著的相关性说明在国有企业中独立董事较少与 CEO 合作，保证独立董事职责的正常履行。

5.4.2 经理—员工自主权差距与薪酬鸿沟关系检验：基于上市公司数据

采用农业类上市公司中国有企业样本，以模型（5.4）进行数据拟合，结果如表 5.8 所示。表 5.8 第三行第五列数据表明，DEBI 对于 HPG 的标准化回归系数显著为负（$\beta = -0.102$, $t = -3.108$），即资产负债率较高的企业产生薪酬鸿沟的概率相对较低。

表 5.8　经理自主权与薪酬鸿沟关系回归结果

模型	变量	非标准化		标准系数	t	Sig.
		系数 B	标准误差	β		
（5.4）	（常量）	-1.562	0.169		-9.235	0.000
	DEBI	-0.167	0.054	-0.102	-3.108	0.002
	EAST	0.095	0.018	0.157	5.347	0.000
	TIME	0.027	0.004	0.233	7.357	0.000
	FISZE	0.154	0.020	0.274	7.771	0.000
	STATE	-0.045	0.018	-0.074	-2.474	0.014
	RID	0.322	0.177	0.055	1.823	0.069
	CGB	3.907	1.378	0.084	2.835	0.005
	ROA	-0.008	0.001	-0.312	-10.199	0.000
	MDI	1.233	0.105	0.368	11.757	0.000
模型拟合参数	R^2	0.445	F	19.968	Sig.	0.000

根据表 5.8 第十一行第五列数据，MDI 对于 HPG 的标准化回归系数显著为正（$\beta = 0.368$, $t = 11.757$），即国有农业上市公司中，经理自主权对企业内部薪酬鸿沟程度有显著正向影响。该正向影响显著高于其他控制变量对薪酬鸿沟程度的影响，一定程度上可以表明前者是后者形成的直接原因。H5.2-4 成立。

采用农业类上市公司中国有企业样本，以模型（5.5）进行数据拟合，结果如表 5.8 所示。表 5.9 第四行第五列数据表明，EAST 对于 HPG 的标准化回归系数显著为正（$\beta = 0.105$, $t = -3.595$），即在我国，相比较西部地区，东部地区的企业普遍而言具有较高的薪酬鸿沟程度。

表 5.9 员工自主权与薪酬鸿沟关系回归结果

模型	变量	非标准化		标准系数	t	Sig.
		系数 B	标准误差	β		
(5.5)	（常量）	-1.249	0.169		-7.388	0.000
	DEBI	-0.225	0.053	-0.138	-4.232	0.000
	EAST	0.064	0.018	0.105	3.597	0.000
	TIME	0.031	0.004	0.275	8.865	0.000
	FISZE	0.168	0.020	0.300	8.597	0.000
	STATE	-0.003	0.018	-0.006	-0.190	0.849
	RID	0.533	0.174	0.090	3.057	0.002
	CGB	6.677	1.322	0.144	5.052	0.000
	ROA	-0.006	0.001	-0.231	-7.820	0.000
	ED	-1.849	0.148	-0.356	-12.512	0.000
模型拟合参数	R^2	0.438	F	17.962	Sig.	0.000

根据表 5.9 第十一行第五列数据，ED 对于 HPG 的标准化回归系数显著为负（β=-0.356，t=-12.512），即国有农业上市公司中，员工自主权对企业内部薪酬鸿沟程度有负向影响。该负向影响亦显著高于其他控制变量对薪酬鸿沟程度的影响，一定程度上可以认为员工自主权也是薪酬鸿沟形成的直接原因。H5.2-5 成立。

继续采用本章设计的农业类上市公司中的国有企业样本，以模型（5.6）进行数据拟合，结果如表 5.10 所示。表 5.10 第五行第五列数据表明，TIME 对于 HPG 的标准化回归系数显著为正（β=0.226，t=7.804），即在我国，成立较早的相对成熟的企业，相对而言具有较高的薪酬鸿沟程度。

表 5.10 经理—员工自主权差距与薪酬鸿沟关系回归结果

模型	变量	非标准化		标准系数	t	Sig.
		系数 B	标准误差	β		
(5.6)	（常量）	-1.351	0.156		-8.662	0.000
	DEBI	-0.189	0.049	-0.116	-3.833	0.000
	EAST	0.077	0.016	0.127	4.692	0.000
	TIME	0.026	0.003	0.226	7.804	0.000
	FISZE	0.152	0.018	0.272	8.383	0.000
	STATE	-0.045	0.017	-0.074	-2.719	0.007
	RID	0.342	0.162	0.058	2.108	0.035
	CGB	2.825	1.262	0.061	2.238	0.026
	ROA	-0.008	0.001	-0.313	-11.231	0.000
	MDI-ED	1.268	0.074	0.481	17.103	0.000
模型拟合参数	R^2	0.521	F	26.257	Sig.	0.000

根据表 5.10 第十一行第五列数据，"MDI-ED" 对 HPG 的标准化回归系数显著为正（β=0.481，t=17.103），即国有农业上市公司中，高管—员工自主权差距对企业内部薪酬鸿沟程度有强烈的促进效应，且该效应在强度上强于经理自主权与员工自主权各自单独的影响。因此，高管—员工自主权差距是国有企业内部薪酬鸿沟的更直接的原因。H5.2-6 成立。

为进一步检验假设 H5.2-4 是否会因为薪酬鸿沟的度量方式不同而发生变化，将模型（5.4）中的薪酬鸿沟程度（HPG）替换为薪酬鸿沟存在性（HPG01），构建模型（5.7）。应用国有农业上市公司数据进行数据拟合，结果如表 5.11 所示。

表 5.11　经理自主权与薪酬鸿沟（HPG01）关系回归结果

模型	变量	非标准化		标准系数	t	Sig.
		系数 B	标准误差	β		
(5.7)	（常量）	-2.969	0.303		-9.803	0.000
	DEBI	-0.410	0.096	-0.150	-4.257	0.000
	EAST	0.197	0.032	0.195	6.185	0.000
	TIME	0.048	0.006	0.252	7.401	0.000
	FISZE	0.273	0.035	0.292	7.692	0.000
	STATE	-0.108	0.033	-0.107	-3.327	0.001
	RID	0.691	0.316	0.070	2.183	0.029
	CGB	7.956	2.468	0.103	3.224	0.001
	ROA	-0.007	0.001	-0.157	-4.776	0.000
	MDI	1.244	0.188	0.223	6.626	0.000
模型拟合参数	R^2	0.344	F	16.058	Sig.	0.000

根据表 5.11 第十一行第五列数据，MDI 对于 HPG 的标准化回归系数仍显著为正（β=0.223，t=6.626）。H5.2-4 不因薪酬鸿沟度量方式变化而改变，仍然成立。

为进一步检验假设 H5.2-5 是否会因为薪酬鸿沟的度量方式不同而发生变化，将模型（5.3）中的薪酬鸿沟程度（HPG）替换为薪酬鸿沟存在性（HPG01），构建模型（5.8）。应用国有农业上市公司数据进行数据拟合，结果如表 5.12 所示。回归结果显示，模型（5.3）的解释方差效度为 37.3%，F 值为 16.733，且在 1% 的统计水平上显著，表明该模型与样本数据的拟合度符合要求。

表 5.12　员工自主权与薪酬鸿沟（HPG01）关系回归结果

模型	变量	非标准化		标准系数	t	Sig.
		系数 B	标准误差	β		
(5.8)	（常量）	-2.578	0.299		-8.616	0.000
	DEBI	-0.477	0.094	-0.175	-5.063	0.000
	EAST	0.159	0.031	0.157	5.062	0.000
	TIME	0.053	0.006	0.276	8.383	0.000
	FISZE	0.287	0.035	0.307	8.290	0.000
	STATE	-0.066	0.031	-0.065	-2.109	0.035
	RID	0.912	0.308	0.093	2.959	0.003
	CGB	10.407	2.339	0.134	4.449	0.000
	ROA	-0.005	0.001	-0.108	-3.431	0.001
	ED	-2.322	0.262	-0.268	-8.880	0.000
模型拟合参数	R^2	0.373	F	16.733	Sig.	0.000

根据表 5.12 第十一行第五列数据，ED 对于 HPG 的标准化回归系数仍显著为负（β=-0.268，t=-8.880）。H5.2-5 不因薪酬鸿沟度量方式变化而改变，仍然成立。

为进一步检验假设 H5.2-6 是否会因为薪酬鸿沟的度量方式不同而发生变化，将模型（5.6）中的薪酬鸿沟程度（HPG）替换为薪酬鸿沟存在性（HPG01），构建模型（5.9）。应用国有农业上市公司数据进行数据拟合，结果如表 5.13 所示。根据表 5.13 第十一行第五列数据，MDI-ED 对于 HPG 的标准化回归系数仍显著为正（β=0.322，t=10.163）。H5.2-6 不因薪酬鸿沟度量方式变化而改变，仍然成立。

表 5.13　经理—员工自主权差距与薪酬鸿沟关系（HPG01）

模型	变量	非标准化		标准系数	t	Sig.
		系数 B	标准误差	β		
(5.9)	（常量）	-2.735	0.292		-9.353	0.000
	DEBI	-0.432	0.093	-0.159	-4.665	0.000
	EAST	0.177	0.031	0.175	5.770	0.000
	TIME	0.046	0.006	0.244	7.484	0.000
	FISZE	0.270	0.034	0.289	7.905	0.000
	STATE	-0.113	0.031	-0.111	-3.622	0.000
	RID	0.695	0.304	0.071	2.284	0.023
	CGB	6.313	2.366	0.082	2.668	0.008
	ROA	-0.007	0.001	-0.163	-5.185	0.000
	MDI-ED	1.413	0.139	0.322	10.163	0.000
模型拟合参数	R^2	0.392	F	17.629	Sig.	0.000

5.4.3 经理—员工自主权差距与薪酬鸿沟关系稳健性检验

应用第 3 章更为广泛的样本设计（8572 条国有企业数据）、更为系统的经理自主权变量设计（标记为 MD，所有权和职位权等五个维度的综合指标）和控制变量设计（下文中出现的变量符号意义完全遵循第 3 章设计），以及本章的员工自主权变量设计，构建模型（5.10）、模型（5.11）、模型（5.12），对经理—员工自主权差距与薪酬鸿沟关系进行更严格的稳健性检验。

$$HPG_{it} = \alpha + \gamma_1 FSIZE_{it} + \gamma_2 FSR_{it} + \gamma_3 RID_{it} + \gamma_4 RSB_{it} + \gamma_5 BDE_{it} +$$
$$\gamma_6 NFE_{it} + \gamma_7 TIME_{it} + \gamma_8 EAST_{it} + \gamma_9 CENT_{it} + \gamma_{10} ECP_{it} +$$
$$\gamma_{11} DEBT_{it} + \gamma_{12} EPS_{it} + \gamma_{13} MD_{it} + \varepsilon_{it} \tag{5.10}$$

采用第 3 章中 8752 条国有企业数据样本，以模型（5.10）进行数据拟合，结果如表 5.14 所示。表 5.14 第四行第五列数据表明，FSR 对于 HPG 的标准化回归系数显著为负（$\beta = -0.052$，$t = -4.442$），即第一大持股比例与薪酬鸿沟程度负相关，第一大股东能够适度抑制薪酬鸿沟的产生。更为重要的是，根据 5.14 第十五行第五列数据，MD 对于 HPG 的标准化回归系数显著为正（$\beta = 0.398$，$t = 43.490$），即经理自主权能够正向促进薪酬鸿沟的形成。H5.2-4 再次得到更大样本的验证。

表 5.14 经理自主权与薪酬鸿沟关系稳健性检验

模型	变量	非标准化		标准系数	t	Sig.
		系数 B	标准误差	β		
(5.10)	（常量）	−1.033	0.050		−20.765	0.000
	FSIZE	−0.010	0.002	−0.052	−4.697	0.000
	FSR	−0.090	0.020	−0.052	−4.442	0.000
	RID	0.098	0.044	0.020	2.226	0.026
	RSB	−0.066	0.041	−0.014	−1.607	0.108
	BDE	−0.036	0.011	−0.036	−3.314	0.001
	NFE	0.000	0.003	0.001	0.056	0.955
	TIME	0.001	0.000	0.012	1.261	0.207
	EAST	−0.042	0.005	−0.079	−8.555	0.000
	CENT	0.014	0.005	0.026	2.828	0.005
	ECP	0.120	0.003	0.380	36.892	0.000
	DEBT	0.123	0.012	0.098	10.067	0.000
	EPS	−0.089	0.004	−0.209	−22.031	0.000
	MD	0.435	0.010	0.398	43.490	0.000
模型拟合参数	R^2	0.342	F	344.088	Sig.	0.000

采用第 3 章中 8752 条国有企业数据样本，以模型（5.11）进行数据拟合，结果如表 5.15 所示。表 5.15 第五行第五列数据表明，RID 对于 HPG 的标准化

回归系数显著为正（β=0.39，t=4.061），即独立董事比例与薪酬鸿沟程度正相关，独立董事甚至在一定程度上促进了薪酬鸿沟的形成。更为重要的是，根据表5.15第十五行第五列数据，ED 对于 HPG 的标准化回归系数显著为负（β=−0.228，t=−19.284），即员工自主权能够负向抑制薪酬鸿沟的形成。H5.2−5 再次得到更大样本的验证。

$$
\begin{aligned}
HPG_{it} = & \alpha + \gamma_1 FSIZE_{it} + \gamma_2 FSR_{it} + \gamma_3 RID_{it} + \gamma_4 RSB_{it} + \gamma_5 BDE_{it} + \\
& \gamma_6 NFE_{it} + \gamma_7 TIME_{it} + \gamma_8 EAST_{it} + \gamma_9 CENT_{it} + \gamma_{10} ECP_{it} + \\
& \gamma_{11} DEBT_{it} + \gamma_{12} EPS_{it} + \gamma_{13} ED_{it} + \varepsilon_{it}
\end{aligned}
\tag{5.11}
$$

采用第3章中8752条国有企业数据样本，以模型（5.9）进行数据拟合。考虑到篇幅限制，详细回归结果表格省略（如有读者需要，可来信索取）。结果表明，RSB 对于 HPG 的标准化回归系数显著为正（β=−0.016，t=−1.841），即监事会比例与薪酬鸿沟程度负相关，监事会的正常运作能够在一定程度上抑制薪酬鸿沟的形成。更为重要的是，"MD−ED" 对于 HPG 的标准化回归系数显著为负（β=0.458，t=46.091），即高管—员工自主权差距能够在很大程度上导致薪酬鸿沟的形成。H5.2−6 再次得到更大样本的验证。

$$
\begin{aligned}
HPG_{it} = & \alpha + \gamma_1 FSIZE_{it} + \gamma_2 FSR_{it} + \gamma_3 RID_{it} + \gamma_4 RSB_{it} + \gamma_5 BDE_{it} + \\
& \gamma_6 NFE_{it} + \gamma_7 TIME_{it} + \gamma_8 EAST_{it} + \gamma_9 CENT_{it} + \gamma_{10} ECP_{it} + \\
& \gamma_{11} DEBT_{it} + \gamma_{12} EPS_{it} + \gamma_{13}（MD-ED）_{it} + \varepsilon_{it}
\end{aligned}
\tag{5.12}
$$

表 5.15　员工自主权差距与薪酬鸿沟关系稳健性检验

模型	变量	非标准化		标准系数	t	Sig.
		系数 B	标准误差	β		
(5.11)	（常量）	−0.517	0.068		−7.579	0.000
	FSIZE	−0.020	0.003	−0.105	−7.760	0.000
	FSR	−0.207	0.022	−0.119	−9.510	0.000
	RID	0.195	0.048	0.039	4.061	0.000
	RSB	−0.067	0.044	−0.015	−1.528	0.126
	BDE	−0.054	0.012	−0.055	−4.689	0.000
	NFE	0.006	0.003	0.022	2.259	0.024
	TIME	0.002	0.000	0.034	3.358	0.001
	EAST	−0.027	0.005	−0.049	−4.948	0.000
	CENT	0.004	0.005	0.007	0.673	0.501
	ECP	0.134	0.003	0.423	38.215	0.000
	DEBT	0.076	0.013	0.061	5.804	0.000
	EPS	−0.103	0.004	−0.242	−23.274	0.000
	ED	−0.839	0.043	−0.228	−19.284	0.000
模型拟合参数	R^2	0.232	F	198.323	Sig.	0.000

将模型（5.12）中的高管—员工薪酬差距（MD-ED）替换为高管自主权与员工自主权的比值（MD/ED），构建模型（5.13）。采用第3章中8752条国有企业数据样本，以模型（5.13）进行数据拟合，考虑到篇幅限制，详细回归结果表格省略（如有读者需要，可来信索取）。回归结果显示，BDE对于HPG的标准化回归系数显著为负（β=-0.035，t=-3.253），即第二大股东与第一大股东的持股的比值与薪酬鸿沟程度负相关，股权制衡程度能够在一定程度上抑制薪酬鸿沟的形成。更为重要的是，"MD/ED"对于HPG的标准化回归系数仍显著为正（β=0.427，t=45.332），即高管—员工自主权比值亦能够很大程度上导致薪酬鸿沟的形成。在改变高管—员工自主权差距度量指标的情况下，H5.2-6再次得到更大样本的验证。

$$HPG_{it} = \alpha + \gamma_1 FSIZE_{it} + \gamma_2 FSR_{it} + \gamma_3 RID_{it} + \gamma_4 RSB_{it} + \gamma_5 BDE_{it} +$$
$$\gamma_6 NFE_{it} + \gamma_7 TIME_{it} + \gamma_8 EAST_{it} + \gamma_9 CENT_{it} + \gamma_{10} ECP_{it} +$$
$$\gamma_{11} DEBT_{it} + \gamma_{12} EPS_{it} + \gamma_{13} (MD/ED)_{it} + \varepsilon_{it} \tag{5.13}$$

5.4.4 经理—员工自主权差距与薪酬鸿沟关系稳健性检验：基于问卷调查的感知薪酬鸿沟数据

下文将采用问卷调查样本数据，对假设结果进行稳健性检验。

在没有控制变量情况下对假设H5.2-4和H5.2-5进行检验。表5.16中，模型（5.14）是以感知薪酬鸿沟（PHPG）为因变量，感知经理自主权（PMD）为自变量进行一元回归，回归结果如表5.16第二列所示。模型（5.15）是以感知薪酬鸿沟为因变量，感知员工自主权（PMD）为自变量进行一元回归，回归结果如表5.16第三列所示。模型（5.16）是以感知薪酬鸿沟为因变量，同时将感知经理自主权和感知员工自主权作为自变量进行回归分析，结果如表5.16第四列所示。

考虑到控制变量，模型（5.17）以感知薪酬鸿沟为因变量，感知经理自主权为自变量，加入公司规模、行业类型、成立年限、受访者性别、年龄、是否为技术人员、是否为管理人员、是否为生产人员、教育背景和离职意向等控制变量进行多元回归分析，分析结果如表5.16第五列所示。模型（5.18）以感知薪酬鸿沟为因变量，感知员工自主权为自变量，并加入以上控制变量进行多元回归，结果见表5.16第六列。模型（5.19）以感知薪酬鸿沟为因变量，同时将感知经理自主权和感知员工自主权作为自变量，并加入控制变量，进行多元回归分析，结果如表5.16第七列所示。

在表5.16中，感知经理自主权显著正向影响感知薪酬鸿沟［模型（5.14）：β=0.331，P=0.000；模型（5.15）：β=0.276，P=0.000；模型（5.17）：β=0.215，P=0.000；模型（5.19）：β=0.176，P=0.000］。无论考虑控制变量与否，感知经理自主权对感知薪酬鸿沟都具有显著的正向影响效应，假设H5.2-4成立。

在表 5.15 中，感知员工自主权负向影响感知薪酬鸿沟、[模型（5.15）：β = −0.327，P = 0.000；模型（5.16）：β = −0.272，P = 0.000；模型（5.18）：β = −0.244，P = 0.000；模型（5.19）：β = −0.213，P = 0.000]。所以，无论考虑控制变量与否，感知员工自主权对感知薪酬鸿沟都具有显著的负向影响效应，假设 H5.2-5 成立。

表 5.16　问卷调查数据实证分析结果（H5.2-4、H5.2-5）

变量名称	模型（5.14）	模型（5.15）	模型（5.16）	模型（5.17）	模型（5.18）	模型（5.19）
控制变量						
公司规模				0.056 （1.430）	0.047 （1.220）	0.034 （0.890）
技术密集度				-0.192^{***} （−4.939）	-0.140^{***} （−3.645）	-0.164^{***} （−4.367）
成立时间				-0.077^{**} （−1.967）	-0.087^{**} （−2.237）	-0.086^{**} （−2.249）
性别				0.140^{***} （3.661）	0.180^{***} （4.728）	0.165^{***} （4.410）
年龄				-0.069^{*} （−1.728）	-0.093^{**} （−2.383）	-0.063 （−1.639）
是否技术人员				-0.275^{***} （−6.136）	-0.263^{***} （−5.929）	-0.247^{***} （−5.670）
是否管理人员				-0.212^{***} （−4.557）	-0.241^{***} （−5.299）	-0.212^{***} （−4.704）
是否生产人员				0.120^{***} （2.729）	0.116^{***} （2.658）	0.117^{***} （2.747）
教育程度				-0.161^{***} （−4.035）	-0.159^{***} （−4.024）	-0.148^{***} （−3.828）
跳槽经历				0.063^{**} （2.185）	-0.116^{***} （−2.970）	-0.112^{***} （−2.911）
解释变量						
感知经理自主权	0.331^{***} （7.308）		0.276^{***} （6.224）	0.215^{***} （5.301）		0.176^{***} （4.411）
感知员工自主权		-0.327^{***} （−7.215）	-0.272^{**} （−6.119）		-0.244^{***} （−6.200）	-0.213^{***} （−5.438）
常量	2.310^{***} （10.969）	5.165^{***} （24.990）	3.714^{***} （12.140）	4.359^{***} （12.105）	6.344^{***} （18.898）	5.374^{***} （13.592）

续表

变量名称	模型 (5.14)	模型 (5.15)	模型 (5.16)	模型 (5.17)	模型 (5.18)	模型 (5.19)
F	53.405	52.061	47.664	24.166	25.600	26.110
R^2	0.110	0.107	0.180	0.385	0.399	0.426
Adjusted R^2	0.108	0.105	0.177	0.369	0.384	0.409
N	436	436	436	436	436	436

注：表中模型未在正文中给出公式。模型因变量为感知薪酬鸿沟，自变量和控制变量见表中第一列。模型均是采用最小二乘法构建多元线性回归。

在上述回归的基础上，本章进一步根据感知员工自主权的中位数将整体样本分为两部分，低感知员工自主权（SLED）样本和高感知员工自主权（SHED）样本。通过模型（5.17），试图研究两个样本下感知经理自主权和感知薪酬鸿沟之间的关系，结果如表5.17所示。可以看出，在两个样本中，感知经理自主权对感知薪酬鸿沟影响方向相同，且均在0.01水平下显著。在高感知员工自主权样本中，感知经理自主权对感知薪酬鸿沟的影响程度（$\beta = 0.236$，$P < 0.001$）高于低感知员工自主权样本（$\beta = 0.152$，$P < 0.001$）。也就是说，感知员工自主权水平越低，感知经理自主权对感知薪酬鸿沟影响程度越大。即假设H5.2-6成立，经理—员工自主权差距正向影响感知薪酬鸿沟。

另外，本章将研究样本分为高感知经理自主权（SHCD）和低感知经理自主权（SLCD），代入模型（5.18）中进行回归分析。结果显示，低感知经理自主权样本中，感知员工自主权在0.01水平上负向影响感知薪酬鸿沟（$\beta = -0.257$，$P < 0.001$），而高感知经理自主权样本中，感知员工自主权同样在0.01水平上负向影响感知薪酬鸿沟（$\beta = -0.173$，$P < 0.01$），前者影响程度较强。因此，在低感知经理自主权情况下，感知员工自主权对感知薪酬鸿沟感知经理—员工自主权影响效果更为显著。假设H5.2-6成立

以"感知经理自主权与感知员工自主权之差"衡量"感知经理—员工自主权差距"（以下简称"感知自主权差距"）。以感知自主权差距为自变量，以感知薪酬鸿沟为因变量，构建一元线性回归模型（5.20）。回归分析结果如表5.17第六列所示。此时，感知自主权差距的标准化回归系数（$\beta = 0.425$，$P < 0.001$）在1%置信水平下显著为正。在模型（5.20）中，引入企业规模、技术密集度控制等变量，构建基于OLS的多元线性回归模型（5.21）。回归分析结果如表5.17第七列所示。此时，感知自主权差距的标准化回归系数（$\beta = 0.301$，$P < 0.001$）在1%置信水平下仍然显著为正。由此可知，不论是否考虑控制变量，感知自主权差距均能够显著正向促进国有企业内部感知薪酬鸿沟的形成，而且相较于感知经理自主权或者感知员工自主权各自对感知薪酬鸿沟的影响而言，CEO与员工之间的感知自主权差距对国有企业内部感知薪酬鸿沟具有明显更强的正向影响。

表 5.17　假设 H5.2-3 的实证分析结果：基于问卷调查数据

模型 样本类型 变量名称	模型 (5.17) 高感知 员工自主权	模型 (5.17) 低感知 员工自主权	模型 (5.18) 低感知 经理自主权	模型 (5.18) 高感知 经理自主权	模型 (5.20) 全样本	模型 (5.21) 全样本	模型 (5.22) 全样本	模型 (5.23) 全样本
公司规模	0.056 (1.061)	0.013 (0.218)	0.057 (1.046)	0.002 (0.026)		0.034 (0.906)		0.041 (1.076)
技术密集度	-0.174*** (-0.3.359)	-0.189*** (-3.107)	-0.190*** (-3.525)	-0.125** (-2.154)		-0.169*** (-4.546)		-0.159*** (-4.216)
成立时间	0.018 (0.353)	-0.174*** (-2.857)	-0.079 (-1.454)	-0.072 (-1.201)		-0.085** (-2.226)		-0.095** (2.477)
性别	0.214*** (4.176)	0.083 (1.398)	0.216*** (1.001)	0.123** (2.140)		0.161*** (4.348)		0.163*** (4.348)
年龄	-0.098* (-1.853)	-0.060 (-0.983)	-0.094* (-1.707)	-0.039 (-0.656)		-0.061 (-1.575)		-0.073* (-1.899)
是否技术人员	-0.282*** (-4.639)	-0.276*** (-4.123)	-0.184*** (-3.110)	-0.374*** (-5.254)		-0.248*** (-5.692)		-0.267*** (-6.085)
是否管理人员	-0.206*** (-3.212)	-0.234*** (-3.382)	-0.206*** (-3.409)	-0.289*** (-3.943)		-0.208*** (-4.654)		-0.232*** (-5.167)
是否生产人员	0.188*** (3.029)	0.040 (0.614)	0.225*** (3.650)	-0.043 (-0.639)		0.118*** (2.759)		0.093* (2.159)
教育程度	-0.208*** (3.859)	-0.144** (-2.394)	-0.096* (-1.750)	-0.254*** (-4.126)		-0.148*** (-3.831)		-0.141*** (-3.610)

续表 (5.23)

模型	模型 (5.17) 高感知员工自主权	模型 (5.17) 低感知员工自主权	模型 (5.18) 低感知经理自主权	模型 (5.18) 高感知经理自主权	模型 (5.20) 全样本	模型 (5.21) 全样本	模型 (5.22) 全样本	模型 (5.23) 全样本
样本类型								
跳槽经历	-0.119** (-2.221)	-0.102* (-1.692)	-0.073 (-1.328)	-0.151*** (-2.522)		-0.112*** (-2.906)		-0.115*** (-2.959)
感知经理自主权	0.152*** (2.746)	0.236*** (3.751)	-0.257*** (-4.487)			-0.173*** -2.912		
感知经理自主权—感知员工自主权					0.425*** (9.774)	0.301*** (7.684)		
感知经理自主权/感知员工自主权							0.401*** (9.107)	0.277*** (7.025)
常量	4.573*** (9.066)	4.563*** (8.839)	6.068*** (13.331)	6.313*** (12.879)	3.674*** (54.429)	5.170*** (17.592)	2.900*** (24.922)	4.701*** (15.089)
F	16.083	9.554	13.775	9.731	95.525	28.457	82.943	27.113
R^2	0.455	0.344	0.424	0.342	0.180	0.425	0.160	0.413
Adjusted R^2	0.427	0.308	0.393	0.307	0.179	0.410	0.159	0.398
N	218	218	218	218	436	436	436	436

注：表中模型未在正文中给出公式。模型因变量为感知薪酬鸿沟，自变量和控制变量见表中第一列。模型均是采用最小二乘法构建多元线性回归。

假设 H5.2-6 得到验证。为进一步检验该实证结果的稳健性，采用"感知经理自主权与感知员工自主权的比值"作为替代性指标，改变感知自主权差距的测度方式，并将其分别代入模型（5.20）和模型（5.21）用以替换感知经理自主权与感知员工自主权的差值，构建模型（5.22）和模型（5.23）。数据拟合的结果分别如表 5.17 第八列、第九列所示。结果表明，假设 H5.2-6 仍然成立。

5.5　结果讨论与对策建议

经理自主权对高管—员工薪酬差距的影响效应，在学术界已被证实并且形成了成熟的理论体系。员工作为企业重要的人力资本，对公司治理绩效有关键的影响。因此，有必要突破已有研究仅孤立地关注经理自主权与高管—员工薪酬差距关系的现状，开创性地将员工自主权融入研究框架中，在全面探讨并验证高管—员工薪酬差距的形成机理的基础上，进一步深入探讨国有企业内部薪酬鸿沟的成因。

基于国有企业数据的实证结果表明，对于高管—员工薪酬差距的形成机理而言，经理自主权能够正向影响高管—员工薪酬差距，员工自主权则负向影响高管—员工薪酬差距，而经理—员工自主权差距对高管—员工薪酬差则能够产生更强的正向作用。员工自主权对薪酬差距的影响具有显著的效果，对 CEO 能够起到有效的制约作用；对于薪酬鸿沟的形成机理而言，经理自主权能够正向影响薪酬鸿沟，员工自主权则负向影响薪酬鸿沟，而经理—员工自主权差距对薪酬鸿沟则能够产生更强的正向作用。员工自主权对薪酬鸿沟具有显著的抑制效应。

由此，高管—员工薪酬差距和薪酬鸿沟的形成机理不仅取决于经理自主权的单方面影响，还受到经理自主权和员工自主权的共同影响，尤其是经理自主权和员工自主权相对差距的影响。实证结果不仅可以从经理—员工自主权差距的视角，更好地阐明高管—员工薪酬差距和薪酬鸿沟的形成机理，丰富了高层梯队理论和公司治理理论的文献，还有助于在实践上为董事和股东合理设置合理的高管—员工薪酬差距，并避免形成国有企业内部薪酬鸿沟，提出有价值的指导建议。

对于经理—员工自主权差距与感知薪酬鸿沟之间关系的进一步研究，本章分别将经理自主权和员工自主权作为调节变量，探讨对员工自主权/经理自主权和感知薪酬鸿沟关系的调节作用。从图 5.1 和图 5.2 分别看出，调节效应成立。

通过本章实证研究发现，仅通过约束经理自主权控制国有企业内部高管—员工薪酬差距，预防国有企业内部薪酬鸿沟，并非是最佳的选择。

首先，相比经理—员工自主权差距对高管—员工薪酬差距和薪酬鸿沟的影响，经理自主权对二者的影响较为微弱，通过经理自主权来控制高管—员工薪酬差距和预防薪酬鸿沟，无法达到预期效果。

其次，对国有企业内部经理自主权的消减可能会弱化 CEO 的努力动机，这

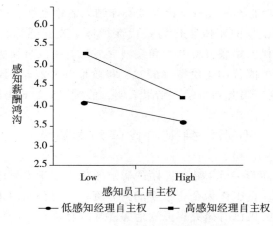

图 5.1　员工自主权的调节效应

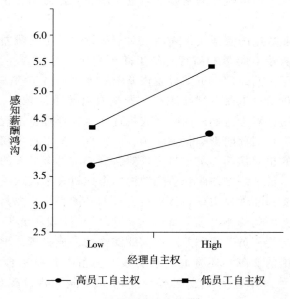

图 5.2　经理自主权的调节效应

必将导致 CEO 保留其能力、专业水平、经验等对组织的贡献，对组织而言没有充分利用高管人力资本，造成巨大浪费，最终导致公司绩效下降。显然，这种降低高管—员工薪酬差距以预防薪酬鸿沟的方法可能会失去更高的潜在收益。反之，提高员工自主权，员工能够感知到被认可和尊重，这将能激发出员工的工作潜力，提高其努力水平。组织给予员工更大的发展空间，使员工将所学知识充分利用，同时也提高员工不断学习的动力，为组织储备更多优秀人才，提高组织创新水平。因此，有效控制高管—员工薪酬差距并预防薪酬鸿沟的更好方法是赋予员工自主权。较高的员工自主权，不仅可以有效控制高管—员工薪酬差距，预防薪酬鸿沟的出现，还可以提高企业的长期竞争能力。因此，对于董事和股东而言，提高员工自主权是更为合适的方法。

在较高经理自主权情况下，赋予国有企业员工较高的自主权水平，使员工更加具有自主性，在薪酬谈判中更具有薪酬议价能力。随着员工在企业中的地位不断加重，CEO 在制定薪酬过程中面临更大的约束和监督，不得不考虑员工感受，从而保证薪酬差距控制在合理范围内，预防薪酬鸿沟。企业两大利益团体，在利用各自拥有的自主权的情况下进行博弈，最终达成双方均能接受的薪酬水平。通过这种方式，不仅可以将高管—员工薪酬差距控制在合理范围内，预防薪酬鸿沟，同时亦可以鼓励 CEO 和员工共同提高各自的努力水平，最终优化公司绩效。

未来研究在以下几个方面需要进一步拓展：经理—员工自主权差距与高管—员工薪酬差距、薪酬鸿沟之间的关系具有动态性，未来学者应该进一步比较不同时间、不同地区经理—员工自主权差距与高管—员工薪酬差距、薪酬鸿沟的关系，动态刻画相关变量间关系的协同变化模式。

第6章　经理自主权视角下国有企业内部薪酬差距的行业模仿行为对薪酬鸿沟形成的影响机理研究

6.1　引言

　　长期以来，学者们不断对我国上市公司内薪酬差距进行研究，已经取得了卓越的成果（张长征，2008；Chhaochharia 和 Grinstein，2009；张长征等，2015）。自经理自主权理论创立以来，特别是近年来，开始将重点放在具有战略意义的高管薪酬问题上，更多的学者利用这一理论研究高管薪酬，并取得了成效（吕长江、赵宇恒，2008）。最优契约理论已被经理自主权理论取代，成为学术界解释高管薪酬现象的主流理论。因此，经理自主权理论已被学者自然而然地引入薪酬差距研究中。

　　关于经理自主权对高管—员工薪酬差距影响的相关研究，就两者之间的关系而言，均持正相关观点。本章将从企业的行业模仿行为视角探索二者关系。在此基础上，本书前述章节采用正态性检验、多元回归分析与单样本 T 检验等方法，研究证实，经理自主权是影响企业高管与员工薪酬差距的重要因素。具体研究结果发现：①国有企业中，管理层经理自主权正向影响高管员工薪酬差距；②技术密集度对经理自主权与高管—员工薪酬差距间的正相关关系进行了正向调节。两者之间的关系研究在前述章节中已经进行了详细的论证，此处将不再赘述。

　　企业的模仿行为是指某些在生产、技术、营销、管理和战略等方面相对落后的企业，试图学习其他优先在以上各方面做出策略变更并已获得良好成效的企业，与其采取相同或相似策略以谋求企业发展的组织行为。组织模仿行为一直以来都是商业领域常见的组织行为策略，主要包括产品的模仿、生产技术的模仿、管理方式的模仿、组织结构的模仿、战略策略的模仿等。比如，微软的 Excel 是模仿 LOTUS123，小米模仿了苹果的饥饿营销，华为以 IBM 为模仿对象，国内大量的手机厂商在产品外观设计上模仿苹果手机等。现实中，很多企业对流行的经营方式、管理模式或生产技术没有实质性的抵抗力，特别热衷于将其用到自己的企业中。近年来，组织模仿行为已经成为经济学、社会学、组织管理学等多个学科的重要议题。现有文献对企业模仿行为进行了深入的探讨。比如，沈洪涛和苏亮德（2012）剖析了上市公司财务信息披露中的行业模仿行为；王怀业和毕茜（2016）探讨了上市公司环境信息披露的行业模仿行为；王疆和陈俊甫（2013）讨论了中国企业国际投资决策中的组织间模仿行为；张群祥和潘奇（2016）探讨了企业社会责任模仿行为。但就目前为止,企业内部高管—员工薪酬差距的行业模仿行为,尚未得到充分的文献关注。

前述章节从多个维度,详细探究了经理自主权对企业内部高管—员工薪酬差距和薪酬鸿沟的直接或间接影响,在整体上,阐明了经理自主权对企业内高管—员工薪酬差距的正向影响效应,并验证了经理自主权是薪酬鸿沟形成的关键原因。但是截至目前,我们考虑更多的是经理自主权与高管—员工薪酬差距两者之间的静态影响效应,却并未充分考虑到经理自主权对国有企业内部高管—员工薪酬差距的行业模仿行为的影响,从而忽略了在基于经理自主权视角下,国有薪酬鸿沟形成与发展的动态过程。理论上而言,经理自主权运作反映 CEO 及其高管团队成员的态度与偏好,而国有企业高管—员工薪酬差距的行业模仿行为,则是组织运营管理过程中的重要决策变量,有理由认为二者存在内在的作用关系。

鉴此,本章将以上交所、深交所两市发行 A 股的国有公司数据为样本,深入探讨二者关系,尝试剖析和回答经理自主权对企业高管—员工薪酬差距的行业模仿行为的影响,以及该影响效应如何引发甚至加剧企业内部薪酬鸿沟问题。期望该研究能够得出基于经理自主权的企业高管—员工薪酬差距行业模仿行为向薪酬鸿沟演化的动态传导机制,在丰富经理自主权与高管—员工薪酬差距理论研究的基础上,尝试厘清国有企业内部薪酬鸿沟的动态形成和演化机理。该研究结果将为我国公司治理中的经理自主权配置和薪酬管理实践提供指导意义。

6.2 文献综述与研究假设

6.2.1 企业模仿行为

模仿行为在不同的学科领域或理论视角下,具有不同的界定。从进化论视角来看,模仿行为是指人们在进化选择的压力情境中,倾向于选择具有更强适应性的事物与行为,而不愿意冒险选择偏离一般理性的行为。也就是说,人们决策选择的倾向性,是与事物或行为所具备的适应能力高度正相关;根据社会心理学视角,模仿行为被理解为有意或者无意地对特定刺激信号给予类似反应的行为方式。换言之,模仿行为是一种社会群体及其内部之间强化联系作用的过程或方式,可概分为自发性模仿和自觉性模仿两类(Haunschild 和 Miner,1997)。社会的有序存在、发展和演进都有赖于群体模仿行为,它起源于对社会群体的规范意图,是社会群体自我存续本能的体现,也是整个社会得以正常运行的基本基石之一;根据比较制度学视角,模仿是基于与其他参与者博弈过程中,对其策略选择的影响效应形成的共识。当参与者认识到其他参与者可能通过采取模仿行为来进行策略调整并以此获益,此时模仿行为会被迅速客观化,并将在所有参与者中形成默认的共识;在经济学视角下,模仿是指后发的经济主体受到先发经济主体的影响,在趋利避害的基本动机驱动和影响下,选择并保持与先发主体基本一致或者比较类似的行为。

经理自主权研究主要采用管理学中的定义，企业之间的模仿行为被定义为一个或多个企业的具体行为，该行为与初创企业相同或至少相似，而先发企业行为的成功程度会增加其他企业采取该行为的可能性（Haunschild 和 Miner，1997）。模仿行为与纯粹抄袭行为的区别在于，虽然模仿行为是对其他公司制定策略的参考，但企业需要根据自己独特的资源能力来调整这种策略。因此，对企业而言，模仿后的策略也将是具有异质性的（支晓强等，2016）。

6.2.2　企业模仿行为的研究现状

目前有关企业模仿行为的研究，常见的有对企业信息披露模仿行为、会计与审计活动模仿行为、国际化扩张模仿行为、社会责任模仿行为，以及薪酬政策模仿行为等方面的研究。

在企业信息披露模仿行为方面，Arts 等（2006）率先应用了制度理论。他们对加拿大、法国和德国的大型上市公司进行了研究，并利用六年来披露的环境信息作为研究数据，利用内容分析技术计算出相似度指数。这衡量的是单个公司在环境披露方面模仿该行业其他公司的程度。研究发现，前一时期的模仿程度和整个行业的模仿程度将对本期的模仿程度产生重大影响；行业集中将加强这种关系，而舆论曝光会削弱这种关系，模仿行为在企业环境信息披露中起着重要作用。沈洪涛和苏亮德（2012）应用制度理论的分析框架，以 2006~2010 年中国重污染上市公司为研究对象，以年度报告中的环境信息披露为研究数据，本章探讨了在合法性压力和不确定性的条件下，公司信息披露所造成的模仿行为和制度同质性。研究发现：公司环境信息的披露具有同质性和模仿行为，它是一种模仿其他公司平均水平的频率，而不是模仿行业领导者。遵循其研究的基本思路，王怀业和毕茜（2016）利用中国重污染行业上市公司 2009~2013 年公开披露的环境信息，构建环境信息披露相似指数，主要致力于探讨管理层特征对上市公司环境信息披露模仿行为的影响。基于该相似指数的研究发现，管理层年龄结构越年轻，有关环境信息披露的模仿行为便越多，且高管持股比例越高，其高管薪酬水平越低，有关环境信息披露的模仿行为则越普遍。

在企业会计与审计活动模仿行为方面，Han Shin-Kap（1994）进行了开拓性的研究，并得出了有价值的发现。根据其在该领域的里程碑式的研究结果，全球审计市场存在着明显的两极分化：一端是少数大型和超大型审计公司，另一端是大量小型审计公司，而中型审计公司则稀缺。理论上，审计公司的规模应该与客户企业和行业的规模有关，但经验数据并不支持这两个假设。根据系统理论的分析逻辑，审计市场的同质性实际上是由于中型客户企业普遍采取的模仿行为。首先，行业中的个别领导者试图与竞争对手区别开来，一般会选择规模更大、更具权威的审计公司。其次，大多数中等规模的公司客户可以为大型审计公司支付费用，并具有更积极的态度。所以他们会模仿业界的领导者，选择同一家大型审计公司作为领导者；而少数中等规模企业客户要么不能或者不愿支付大型审计公司服务费用，或者其最高管理者没有特别上进的心态，则倾向于选择更小型的审计公司即可满足要求。最后，规模较小的客户公司，要么没有中等规模公司的势头，要么没有能力支付大型审计公司的高额费用，继而通常选择规模较小的公司。现有的研究表明，正是由于企业之间的模仿，当前全球审计市场形成了许多审计公司规模的两极分化。

近十多年来，企业国际投资决策中的组织间模仿行为，逐渐成为一个最新的研究热点。王疆和陈俊甫（2013）在系统梳理国外相关文献的基础上，详细述评了其模仿行为在国际投资决策中的存在现状，并且归纳和提取了作用在企业国际投资决策中采取模仿行为的关键因素。根据其综述，代表性的研究主要有：Haunschild 和 Miner（1997）将新制度理论和组织学习理论应用于 1986~1993 年美国的并购过程中，以投资银行的使用情况为背景，发现企业之间存在三种模仿方式：基于频率的模仿、基于规模的模仿和基于结果的模仿；在 1990~1996 年日本跨国公司向海外扩张的背景下，Henisz 和 Delios（2001）试图解释为什么在不确定性是由于缺乏经验而非环境因素的情况下，模仿过去的国际化行为可以为决策提供合理的解释；King 和 Zeithaml（2001）于 1994 年在美国研究了 17 家纺织公司和医院，他们从资源基础观的角度指出，公司的高级管理人员对资源与竞争优势之间的因果关系一般有不同的理解，因此，它对企业模仿行为的选择策略有不同的影响，这与企业未来的绩效差异有一定的关系；Baden-Fuller（2006）于 1987~1996 年对葡萄牙银行进行了研究，实证结果显示，银行在设立分行时倾向于采取深度模仿策略，但这通常会降低整个行业的整体利润率。

在社会责任模仿行为方面，随着企业发展以及主流价值观的演进，面对利益相关者理论正成为股东至上理论的关键替代性理论视角的现实，相比于原本股东（和高管）单纯追求经济利益最大化，为了更好地适应社会要求并获取更持久的长远竞争力，公司无疑需要重新规划和加强包含捐赠在内的社会责任表现（Carroll 和 Buchholtz，2003）。企业成为捐赠焦点的原因，一是它们是最强大的社会实体，二是捐赠需要主体支付。企业作为社会财富的生产者、创造者和最重要的经济体，集中了社会可利用的大部分资源。通过对捐赠等社会责任行为的表现，反映了公司的态度和所处的经营环境，有利于公司获取更好的合法性，并帮助公司与利益相关者保持密切联系，以加强进一步的合作。如果企业不对社会要求作出反应和承担社会分配的责任，不仅会影响与利益相关者的关系，而且还可能损害他们的社会声誉。但是，与此同时，过多的企业捐赠行为反而可能招致"沽名钓誉"的恶评，被当作"伪善"加以批判，而且企业捐赠较多时，却往往导致索捐的可能（张群祥、潘奇，2016）。因此，公司对低风险的"应该捐赠"和"适度捐赠"的要求应有合理的反应，可能是通过模仿，因为对某些公司来说，模仿大多数公司的行为既没有压力也没有风险。正如制度理论所指出的，当一个组织的环境中有符号象征方面的不确定性时，该组织很可能会使用其他组织作为样本参考模型来建立自己的机构结构。例如，张群祥和潘奇（2016）以中国上市公司慈善捐赠的面板数据为样本，分析和讨论企业捐赠是否采取了模仿策略。实证结果表明，企业将参照和模仿其产业和省份的捐赠水平，当上一年度企业捐赠额度越是超出其所在行业及省份的捐赠水平时，该企业越是会减少其当年的捐赠。进一步研究还发现，为获取捐赠的工具性（功利性）价值，市场竞争压力更大、与消费者有更多直接接触的企业，较少表现出社会责任模仿行为。此外，随着企业与其各利益相关者间关系的协调性改进，也可能会减少使用社会责任模仿策略的概率。

在研发创新投入行业模仿行为方面，张长征（2017）在回顾当前组织间模仿行为研究的基础上，综合运用组织学习理论、资源基础观和新制度理论视角，将既有文献向经理自主权与企业研发投入的行业模仿行为关系研究进行拓展。以中国上市公司符合经理自主权研究要求的 2010~2015 年 3822 条来自制造业的面板数据为样本，以基于 OLS 的多元线性回归分析和逻辑回归分析的数据分析方法，研究发现，经理自主权配置与不同的研发投入模仿行为具有不同程度、不同性质的相关性。具体而言，经理自主权与基于行业平均水平的研发投入模仿行为（频率模仿）、基于行业最高业绩企业的研发投入模仿行为（结果模仿），以及基于行业最高投入水平的研发投入模仿行为（特征模仿 1）有显著正相关关系，而与基于行业最大规模企业的研发投入模仿行为（特征模仿 2）负相关。其中，经理自主权与基于行业平均水平的研发投入模仿行为的正相关性最强，表示 CEO 最青睐的行业模仿策略，是以行业内大多数企业采用的研发投入策略为模仿对象，在某种程度上，于更微观的层面上，其为研发活动制度化过程中的趋同形式提供了新的理论证据。与此同时，该研究还发现，独立董事比率对经理自主权与各种研发投入的行业模仿行为之间的关系，具有不同的调节效应。研究结论推进了经理自主权的影响效应研究、研发投入决定机制研究以及组织间模仿行为研究等多个研究领域的进展，填补了基于经理自主权视角剖析企业研发投入的行业模仿行为的理论空白，丰富了现有研究对 CEO 进行研发投入决策的心理与动力机制的认知，进一步揭示了技术创新投入中的行业趋同现象的微观决定机理。

在薪酬政策模仿行为方面，在现有的文献中，早期的经济学家发现在西方发达国家不同行业的工人工资实际上是相互影响的，且这种相互依存或相互模仿最终导致不同行业工人的相对工资结构几乎没有变化，甚至逐渐缩小职业之间的工资差距。Farber（2005）认为，通过工资比较在行业中产生的工资溢出效应是这种现象的一个重要解释。西方传统的工资集体议价制度，实际上创造了一种工资领导者与追随者的模式，使不同行业的工资决策紧密相连，并逐渐相互模仿。与西方国家的工资状况不同，考虑到中国的劳动力市场逐步改善，劳动力流动增加，谢露露等（2011）从邻近行业工资互动的角度解释了工业内部"工资俱乐部"的现象，间接解释了产业工资差距逐渐扩大的基本原因，为理解产业工资差距提供了一个新的视角。在此基础上，谢露露（2015）通过研究我国制造业的工资模仿行为，来考察行业相对工资结构变化的动因。在领导者—追随者理论模型的基础上，利用中国 1992~2011 年制造业面板数据，实证研究发现，制造业普遍存在工资模仿行为，但该行为受到经济因素和制度因素的影响。与国外同行研究结论不同，该研究发现，由于工资模仿行为的发生在绝对工资较低的有竞争力的行业中更为普遍，它对缩小工资差距的影响非常有限。将对制造业工资决定会产生影响的行业特征和工资模仿行为进行控制后，发现在国有比例较高的行业中，不仅职工绝对工资较高，而且其工资增长水平呈发散状态，最终直接扩大了行业之间的工资差距。

6.2.3 经理自主权与企业高管—员工薪酬差距的行业模仿行为的关系

企业中，薪酬问题无疑是一个最为敏感的话题，与其他人的薪酬差距会直接影响到员工工作时的心情、态度以及努力程度。近年来，上市公司高管之间以及高管与员工之间的薪酬相差过于悬殊已经引发了社会各界激烈的争议和质疑，"天价薪酬"事件受到了来自多方面的解读。随着高管与员工薪酬差距的逐步扩大，人们越来越发现，薪酬差距不仅是公司治理中的一个重要问题，更兼具社会治理层面的意义，在促进企业发展与维护社会稳定方面均有显著的影响效应，因此越来越多的学者倾注于企业内部薪酬差距的形成机制研究。与此同时，关于高管—员工薪酬差距的行业模仿行为仍鲜有文献报道，然而在企业的薪酬战略实践中，企业高管试图提升自身薪酬并拉开与各层级员工的薪酬差距的过程中，不但要遵循薪酬差距的相对合理性以至于不引起员工的反弹，且又需要表现出社会各界对此行为认同的"合法性"，制度理论认为公司可以通过采用模仿行为以增强组织的合法性（Meyer，1977；Powell 和 DiMaggio，1991）。

薪酬激励是企业各项管理机制中最直接、最有效的激励方式，但我国长期以来的平均主义思想、"不患寡而患不均"的文化传统，使我们很难在社会宏观层面上接受这种高工资差异。当高管们有通过薪酬激励来获取个人利益的动机时，薪酬分配问题显然成为企业高管们的一个灰色地带。当上市公司的高管们尝试进入"灰色地带"，且又试图努力不引起社会各界的反感时，本章认为上市公司的高管们将基于行业内的模仿行为实施各种企业薪酬制定政策。本章在过往文献的基础上，尝试探讨经理自主权对企业内薪酬差距行业模仿行为的影响效应，试图填补这一理论空白。本章将引出企业内部薪酬差距行业模仿行为这一概念，并分别从标杆模仿度、低端偏离度、均值偏离度三个视角，尝试分析经理自主权与三种企业内部薪酬差距行业模仿行为，即行业标杆模仿行为、行业低端偏离行为以及行业均值偏离行为之间的内在关联性。

根据新制度理论，在内外部环境变得愈加制度化和规范化的背景下，组织会趋向于同构，亦称为模仿性同构。而在薪酬差距方面，标杆模仿行为是指企业会根据同行业内标杆企业的高管—员工薪酬差距来确定自身企业的高管—员工薪酬差距。高管薪酬决策过程表明，当高管拥有更大的权力时，高管有影响激励方案的设计的能力。经验证据证明了高管权力对高管薪酬的影响（包括股权激励措施），例如 Core 等（1999）发现，当董事会规模较大且大多数外部董事实际上是由首席执行官提名时，这位首席执行官的薪酬往往很高，业绩却差，而且当董事长和总经理这两个职位合并后，他们将得到更高的薪水。鉴于以上原因，高管有能力亦有动机谋求自身薪酬的提升，但是在提高自身薪酬的同时，企业内高管—员工薪酬差距被整体拉大。考虑到这一现实，为了避免引起社会公众的不满情绪以及员工的消极怠工行为，CEO 会根据同行业内标杆企业的高管—员工薪酬差距作为参考对象，保证企业的高管—员工薪酬差距不高于行业内最高的高管—员工薪酬差距。已有研究证实，企业内高管—员工薪酬差距对企业绩效产生积极影响效应（李艳，2013；刘春、孙亮，2010；Lazear 和 Rosen，1981），因此，CEO 利用自主权提高本企业与标杆企业高管—员工薪酬差距的模仿程度不但有利于提升自身的薪酬，而且有利于企业的长远的发展。因此，经理自主权越高，企业高管—员工薪酬差距的标杆模仿行为越剧烈。

薪酬差距的低端模仿行为是指企业会根据同行业内最低的高管—员工薪酬差距确定来自身企业的高管—员工薪酬差距。之所以会选择最低的高管—员工薪酬差距作为参照的标准，是因为企业高管有动机谋求自身薪酬水平的提升，想要通过自主权拉大高管—员工之间的薪酬差距，同时保证企业的高管—员工薪酬差距不低于行业内最低的高管—员工薪酬差距。企业中高管在设定薪酬差距的过程中也会有一定的从众心理，具体表现为自身企业的高管—员工薪酬差距绝不成为排序最后的，企业高管尤其是 CEO 有强烈的愿望主动偏离行业内最低的高管—员工薪酬差距。因此，经理自主权越高，企业高管—员工薪酬差距的低端偏离行为越明显。

薪酬差距的均值模仿行为是指企业会根据同行业内平均的高管—员工薪酬差距确定来自身企业的高管—员工薪酬差距。新制度理论表明，企业与行业内的多数企业采取相似的行动不仅会降低不确定性，同时当更多企业采取相同行动的时候，这种行为的合理性与合法性会被提高。因此，根据制度理论观点，以行业平均水准为对象的薪酬差距模仿行为，其主要目的是在获取合理性与合法性的同时，降低企业的风险。在薪酬差距方面的模仿性同形，与其他决策同行或者制度同行一样，可能不是必然地促进组织内部的经济绩效，但与行业内多数企业的相似性，会有助于企业获得合法性与合理性的认可和声誉。换句话说，以行业平均水平为对象的薪酬差距偏离行为，不但会提升自身企业的高管—员工薪酬差距相对于平均高管—员工薪酬差距的偏离程度，而且企业因遵从外部环境的要求而获得相对确定的回报。因此，经理自主权越大，企业高管—员工薪酬差距与行业内平均高管—员工薪酬差距的偏离程度就越大。

H6.2-1：经理自主权与企业高管—员工薪酬差距的行业模仿行为显著正相关。

H6.2-1a：经理自主权与企业高管—员工薪酬差距的标杆模仿度显著正相关。

H6.2-1b：经理自主权与企业高管—员工薪酬差距的低端偏离度显著正相关。

H6.2-1c：经理自主权与企业高管—员工薪酬差距的均值偏离度显著正相关。

6.2.4　高管—员工薪酬差距的行业模仿行为与薪酬鸿沟的关系

假设 H6.2-1 重点探讨的是经理自主权是否导致 CEO 在高管—员工薪酬差距设置时采取行业模仿行为，判断二者之间是否存在因果关系。在此基础上，继续探讨经理自主权在薪酬差距设置上的行业模仿行为是否会导致较高的薪酬鸿沟，或者提升薪酬鸿沟出现的概率。

当企业展现出标杆模仿行为时，不论是 CEO 还是其他决策主体，其决定当年薪酬差距的基准是参考行业中排名较为靠前、薪酬差距较大的标杆性企业，从而导致其薪酬差距会明显高于往年。当行业中多数企业选择标杆模仿行为时，导致整个行业的平均薪酬差距水平明显提升。这反过来也会为行业薪酬差距领先的标杆企业在下一年度拉大薪酬差距提供了合理性基础，因为整个行业的平均薪酬差距拉大，作为行业标杆的他们适当地提升其薪酬差距，所承担的压力就更小，更容易实现。依据此逻辑，可以提出假设 H6.2-2。

H6.2-2：高管—员工薪酬差距的行业模仿行为是导致薪酬鸿沟的直接原因。

H6.2-2a：高管—员工薪酬差距的标杆模仿度与薪酬鸿沟程度呈正相关。

H6.2-2b：高管—员工薪酬差距的低端偏离度与薪酬鸿沟程度呈正相关。

H6.2-2c：高管—员工薪酬差距的均值偏离度与薪酬鸿沟程度呈正相关。

6.3　研究设计

6.3.1　样本选择与数据来源

本章进行样本分析的所有数据都是来自 CSMAR 国泰君安金融数据库。因为市场经济的复杂情况，会有很多因为市场震荡导致的特殊数据，为了使研究结果具有更加贴近市场实际情况的借鉴意义，我们选取 2007~2015 年共 9 年时间内在上交所、深交所两市发行 A 股的国有公司，按照以下条件筛选研究样本：

（1）剔除 ST 公司。

（2）鉴于金融、保险类企业资产结构及经营管理的特殊性，剔除金融、保险类行业的上市公司。

（3）公司年报信息有缺失的样本。如样本数据中缺少分析需要的数据。

（4）有异常波动的样本。如果样本数据明显与前后年份产生极端差异，说明该样本在该时间段内有特殊事件，不适合做统计分析，因此剔除上述数据。

按照以上筛除条件，最终得到共 485 家国有上市公司作为本次研究的样本企业，9 年总计 4365 条平衡面板观测数据。研究过程中主要使用了 SPSS23.0 和 Excel 等统计软件。

6.3.2　变量设计

6.3.2.1　自变量：经理自主权（CDI）

与前述章节研究中经理自主权的度量指标选择不同，本章研究尝试直接从现有研究中选择常用的指标，综合合成经理自主权指数（CDI）。具体而言，本研究选择两职合一（DUALITY）、CEO 年龄（CAGE）、CEO 任期（CEOR）、CEO 持股情况（CEOS）、固定资产比率（RFASSET）五个相对独立的指标综合度量 CDI。以上指标在已有的经理自主权研究文献中基本都出现过，比如张长征（2011，2016），周虹和李端生（2018），张长征、李怀祖和赵西萍（2006），张长征和吕悦凡（2016），张维今和李凯（2018）等。此外，本章还使用了第 4 章中开发的多维度综合度量指标体系（MDI）衡量经理自主权，并对本章研究结论进行验证性分析，结果没有发生实质性变化。

具体而言，当董事长与总经理（或总裁）由一人兼任时，DUALITY 设置为 1，否则设置为 0；当 CEO 年龄是高管团队中年龄最大的人时，CAGE 设置为 1，否则设置为 0；当 CEO 任期大于样本均值时，CEOR 设置为 1，否则设置为 0；当 CEO 持有公司股份时，CEOS 设置为 1，否则设置为 0；当固定资产比率低于样本均值时，RFASSET 设置为 1，否则设置为 0。CDI 是由以上五个指标通过加权取算术平均值进行测算。

6.3.2.2　因变量：高管—员工薪酬差距的行业模仿行为（GAPE_ID）

本章拟用 3 个指标衡量高管—员工薪酬差距的行业模仿行为，分别是高管—员工薪酬差距标杆模仿度（GAPE_ID1），即企业以行业内前十名高管—员工平均薪酬差距为模仿对象的程度；高管—员工薪酬差距低端偏离度（GAPE_ID2），即企业对行业内后十名高管—员工平均薪酬差距偏离的程度；高管—员工薪酬差距均值偏离度（GAPE_ID3），即企业对本行业平均高管—员工薪酬差距偏离的程度。其中，高管—员工薪酬差距以前三名高管平均薪酬与普通员工平均薪酬的差值进行衡量（见表 6.1）。

高管—员工薪酬差距标杆模仿度（GAPE_ID1），是指企业一般倾向于以行业内标杆企业为模仿对象，提高本企业的高管—员工薪酬差距。测算方式是：某样本企业高管—员工薪酬差距对数与行业内前十名高管—员工薪酬差距平均值对数的比值。首先，历史经验证实了企业拉大高管—员工薪酬差距有助于提升企业的经营业绩；其次，高管有动机谋求自身薪酬水平的提高。然而，过大的薪酬差距会引起员工的不满情绪以及社会公众的质疑，因此企业较为可行的方式是不断向同行业内的标杆企业靠拢，力求无限逼近标杆企业的高管—员工薪酬差距，从而提升所在企业的高管—员工薪酬差距，而更多的社会压力则主要由行业内薪酬差距最高的标杆企业来承受。

表6.1　变量定义

变量代码	含义	说明
CDI	经理自主权	两联合一、CEO年龄等五个指标合成的经理自主权指数
GAPE_ID1	标杆模仿度	本企业高管—员工薪酬差距对数与整个行业的前十名高管—员工薪酬差距平均值对数的比值
GAPE_ID2	低端偏离度	本企业高管—员工薪酬差距对数与整个行业的后十名高管—员工薪酬差距平均值对数的比值
GAPE_ID3	均值偏离度	本企业高管—员工薪酬差距与整个行业平均高管—员工薪酬差距对数的比值
AREA	地区	属于东部省份的企业记为1，否则为0
SIZE	公司规模	公司总资产取对数
FIRM	企业类型	属于地方国有企业记为1，否则为0
HY	行业类型	属于知识型企业记为1，否则为0
ECD	股权集中度	第一大股东持股比例
ASSET	资产负债率	负债总额/资产总额
IDR	董事会独立性	独立董事人数/董事会总人数
RFE	女性高管比例	女性高管人数/董事会总人数
GGGM	高管规模	高管人数的自然对数
YGGM	员工规模	员工人数的自然对数
HPG	薪酬鸿沟	度量方法见第2章

注：东部地区包括福建、天津、辽宁、北京、山东、浙江、上海、江苏和海南等10个省（市）；中部地区包括黑龙江、山西、安徽、吉林、江西、河南、湖北、湖南、河北9个省（区）；西部地区包括新疆、重庆、四川、贵州、宁夏、广西、云南、甘肃、西藏、陕西、吉林、青海、内蒙古13个省（区市）。

高管—员工薪酬差距低端偏离度（GAPE_ID2），是指企业一般倾向于正向偏离（超过）行业内最低的高管—员工薪酬差距，扩大本企业内高管—员工薪酬差距超过行业内最低薪酬差距的程度。测算方式是：某样本企业高管—员工薪酬差距对数与行业内后十名高管—员工薪酬差距平均值对数的比值。首先，大量文献证实了企业拉大高管—员工薪酬差距有助于提升企业的经营业绩；其次，高管有动力谋求自身薪酬水平的提高。人们倾向于将高管—员工薪酬差距过低与企业的经营业绩不善联系到一起，因此提升高管—员工薪酬差距有利于企业的经营业绩的提升。因此，企业有动机与行业内处于低端的高管—员工薪酬差距相偏离，提升其高管—员工薪酬差距。

高管—员工薪酬差距均值偏离度（GAPE_ID3），是指企业通常倾向于偏离同行业内平均的高管—员工薪酬差距，拉大本企业的高管—员工薪酬差距与行业内平均薪酬差距的相对距离。测算方式是：某样本企业高管—员工薪酬差距对数与行业平均高管—员工薪酬差距对数的比值。CEO 有动力设置高于行业平均的高管—员工薪酬差距，理由如下：一方面，理论研究表明较高的薪酬差距有助于企业绩效提升，CEO 设置高于行业平均水平的薪酬差距，既有充分的理论依据，又可以向各界公众传递企业绩效良好的信息；另一方面，设置高于行业平均水平的薪酬差距，既有利于自身薪酬水平的提高，又可以尽最大可能避免各界群体产生基于"过高薪酬差距"的薪酬不满，因为其薪酬差距有很好的"群众基础"，仅仅是略高于行业均值，并不是一枝独秀。这也是"行业模仿"的基本心理动因所在。

综上所述，高管—员工薪酬差距的行业模仿程度的最终界定方式如下：本企业高管—员工薪酬差距对数与被模仿对象高管—员工薪酬差距对数的比值。标杆模仿的模仿对象是整个行业的前十名平均高管—员工薪酬差距，低端偏离对象是整个行业的后十名平均高管—员工薪酬差距，均值偏离的对象是整个行业的平均高管—员工薪酬差距。

6.3.2.3 控制变量

根据已有文献关于企业高管—员工薪酬差距影响因素的研究成果，结合数据的可获取性，选择以下控制变量：公司所处地区（AREA）、公司规模（SIZE）、企业类型（FIRM）、行业类型（HY）、股权集中度（ECD）、资产负债率（ASSET）、股权制衡（OBD）、董事会独立性（RID）、女性高管比例（RFE）、高管规模（GGGM）、员工规模（YGGM）。

6.3.3 变量描述性统计与相关性分析

变量描述性统计如表 6.2 所示。所选样本中经理自主权指数最低为 0，最高为 1，平均值为 0.387，标准差为 0.218。标杆模仿度的平均值为 0.888，低端偏离度的平均值为 1.539，均值偏离度的平均值为 0.998。样本公司东部地区占 61%，中西部地区占 39%；样本中公司规模的极小值为 20.387，极大值为 24.622，均值为 22.270，说明样本公司的规模发布有显著差异；样本中地方国有企业占 67%；样本中知识型企业占 53%，其余为非知识型企业；股权集中度平均值为 38.0%；平均资产负债率为 52.9%；独立董事比例为 36.6%；平均女性高管比例为 12.7%；高管规模对数均值为 1.85；员工规模对数均值为 7.83。

表 6.2 变量描述统计量

变量代码	变量名称	样本数	极小值	极大值	均值	标准差
CDI	经理自主权	4365	0.0	1.0	0.387	0.218
GAPE_ID1	标杆模仿度	4365	0.519	1.070	0.888	0.092
GAPE_ID2	低端偏离度	4365	0.710	2.066	1.539	0.199

续表

变量代码	变量名称	样本数	极小值	极大值	均值	标准差
GAPE_ ID3	均值偏离度	4365	0.558	1.375	0.998	0.104
AREA	地区	4365	0	1	0.61	0.487
SIZE	公司规模	4365	20.387	24.622	22.270	1.183
FIRM	企业类型	4365	0	1	0.67	0.469
HY	行业类型	4365	0	1	0.53	0.499
ECD	股权集中度	4365	0.159	0.632	0.380	0.139
ASSET	资产负债率	4365	0.176	0.828	0.529	0.188
IDR	董事会独立性	4365	0.300	0.714	0.366	0.051
RFE	女性高管比例	4365	0.000	1.000	0.127	0.150
GGGM	高管规模	4365	0.000	3.807	1.85	0.352
YGGM	员工规模	4365	2.708	12.841	7.83	1.361
HPG	薪酬鸿沟	4365	0.00	1.00	0.4746	0.232

根据表6.3所显示的相关系数结果，主要控制变量、自变量和因变量之间，多存在不同程度的相关性。该事实，一方面说明了控制变量选择的相对合适性，另一方面说明自变量与因变量均有相关性，并且方向为正，这也为假设的合理性提供了直观的初步检验。当然，更准确和可靠的统计检验，需要根据实证模型的设计在后文慎重进行。相关系数，其绝对值多在0.5以下。这表明，实证回归模型中，本研究整体上的多重共线性问题基本可以接受。

具体到控制变量与因变量之间的相关性，有些发现值得特别指出。比如，公司规模与GAP_ ID1、GAP_ ID2、GAP_ ID3正相关，似乎意味着，公司规模越大越倾向于发生薪酬差距的行业模仿行为。企业类型与GAP_ ID1、GAP_ ID2、GAP_ ID3负相关，似乎意味着，国有企业更倾向于发生薪酬差距的行业模仿行为。当然，更可靠的结论需要等到真正规范的数据分析之后，才能进一步详细讨论和确认。

6.3.4 实证模型设计

为检验假设H6.2-1，拟以经理自主权（CDI）为自变量，分别以标杆模仿度（GAPE_ ID1）、低端偏离度（GAPE_ ID2）、均值偏离度（GAPE_ ID3）为因变量，以AREA、SIZE、FIRM、HY、ECD、ASSET、IDR、RFE、GGGM、YGGM为控制变量，基于OLS构建多元回归实证模型（6.1）、模型（6.2）、模型（6.3）：

$$GAPE-ID1_{it} = \alpha + \beta_1 CDI + \beta_2 AREA_{it} + \beta_3 SIZE_{it} + \beta_4 FIRM_{it} + \beta_5 HY_{it} +$$
$$\beta_6 ECD_{it} + \beta_7 ASSET_{it} + \beta_8 IDR_{it} + \beta_9 RFE_{it} + \beta_{10} GGGM_{it} +$$
$$\beta_{11} YGGM_{it} + \varepsilon_{it} \tag{6.1}$$

表 6.3　主要研究变量相关系数

	1	2	3	4	5	6	7	8	9	10	11	12	13	14	15
CDI	1														
GAPE_ID1	0.153**	1													
GAPE_ID2	0.163**	0.741**	1												
GAPE_ID3	0.158**	0.982**	0.818**	1											
AREA	0.085**	0.042	0.097**	0.063**	1										
SIZE	-0.013	0.288**	0.259**	0.282**	0.070**	1									
FIRM	0.013	-0.097**	-0.104**	-0.085**	0.030	-0.064**	1								
HY	0.069**	0.047**	0.159**	0.023	-0.088**	-0.066**	-0.139**	1							
ECD	-0.103**	0.001	-0.021	-0.020	0.112**	0.244**	0.003	-0.030*	1						
ASSET	-0.389**	-0.052**	-0.013	-0.035*	-0.093**	0.383**	0.042**	-0.161**	-0.006	1					
IDR	0.002	0.006	-0.010	0.013	-0.092**	0.082**	0.011	0.008	0.036*	-0.006	1				
RFE	0.016	-0.005	0.039*	0.027	0.080*	-0.131**	0.122**	-0.092**	-0.096**	0.036*	0.021	1			
GGCM	0.059**	0.241**	0.175**	0.225**	-0.087**	0.285**	-0.026	0.080**	-0.023	-0.096**	-0.020	-0.153**	1		
YGCM	0.045**	0.450**	0.378**	0.410**	-0.106**	0.582**	-0.098**	0.268**	0.139**	-0.023	0.009	-0.186**	0.338**	1	
HPG	0.352**	0.690**	0.590**	0.698**	0.133**	0.286**	-0.076**	0.027	-0.019	-0.087**	0.055**	0.067**	0.177**	0.294**	1

注：* 表示在 0.05 水平上显著；** 表示在 0.01 水平上显著。

$$\begin{aligned}
\text{GAPE-ID2}_{it} =& \alpha + \beta_1 \text{CDI} + \beta_2 \text{AREA}_{it} + \beta_3 \text{SIZE}_{it} + \beta_4 \text{FIRM}_{it} + \beta_5 \text{HY}_{it} + \\
& \beta_6 \text{ECD}_{it} + \beta_7 \text{ASSET}_{it} + \beta_8 \text{IDR}_{it} + \beta_9 \text{RFE}_{it} + \beta_{10} \text{GGM}_{it} + \\
& \beta_{11} \text{YGGM}_{it} + \varepsilon_{it}
\end{aligned} \tag{6.2}$$

$$\begin{aligned}
\text{GAPE-ID3}_{it} =& \alpha + \beta_1 \text{CDI} + \beta_2 \text{AREA}_{it} + \beta_3 \text{SIZE}_{it} + \beta_4 \text{FIRM}_{it} + \beta_5 \text{HY}_{it} + \\
& \beta_6 \text{ECD}_{it} + \beta_7 \text{ASSET}_{it} + \beta_8 \text{IDR}_{it} + \beta_9 \text{RFE}_{it} + \beta_{10} \text{GGM}_{it} + \\
& \beta_{11} \text{YGGM}_{it} + \varepsilon_{it}
\end{aligned} \tag{6.3}$$

为了检验假设 H6.2-2，拟以 AREA、SIZE、FIRM、HY、ECD、ASSET、IDR、RFE、GGM、YGGM 为控制变量，分别以标杆模仿度、低端偏离度、均值偏离度为自变量，以薪酬鸿沟指数为因变量，基于 OLS 构建多元回归实证模型（6.4）、模型（6.5）、模型（6.6）：

$$\begin{aligned}
\text{HPG}_{i(t+1)} =& \alpha + \beta_1 \text{GAPE\_ ID1}_{it} + \beta_2 \text{AREA}_{it} + \beta_3 \text{SIZE}_{it} + \beta_4 \text{FIRM}_{it} + \beta_5 \text{HY}_{it} + \\
& \beta_6 \text{ECD}_{it} + \beta_7 \text{ASSET}_{it} + \beta_8 \text{IDR}_{it} + \beta_9 \text{RFE}_{it} + \beta_{10} \text{GGM}_{it} + \\
& \beta_{11} \text{YGGM}_{it} + \varepsilon_{it}
\end{aligned} \tag{6.4}$$

$$\begin{aligned}
\text{HPG}_{i(t+1)} =& \alpha + \beta_1 \text{GAPE\_ ID2}_{it} + \beta_2 \text{AREA}_{it} + \beta_3 \text{SIZE}_{it} + \beta_4 \text{FIRM}_{it} + \beta_5 \text{HY}_{it} + \\
& \beta_6 \text{ECD}_{it} + \beta_7 \text{ASSET}_{it} + \beta_8 \text{IDR}_{it} + \beta_9 \text{RFE}_{it} + \beta_{10} \text{GGM}_{it} + \\
& \beta_{11} \text{YGGM}_{it} + \varepsilon_{it}
\end{aligned} \tag{6.5}$$

$$\begin{aligned}
\text{HPG}_{i(t+1)} =& \alpha + \beta_1 \text{GAPE\_ ID3}_{it} + \beta_2 \text{AREA}_{it} + \beta_3 \text{SIZE}_{it} + \beta_4 \text{FIRM}_{it} + \beta_5 \text{HY}_{it} + \\
& \beta_6 \text{ECD}_{it} + \beta_7 \text{ASSET}_{it} + \beta_8 \text{IDR}_{it} + \beta_9 \text{RFE}_{it} + \beta_{10} \text{GGM}_{it} + \\
& \beta_{11} \text{YGGM}_{it} + \varepsilon_{it}
\end{aligned} \tag{6.6}$$

6.4 实证分析

6.4.1 H6.2-1 假设检验

应用模型（6.1）拟合样本数据，回归结果如表 6.4 所示。结果显示，CDI 对 GAPE_ ID1 的回归结果显著为正（$\beta = 0.066$，$P = 0.000$），即经理自主权指数越高，则 CEO 越倾向于提高行业高管—员工薪酬差距标杆企业的模仿程度。换言之，高自主权 CEO 倾向于选择以行业标杆高管—员工薪酬差距为模仿对象，从而提升自身企业的高管—员工薪酬差距，假设 H6.2-1a 得到验证。

表 6.4 经理自主权与标杆模仿度关系的实证结果

模型	变量	非标准化		标准系数	t	Sig.
		系数 B	标准误差	β		
(6.1)	（常量）	0.535	0.027		20.108	0.000
	CDI	0.028	0.006	0.066	4.515	0.000
	AREA	0.014	0.003	0.073	5.387	0.000
	SIZE	0.004	0.001	0.057	3.073	0.002
	FIRM	-0.013	0.003	-0.068	-5.116	0.000

模型	变量	非标准化		标准系数	t	Sig.
		系数 B	标准误差	β		
	HY	−0.020	0.003	−0.106	−7.414	0.000
	ECD	−0.049	0.009	−0.073	−5.279	0.000
	ASSET	−0.069	0.008	−0.141	−8.817	0.000
	IDR	0.024	0.024	0.013	0.993	0.321
	RFE	0.048	0.008	0.078	5.821	0.000
	GGGM	0.027	0.004	0.103	7.306	0.000
	YGGM	0.031	0.001	0.458	25.616	0.000
R^2		0.269				
调整后 R^2		0.267				
F		145.642				
Sig.		0.000				
N		4365				

应用模型（6.2）拟合样本数据，回归结果如表 6.5 所示。结果显示，CDI 对 GAPE_ ID2 的回归结果显著为正（β=0.109，P=0.000），即经理自主权指数越高，则 CEO 越倾向于偏离行业排位靠后高管—员工薪酬差距企业的偏离程度。换言之，高自主权 CEO 倾向于偏离行业内较低高管—员工薪酬差距，从而提升自身企业的高管—员工薪酬差距，假设 H6.2-1b 得到验证。

考虑到标杆模仿度的测算过程中，使用了高管—员工薪酬差距的数据，而高管薪酬和员工薪酬又是直接决定该差距的变量，因此标杆模仿度与这两个变量之间可能存在较强的内生性关系。为了克服这一可能内生性问题，拟将模型（6.1）中的高管薪酬对数（GGGM）、员工薪酬对数（YGGM）从控制变量中删除，构建基于 OLS 的多元回归模型（6.7）。

$$GAPE\_ ID1_{it} = \alpha + \beta_1 CDI_{it} + \beta_2 AREA_{it} + \beta_3 SIZE_{it} + \beta_4 FIRM_{it} + \beta_5 HY_{it} +$$
$$\beta_6 ECD_{it} + \beta_7 ASSET_{it} + \beta_8 IDR_{it} + \beta_9 RFE_{it} + \varepsilon_{it} \quad (6.7)$$

考虑到本章的合理篇幅问题，模型（6.7）具体的回归结果并未给出完整的表格，此处仅对关键结果进行文字表述。此时，经理自主权（CDI）的标准化回归系数为 0.218（P=0.000）。因此，在考虑了内生性问题之后，假设 H6.2-1a 仍然成立，而且假设中的效应强度显著增强。

应用模型（6.3）拟合样本数据，回归结果如表 6.6 所示。结果显示，CDI 对 GAPE_ ID3 的回归结果显著为正（β=0.080，P=0.000），即经理自主权指数越高，则 CEO 越倾向于偏离行业平均高管—员工薪酬差距。换言之，高自主权 CEO 倾向于以行业平均高管—员工薪酬差距为偏离对象，从而提升自身企业的高管—员工薪酬差距，假设 H6.2-1c 得到验证。

表 6.5 经理自主权与低端偏离度关系的实证结果

模型	变量	非标准化		标准系数	t	Sig.
		系数 B	标准误差	β		
(6.2)	（常量）	0.741	0.060		12.430	0.000
	CDI	0.100	0.014	0.109	7.244	0.000
	AREA	0.051	0.006	0.124	8.804	0.000
	SIZE	0.016	0.003	0.095	4.929	0.000
	FIRM	−0.031	0.006	−0.072	−5.243	0.000
	HY	0.028	0.006	0.070	4.731	0.000
	ECD	−0.112	0.021	−0.078	−5.418	0.000
	ASSET	−0.037	0.018	−0.035	−2.092	0.036
	IDR	−0.028	0.053	−0.007	−0.532	0.595
	RFE	0.152	0.019	0.114	8.168	0.000
	GGGM	0.030	0.008	0.053	3.621	0.000
	YGGM	0.048	0.003	0.326	17.554	0.000
R^2		0.212				
调整后 R^2		0.210				
F		106.633				
Sig.		0.000				
N		4365				

考虑到低端偏离度与高管薪酬、员工薪酬这两个变量之间可能的内生性关系，拟将模型（6.3）中的高管薪酬对数（GGGM）、员工薪酬对数（YGGM）从控制变量中删除，构建基于 OLS 的多元回归模型（6.8）。

$$GAPE\_ID2_{it} = \alpha + \beta_1 CDI + \beta_2 AREA_{it} + \beta_3 SIZE_{it} + \beta_4 FIRM_{it} + \beta_5 HY_{it} + \beta_6 ECD_{it} + \beta_7 ASSET_{it} + \beta_8 IDR_{it} + \beta_9 RFE_{it} + \varepsilon_{it} \tag{6.8}$$

考虑到经理自主权的篇幅问题，模型（6.8）具体的回归结果未给出详细表格，此处仅对关键结果进行文字表述。结果表明，经理自主权（CDI）的标准化回归系数为 0.242（P = 0.000）。因此，在考虑了内生性问题之后，假设 H6.2-1b 仍然成立，而且假设中的效应强度显著增强。

考虑到均值偏离度与高管薪酬、员工薪酬这两个变量之间可能的内生性关系，拟将模型（6.3）中的高管薪酬对数（GGGM）、员工薪酬对数（YGGM）从控制变量中删除，构建基于 OLS 的多元回归模型（6.9）。

$$GAPE\_ID3_{it} = \alpha + \beta_1 CDI_{it} + \beta_2 AREA_{it} + \beta_3 SIZE_{it} + \beta_4 FIRM_{it} + \beta_5 HY_{it} + \beta_6 ECD_{it} + \beta_7 ASSET_{it} + \beta_8 IDR_{it} + \beta_9 RFE_{it} + \varepsilon_{it} \tag{6.9}$$

考虑到经理自主权的篇幅问题，模型（6.9）具体的回归结果未给出表格，此处仅对关键结果进行文字表述。结果表明，经理自主权（CDI）的标准化回归系数为 0.201（P = 0.000）。因此，在考虑了内生性问题之后，假设 H6.2-1c 仍然成立，而且假设中的效应强度显著增强。

表 6.6　经理自主权与均值偏离度关系的实证结果

模型	变量	非标准化		标准系数	t	Sig.
		系数 B	标准误差	β		
(6.3)	（常量）	0.580	0.031		18.978	0.000
	CDI	0.039	0.007	0.080	5.436	0.000
	AREA	0.019	0.003	0.089	6.419	0.000
	SIZE	0.007	0.002	0.075	3.974	0.000
	FIRM	−0.014	0.003	−0.064	−4.733	0.000
	HY	−0.023	0.003	−0.109	−7.493	0.000
	ECD	−0.068	0.011	−0.090	−6.417	0.000
	ASSET	−0.063	0.009	−0.114	−7.020	0.000
	IDR	0.039	0.027	0.019	1.433	0.152
	RFE	0.071	0.010	0.102	7.426	0.000
	GGGM	0.029	0.004	0.099	6.881	0.000
	YGGM	0.032	0.001	0.412	22.669	0.000
R^2				0.242		
调整后 R^2				0.240		
F				126.609		
Sig.				0.000		
N				4365		

　　综上，我们分别检验了经理自主权对标杆模仿度、低端偏离度、均值偏离度的影响效应。并且得出了经理自主权与企业高管—员工薪酬差距的标杆模仿度显著正相关（见表 6.4）；经理自主权与企业高管—员工薪酬差距的低端偏离度显著正相关（见表 6.5）；经理自主权与企业高管—员工薪酬差距的均值偏离度显著正相关（见表 6.6）。假设 H6.2-1a、H6.2-1b、H6.2-1c 全部通过检验。

　　因此，本章的假设 H6.2-1 得到验证，即经理自主权与企业高管—员工薪酬差距的行业模仿行为显著正相关。因此，无论如何，该结果证明，对于企业薪酬决策的问题上，具体是在对待企业内部高管—员工薪酬差距的态度上，高经理自主权具有向标杆靠拢、向低端偏离、向均值偏离的倾向来提升自身企业的高管—员工薪酬差距。如此一来，企业内部薪酬差距就表现为逐年不断增大、动态提升的现象。

6.4.2　H6.2-1 稳健性检验

　　为检验本章实证结果的可靠性以及有效性，拟对回归结果进行稳健性检验。基于面板数据的特征，使用 Stata 14.0 代替常规 SPSS 数据处理方法进行稳健性检验。其中，自变量、因变量、控制变量均不变。限于篇幅，基于固定效应回归结果表格未详细给出，仅进行文字描述（读者如有兴趣，可来函索取）。

　　针对行业标杆模仿度，基于固定效应的回归结果显示：经理自主权对行业标杆模仿度有显著正向影响（B = 0.0279，t = 4.51），假设 H6.2-1a 仍然成立。此外，结果还表明，其他控制变量对行业标杆模仿度的影响也基本没有发生质的变化。比如，东部地区企业整体上更愿意在薪酬差距设置上采取行业标杆模仿策略（B = 0.014，t = 5.46）；企业资产规模越大的企业越倾向于以行业标杆企业为模仿对象设置薪酬差距（B = 0.0045，t = 3.11），可能原因是大企业更具有实力和信心向标杆企业看齐；地方国有企业相对于央企，较少向行业标杆企业看齐，其标杆模仿程度相对较弱（B = -0.0132，t = -5.04），这表明央企更具有实力和底气对标领先企业；相比较劳动密集型企业，高技术密集度企业较少模仿行业领先企业的薪酬差距设置（B = -0.0195，t = -7.35）。

　　针对低端偏离度，基于固定效应的回归结果显示：经理自主权对低端偏离度有显著正向影响（B = 0.1002，t = 7.24），假设 H6.2-1b 仍然成立。企业规模对数的回归系数显著为正（B = 0.016，t = 4.93），这表明企业规模越大的企业越倾向于将高管—员工薪酬差距对标行业内在高管—员工薪酬差距设置方面的领军企业。

　　针对均值偏离度，基于固定效应的回归结果显示：经理自主权对均值偏离度有显著正向影响（B = 0.038，t = 5.39），假设 H6.2-1c 仍然成立。

　　这表明运用 Stata 基于固定效应回归分析结果与采用 SPSS 基于 OLS 多元线性回归结果基本保持一致，本章结论不随数据处理工具的改变而改变，该结论具有可靠性。

　　此外，本章研究还尝试进一步考察，经理自主权在高管—员工薪酬差距设置过程中的行业模仿倾向是否会因为经理自主权的度量指标的差异而发生变化。鉴于本章使用的自主权指标迥异于第 4 章开发的度量指标体系，拟应用第 4 章开发的经理自主权度量指标（MDI），取代模型（6.1）、模型（6.2）和模型（6.3）中简化的经理自主权指标（CDI），构建模型（6.10）、模型（6.11）和模型（6.12）。拟合结果显示，三个新的模型回归结果仍然通过显著性检验，而且 F 值都比原模型有明显提升。具体而言，模型（6.10）回归结果表明，第 4 章开发的经理自主权度量指标 MDI 针对行业标杆模仿度的标准化回归系数显著为正（β = 0.102，P = 0.000）；模型（6.11）回归结果表明，第 4 章开发的经理自主权度量指标 MDI 针对行业低端偏离度的标准化回归系数显著为正（β = 0.135，P = 0.000）；模型（6.12）回归结果表明，第 4 章开发的经理自主权度量指标 MDI 针对行业标均值偏离度的标准化回归系数显著为正（β = 0.154，P = 0.000）。

　　可见，不论是本章使用简化指标体系（CDI），还是第 4 章通过规范的流程开发出的系统化的经理自主权度量指标（MDI），经理自主权在薪酬差距设置上的行业模仿倾向没有发生质的变化，原有的假设 H6.2-1 仍然成立。但是，从大小来看，简化指标 CDI 的回归系数明显低于系统化指标 MDI 的回归系数。这表明两种度量方法确实存在可靠性方面的差异。鉴于本项目研究第 4 章的开发过程及其有效性检验过程符合规范，有理由推断，MDI 的有效性高于 CDI。换言之，经理自主权对企业内部薪酬差距设置的三种行业模仿行为，实际上显著高于本章的研究结果。

6.4.3 H6.2-2 假设检验

以薪酬鸿沟（HPG）为因变量，以行业标杆模仿度（GAPE_ ID1）为自变量，应用样本数据拟合模型（6.4）。结果如表 6.7 所示。第十三行第四列数据表明，行业标杆模仿度针对薪酬鸿沟的标准化回归系数显著为正（β = 0.656，P = 0.000）。该结果意味着，在考虑企业规模、所属地区、股权集中度等控制变量的条件下，行业标杆模仿度每提升 1 个百分点，将会导致薪酬鸿沟提升 0.656 个百分点。假设 H6.2-2a 成立。从二者回归系数的大小来判断，行业标杆模仿度是形成薪酬鸿沟最为直接的原因。

表 6.7 行业标杆模仿度（GAPE_ ID1）与薪酬鸿沟（HPG）关系的回归结果（全样本）

模型	变量	非标准化		标准系数	t	Sig.
		系数 B	标准误差	β		
(6.4)	（常量）	−1.741	0.057		−30.726	0.000
	AREA	0.040	0.005	0.085	7.633	0.000
	SIZE	0.037	0.003	0.190	12.563	0.000
	FIRM	−0.005	0.005	−0.011	−0.989	0.323
	HY	0.011	0.005	0.023	1.965	0.049
	ECD	−0.098	0.019	−0.059	−5.292	0.000
	ASSET	−0.121	0.015	−0.098	−8.213	0.000
	IDR	0.216	0.048	0.048	4.466	0.000
	RFE	0.102	0.017	0.066	6.026	0.000
	GGGM	−0.013	0.003	−0.077	−4.943	0.000
	YGGM	0.010	0.008	0.014	1.259	0.208
	GAPE_ ID1	1.642	0.031	0.656	53.269	0.000
模型拟合参数	R^2	0.516	F	421.239	Sig.	0.000

以薪酬鸿沟（HPG）为因变量，以低端偏离度（GAPE_ ID2）为自变量，应用样本数据拟合模型（6.5）。结果如表 6.8 所示。表 6.8 第十三行第四列数据表明，低端偏离度针对薪酬鸿沟的标准化回归系数显著为正（β = 0.514，P = 0.000）。该结果意味着，在考虑企业规模、所属地区、股权集中度等控制变量的条件下，低端偏离度每提升 1 个百分点，将会导致薪酬鸿沟提升 0.514 个百分点。假设 H6.2-2b 成立。从二者回归系数的大小来判断，低端偏离度亦可以认为是形成薪酬鸿沟的直接原因。

表6.8 低端偏离度（GAPE_ID2）与薪酬鸿沟（HPG）关系的回归结果（全样本）

模型	变量	非标准化		标准系数	t	Sig.
		系数 B	标准误差	β		
（6.5）	（常量）	−1.304	0.061		−21.421	0.000
	AREA	0.032	0.006	0.068	5.530	0.000
	SIZE	0.034	0.003	0.176	10.549	0.000
	FIRM	−0.009	0.006	−0.019	−1.570	0.117
	HY	−0.038	0.006	−0.082	−6.406	0.000
	ECD	−0.108	0.020	−0.065	−5.266	0.000
	ASSET	−0.206	0.016	−0.167	−12.775	0.000
	IDR	0.271	0.053	0.060	5.071	0.000
	RFE	0.091	0.019	0.059	4.852	0.000
	GGGM	0.009	0.003	0.055	3.315	0.001
	YGGM	0.036	0.008	0.054	4.285	0.000
	GAPE_ID2	0.596	0.015	0.514	39.405	0.000
模型拟合参数	R^2	0.410	F	275.265	Sig.	0.000

以薪酬鸿沟（HPG）为因变量，以均值偏离度（GAPE_ID3）为自变量，应用样本数据拟合模型（6.6）。结果如表6.9所示。第十三行第四列数据表明，均值偏离度针对薪酬鸿沟的标准化回归系数显著为正（β=0.649，P=0.000）。该结果意味着，在考虑企业规模、所属地区、股权集中度等控制变量的条件下，均值偏离度每提升1个百分点，将会导致薪酬鸿沟提升0.649个百分点。假设H6.2-2c成立。从二者回归系数的大小来判断，均值偏离度亦可以认为是形成薪酬鸿沟的直接原因。

表6.9 均值偏离度（GAPE_ID3）与薪酬鸿沟（HPG）关系的回归结果（全样本）

模型	变量	非标准化		标准系数	t	Sig.
		系数 B	标准误差	β		
（6.6）	（常量）	−1.697	0.056		−30.267	0.000
	AREA	0.035	0.005	0.074	6.744	0.000
	SIZE	0.035	0.003	0.177	11.768	0.000
	FIRM	−0.007	0.005	−0.014	−1.317	0.188
	HY	0.011	0.005	0.024	2.090	0.037
	ECD	−0.078	0.018	−0.047	−4.212	0.000
	ASSET	−0.139	0.015	−0.112	−9.473	0.000
	IDR	0.198	0.048	0.044	4.112	0.000
	RFE	0.080	0.017	0.052	4.713	0.000
	GGGM	−0.008	0.003	−0.045	−2.945	0.003
	YGGM	0.012	0.008	0.018	1.536	0.125
	GAPE_ID3	1.441	0.027	0.649	54.020	0.000
模型拟合参数	R^2	0.521	F	430.394	Sig.	0.000

6.4.4　H6.2-2 稳健性检验

考虑到薪酬鸿沟度量指标 HPG 的准确度和可靠性问题，虽然 HPG 经过了严格的度量体系开发和验证的过程，但是毕竟是第一次在研究中使用。因此，本书还尝试使用了其替代性度量指标体系，即根据 HPG 的数值大小，将其降阶转化为 "0-1" 变量，使用 HPG01 （薪酬鸿沟存在性）进行定序测度。

为了考察，研究结论是否随着薪酬鸿沟的度量方式的精准度而发生变化，分别将模型（6.4）、模型（6.5）和模型（6.6）中的 HPG 替换成 HPG01，构建基于 OLS 的多元回归模型（6.13）、模型（6.14）和模型（6.15）。分别使用三个新模型进行数据拟合，结果如表 6.10、表 6.11 和表 6.12 所示。

表 6.10　行业标杆模仿度（GAPE_ID1）与薪酬
鸿沟（HPG01）关系的回归结果（全样本）

模型	变量	非标准化		标准系数	t	Sig.
		系数 B	标准误差	β		
(6.13)	（常量）	-3.723	0.140		-26.548	0.000
	AREA	0.098	0.013	0.096	7.524	0.000
	SIZE	0.088	0.007	0.209	12.044	0.000
	FIRM	-0.016	0.013	-0.015	-1.220	0.223
	HY	-0.001	0.013	-0.001	-0.101	0.919
	ECD	-0.187	0.046	-0.052	-4.069	0.000
	ASSET	-0.254	0.037	-0.096	-6.961	0.000
	IDR	0.430	0.120	0.044	3.589	0.000
	RFE	0.117	0.042	0.035	2.778	0.005
	GGGM	-0.025	0.007	-0.068	-3.778	0.000
	YGGM	0.017	0.019	0.012	0.919	0.358
	GAPE_ID1	2.776	0.076	0.516	36.387	0.000
模型拟合参数	R^2	0.356	F	218.971	Sig.	0.000

注：本表中模型（6.13）是将模型（6.4）中 HPG 直接替换成 HPG01 而构建。考虑篇幅限制，正文未给出公式表达。

表 6.11　低端偏离度（GAPE_ID2）与薪酬鸿沟（HPG01）关系的回归结果（全样本）

模型	变量	非标准化		标准系数	t	Sig.
		系数 B	标准误差	β		
(6.14)	（常量）	-2.938	0.145		-20.279	0.000
	AREA	0.088	0.014	0.086	6.333	0.000
	SIZE	0.085	0.008	0.202	10.902	0.000
	FIRM	-0.025	0.014	-0.023	-1.755	0.079
	HY	-0.082	0.014	-0.083	-5.793	0.000

续表

模型	变量	非标准化		标准系数	t	Sig.
		系数 B	标准误差	β		
	ECD	−0.212	0.049	−0.059	−4.344	0.000
	ASSET	−0.403	0.038	−0.152	−10.512	0.000
	IDR	0.521	0.127	0.054	4.099	0.000
	RFE	0.107	0.045	0.032	2.402	0.016
	GGGM	0.016	0.007	0.044	2.416	0.016
	YGGM	0.063	0.020	0.045	3.202	0.001
	GAPE_ ID2	0.945	0.036	0.379	26.246	0.000
模型拟合参数	R^2	0.275	F	150.198	Sig.	0.000

注：本表中模型（6.14）是将模型（6.5）中 HPG 替换成 HPG01 而构建。

表 6.12　均值偏离度（GAPE_ ID3）与薪酬鸿沟（HPG01）关系的回归结果（全样本）

模型	变量	非标准化		标准系数	t	Sig.
		系数 B	标准误差	β		
	（常量）	−3.634	0.140		−26.017	0.000
	AREA	0.090	0.013	0.089	6.923	0.000
	SIZE	0.084	0.007	0.200	11.472	0.000
	FIRM	−0.019	0.013	−0.018	−1.465	0.143
	HY	−0.001	0.013	−0.001	−0.069	0.945
（6.15）	ECD	−0.155	0.046	−0.043	−3.357	0.001
	ASSET	−0.286	0.036	−0.108	−7.846	0.000
	IDR	0.401	0.120	0.041	3.338	0.001
	RFE	0.080	0.042	0.024	1.910	0.056
	GGGM	−0.015	0.006	−0.040	−2.276	0.023
	YGGM	0.021	0.019	0.015	1.143	0.253
	GAPE_ ID3	2.410	0.066	0.505	36.271	0.000
模型拟合参数	R^2	0.355	F	218.060	Sig.	0.000

注：本表中模型（6.15）是将模型（6.6）中 HPG 替换成 HPG01 而构建。

表 6.10 结果显示，行业标杆模仿度（GAPE_ ID1）对薪酬鸿沟存在性（HPG01）的回归系数显著为正（β = 0.516，P = 0.000）。H6.2-2a 再次得到验证。

表 6.11 结果显示，低端偏离度（GAPE_ ID2）对薪酬鸿沟存在性（HPG01）的回归系数显著为正（β = 0.379，P = 0.000）。H6.2-2b 再次得到验证。资产负债率（ASSET）对薪酬鸿沟有显著抑制效应（β = −0.152，P = 0.000）。这再次证实债权人对高管潜在的自主权滥用行为有较强的监督作用。进一步明确债权人参与公司治理的途径，强化债权人在薪酬策略决策过程中的角色，对抑制企业内部薪酬鸿沟的形成具有实质性意义。

表 6.12 结果显示，均值偏离度（GAPE_ID3）对薪酬鸿沟存在性（HPG01）的回归系数显著为正（β = 0.505，P = 0.000）。H6.2-2c 再次得到验证。

此外，考虑到员工薪酬规模、高管薪酬规模与薪酬差距、薪酬鸿沟之间特定的内在逻辑关联性，在以上实证模型中的控制变量删除这两个变量，重新进行相应的回归分析，结果证实，以上结论仍然成立。只是部分控制变量的影响效应发生了变化。比如，独立董事比例对薪酬鸿沟的影响效应不再显著（β = 0.020，P = 0.066）。这表明，独立董事对薪酬鸿沟的影响效应并不稳定。H6.2-2a、H6.2-2b、H6.2-2c 再次得到验证。

另外，考虑到作为因变量的 HPG01 是虚拟变量，采用线性回归模型，有可能产生较大的回归谬误。本章研究又采用了二元逻辑回归模型，对行业标杆模仿度（GAPE_ID1）、低端偏离度（GAPE_ID2）、均值偏离度（GAPE_ID3）与薪酬鸿沟存在性（HPG01）的关系进行了再次回归。结果表明，三者对薪酬鸿沟存在性的影响不随实证模型的变化而发生改变。H6.2-2a、H6.2-2b、H6.2-2c 仍然成立。

三种方式的稳健性检验结果表明，H6.2-2a、H6.2-2b、H6.2-2c 的实证检验结果具有稳健性。基于经理自主权的高管—员工薪酬差距行业模仿行为，的确是企业内部薪酬差距形成的关键原因。

6.4.5 经理自主权与行业模仿度的交互作用对薪酬鸿沟形成的影响分析

为了进一步理解行业模仿行为对薪酬鸿沟的形成机理，以同期的经理自主权（CDI）和标杆模仿度（GAPE_ID1）的交互项为自变量，采用下一年度的薪酬鸿沟指数（HPG）为因变量，构建基于 OLS 的回归模型（6.10）。

$$HPG_{i(t+1)} = \alpha + \beta_1 GAPE\_ID1_{it} + \beta_2 AREA_{it} + \beta_3 SIZE_{it} + \beta_4 FIRM_{it} + \beta_5 HY_{it}$$
$$+ \beta_6 ECD_{it} + \beta_7 ASSET_{it} + \beta_8 IDR_{it} + \beta_9 RFE_{it} + \beta_{10} GGGM_{it}$$
$$+ \beta_{11} YGGM_{it} + \beta_{12} CDI_{it} + \beta_{13} ZGAPE\_ID1 \times ZCDI_{it} + \varepsilon_{it} \quad (6.10)$$

表 6.13 显示，标杆模仿度对薪酬鸿沟的正向影响没有发生变化，经理自主权显示出对薪酬鸿沟显著的正向影响（β = 0.271，P = 0.000），而二者交互项的标准化回归系数显著为正（β = 0.028，P = 0.006）。该结果表明，经理自主权既可以通过直接促进薪酬鸿沟，又可以通过拉大高管—员工薪酬差距的标杆模仿度间接加剧薪酬鸿沟程度，二者交互效应对薪酬鸿沟的形成与发展有催化剂的作用。

表 6.13　模型（6.16）的回归结果（全样本）

模型	变量	非标准化		标准系数	t	Sig.
		系数 B	标准误差	β		
	（常量）	−1.712	0.054		−31.929	0.000
	GAPE_ ID1	1.612	0.030	0.644	54.265	0.000
	AREA	0.034	0.005	0.072	6.825	0.000
	SIZE	0.029	0.003	0.149	10.394	0.000
	FIRM	−0.012	0.005	−0.023	−2.291	0.022
	HY	0.010	0.005	0.023	2.047	0.041
（6.16）	ECD	−0.033	0.018	−0.020	−1.837	0.066
	ASSET	0.021	0.015	0.017	1.398	0.162
	IDR	0.207	0.046	0.046	4.506	0.000
	RFE	0.105	0.016	0.068	6.547	0.000
	GGGM	−0.014	0.003	−0.083	−5.645	0.000
	YGGM	0.003	0.007	0.004	0.367	0.713
	CDI	0.271	0.012	0.254	22.671	0.000
	ZCDI×GAPE_ ID1	0.007	0.002	0.028	2.733	0.006
模型拟合参数	R^2	0.568	F	440.040	Sig.	0.000

为了进一步理解行业模仿行为对薪酬鸿沟的形成机理，以同期的经理自主权（CDI）和低端偏离度（GAPE_ ID2）的交互项为自变量，采用下一年度的薪酬鸿沟指数（HPG）为因变量，构建基于 OLS 的回归模型（6.17）。

表 6.14　模型（6.17）的回归结果（全样本）

模型	变量	非标准化		标准系数	t	Sig.
		系数 B	标准误差	β		
	（常量）	−1.269	0.058		−21.720	0.000
	GAPE_ ID2	0.566	0.015	0.488	38.461	0.000
	AREA	0.027	0.006	0.057	4.860	0.000
	SIZE	0.027	0.003	0.140	8.712	0.000
	FIRM	−0.016	0.006	−0.032	−2.793	0.005
	HY	−0.037	0.006	−0.079	−6.396	0.000
	ECD	−0.047	0.020	−0.028	−2.376	0.018
（6.17）	ASSET	−0.069	0.017	−0.056	−4.078	0.000
	IDR	0.253	0.051	0.056	4.937	0.000
	RFE	0.097	0.018	0.063	5.388	0.000
	GGGM	−0.009	0.003	−0.051	−3.193	0.001
	YGGM	0.030	0.008	0.045	3.735	0.000
	CDI	0.260	0.013	0.244	19.335	0.000
	ZCDI×GAPE_ ID2	0.001	0.003	0.004	0.331	0.741
模型拟合参数	R^2	0.457	F	281.724	Sig.	0.000

注：模型（6.17）系将模型（6.16）中的 GAPE_ ID1 直接替成 GAPE_ ID2 而构建。为节省篇幅，正文未给出具体表达式。

表 6. 14 显示，低端偏离度对薪酬鸿沟的正向影响没有发生变化，经理自主权显示出对薪酬鸿沟显著的正向影响（β = 0. 260，P = 0. 000），而二者交互项的标准化回归系数不显著（β = 0. 004，P = 0. 741）。该结果表明，经理自主权与低端偏离度的交互效应对薪酬鸿沟的形成与发展无显著影响。

为了进一步理解行业模仿行为对薪酬鸿沟的形成机理，以同期的经理自主权（CDI）和均值偏离度（GAPE_ ID3）的交互项为自变量，采用下一年度的薪酬鸿沟指数（HPG）为因变量，构建基于 OLS 的回归模型（6. 18）。

表 6. 15　模型（6. 18）的回归结果（全样本）

| 模型 | 变量 | 非标准化 | | 标准系数 | t | Sig. |
		系数 B	标准误差	β		
(6. 18)	（常量）	−1. 667	0. 053		−31. 286	0. 000
	GAPE_ ID3	1. 407	0. 026	0. 634	54. 567	0. 000
	AREA	0. 030	0. 005	0. 062	5. 965	0. 000
	SIZE	0. 027	0. 003	0. 139	9. 670	0. 000
	FIRM	−0. 013	0. 005	−0. 027	−2. 612	0. 009
	HY	0. 011	0. 005	0. 024	2. 173	0. 030
	ECD	−0. 015	0. 018	−0. 009	−0. 859	0. 390
	ASSET	−0. 001	0. 015	−0. 001	−0. 071	0. 944
	IDR	0. 189	0. 046	0. 042	4. 130	0. 000
	RFE	0. 083	0. 016	0. 054	5. 169	0. 000
	GGGM	−0. 009	0. 002	−0. 051	−3. 494	0. 000
	YGGM	0. 005	0. 007	0. 008	0. 714	0. 475
	CDI	0. 261	0. 012	0. 245	21. 918	0. 000
	ZCDI×GAPE_ ID3	0. 006	0. 002	0. 027	2. 672	0. 008
模型拟合参数	R^2	0. 570	F	443. 240	Sig.	0. 000

注：模型（6. 18）系将模型（6. 16）中的 GAPE_ ID1 直接替换成 GAPE_ ID3 而构建。为节省篇幅，正文未给出具体表达式。

表 6. 15 显示，均值偏离度对薪酬鸿沟的正向影响没有发生变化，经理自主权显示出对薪酬鸿沟显著的正向影响（β = 0. 245，P = 0. 000），而二者交互项的标准化回归系数显著为正（β = 0. 027，P = 0. 008）。该结果表明，经理自主权既可以通过直接促进薪酬鸿沟，又可以通过拉大高管—员工薪酬差距的均值偏离度间接加剧薪酬鸿沟程度，二者交互效应对薪酬鸿沟的形成与发展亦有催化剂的作用。

6. 4. 6　拓展研究

考虑到样本中共有 9 年的数据，拟进行基于年份的纵贯性比较分析。分别选取每一年的横截面数据进行回归分析。具体而言，我们仍然以经理自主权（CDI）为自变量，分别以标杆模仿度、低端偏离度、均值偏离度为因变量，以 AREA、SIZE、FIRM、HY、ECD、ASSET、IDR、RFE、GGGM、YGGM 为控制变量，基于不同年份对经理自主权与薪酬差距的行业模仿行为两者关系进行回归分析，实证结果如图 6.1 至图 6.3 所示：

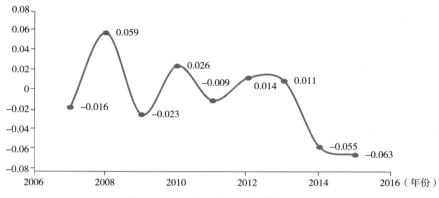

图 6.1　经理自主权与标杆模仿度关系

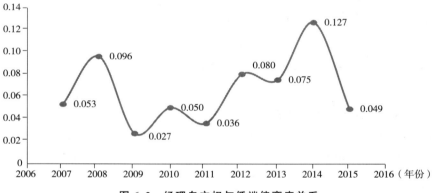

图 6.2　经理自主权与低端偏离度关系

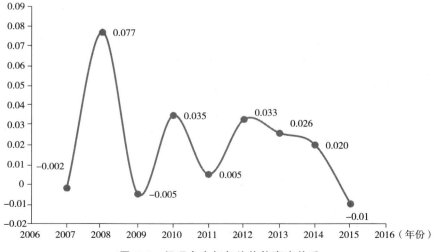

图 6.3　经理自主权与均值偏离度关系

6.4.6.1 经理自主权与标杆模仿度关系

图 6.1 为经理自主权与标杆模仿度的回归系数,可以看出,2008 年,经理自主权与企业标杆模仿度的回归系数最大,表明经理自主权越大,CEO 越倾向于模仿行业内标杆企业的高管—员工薪酬差距,倾向于向较高的薪酬差距靠拢,从而提升企业自身的高管—员工薪酬差距。而在 2014 年、2015 年,经理自主权与企业标杆模仿度的回归系数为负数,说明经理自主权对企业高管—员工薪酬差距的标杆模仿行为反而有略微抑制作用。

6.4.6.2 经理自主权与低端偏离度关系

图 6.2 为经理自主权与低端偏离度的回归系数,可以看出,样本中 2007～2015 年,经理自主权与低端偏离度的回归系数均为正数,表明经理自主权越大,CEO 越倾向于偏离行业内较低高管—员工薪酬差距,从而提升企业自身的高管—员工薪酬差距。2014 年,经理自主权与企业低端偏离度的回归系数最大。整体上支持经理自主权对企业高管—员工薪酬差距的低端偏离行为的正向影响效应。

6.4.6.3 经理自主权与均值偏离度关系

图 6.3 为经理自主权与均值偏离度的回归系数,可以看出,2008 年,经理自主权与企业均值偏离度的回归系数最大,这表明,经理自主权越大,首席执行官就越有可能偏离行业中高管与员工的平均薪酬差距,从而提升企业自身的高管—员工薪酬差距。而在 2015 年,经理自主权与企业均值偏离度的回归系数为负数,说明经理自主权对企业高管—员工薪酬差距的均值偏离行为有略微抑制作用。

图 6.1 表明,自 2007 年以来,虽然整体上,经理自主权与标杆模仿度正相关,但是从趋势上来看,高自主权经理愿意选择行业标杆企业作为薪酬差距模仿对象的动机日益下降;图 6.2 显示,自 2007 年以来,虽然 2015 年经理自主权与低端偏离度的正相关关系显著下降,但是从整体趋势上来看,高自主权经理越来越愿意选择行业内薪酬差距低端值作为模仿对象,更多的企业在追求比低端值明显更高的薪酬差距,其远离程度越来越高;图 6.3 表明,虽然整体上,经理自主权与均值偏离度正相关,但是从趋势上来看,高自主权经理越来越愿意在行业均值上下设置其薪酬差距,而不是尽力远离行业均值。其可能的目的,在于增强企业内部薪酬差距在行业内部的合理性,尽力尝试降低发生薪酬鸿沟的可能性。

6.5　研究结论及展望

6.5.1　结果讨论

本章以 2007～2015 年上交所和深交所两市发行 A 股 485 家国有上市公司,

共计 4365 条数据为样本，运用基于最小二乘法的多元线性回归方法，剖析和探讨经理自主权与国有企业内部薪酬差距行业模仿行为的关系，尝试探索并论证经理自主权对企业内部高管与员工薪酬差距的行业模仿行为的具体影响机理以及该影响与企业内部薪酬鸿沟形成的关联性。通过实证研究与分析，得出以下结论：

（1）经理自主权与薪酬差距的行业标杆模仿程度显著正相关，亦即经理自主权指数越高，则 CEO 越倾向于提高基于行业高管—员工薪酬差距标杆企业模仿程度。根据新制度理论，在内外部环境变得愈加制度化和规范化的背景下，组织会趋向于同构，亦称为模仿性同构。通过模仿达成协议是组织在变化过程中与其在环境中的其他组织取得相似之处的过程。在企业中，高管有能力亦有动机谋求自身薪酬的提升，但不可否认的是，高管在提高自身薪酬的同时，企业内部中高管—员工的薪酬差距被整体拉大。考虑到这一现实，为了避免引起社会公众的不满情绪以及员工的消极怠工行为，首席执行官将以标杆行业内的高管—员工薪酬差距作为参考，以确保公司内的高管—员工薪酬差距不高于行业内最高的高管员工薪酬差距。显然，CEO 利用自主权提高本企业与标杆企业高管—员工薪酬差距的模仿程度有利于提升自身的薪酬。因此，经理自主权越高，企业高管—员工薪酬差距的标杆模仿行为越剧烈。

薪酬差距的不断拉大，使得各企业内部薪酬鸿沟逐渐产生，并不断发展，最后不但在微观上降低员工参与感和忠诚度，不利于绩效的提升，而且在宏观上加大了不同阶层和群体之间的收入差距，形成社会层面的"收入鸿沟"，不利于社会的和谐稳定和高质量的经济发展。

（2）经理自主权与薪酬差距的行业低端偏离程度显著正相关，亦即经理自主权指数越高，则 CEO 越倾向于偏离行业内高管—员工薪酬差距排位靠后的企业。换句话说，高自主权 CEO 倾向于偏离行业内较低的高管—员工薪酬差距，从而提升企业自身的高管—员工薪酬差距。之所以会选择最低的高管—员工薪酬差距作为参照的标准，是因为企业高管有动机谋求自身薪酬水平的提升，有借助自身自主权拉大高管—员工之间薪酬差距的强烈动机，同时保证企业的高管—员工薪酬差距不低于行业内最低的高管—员工薪酬差距。企业中高管在设定薪酬差距的过程中会有一定的从众心理，具体表现为企业的高管—员工薪酬差距绝不愿成为排序最后的，企业高管尤其是 CEO 有强烈的愿望主动偏离行业内最低的高管—员工薪酬差距。因此，经理自主权越高，企业高管—员工薪酬差距的低端偏离行为越明显。

很少有企业的高管团队愿意看到自己所处企业中的高管—员工薪酬差距处于行业最低端，因此只要有一定自主权的 CEO 都倾向于将本企业薪酬差距的设置远离行业最低的薪酬差距。从动态的过程看，前一年是行业最低端的少数企业，在后一年设定薪酬差距时，会应用其自主权将其薪酬差距远离前一年的最低端，比如至少选择前一年的 25% 分位，甚至更高。按照这个逻辑，后一年的最低薪酬差距至少是前一年薪酬差距的 25% 分位。如此循环往复、螺旋上升，原本就低的薪酬差距越变越高,而原本就高的薪酬差距更是会达到新高度,整个行业薪酬差距水平将整体较大幅度上移。在企业之间就薪酬差距设置相互较劲的过程中,薪酬鸿沟就不期而至,而且其发展势头就是伴随着行业低端偏离行为日益膨胀。

(3) 经理自主权与薪酬差距的行业均值偏离程度显著正相关,亦即经理自主权指数越高,则 CEO 越倾向于偏离行业内高管—员工薪酬差距的平均值。换言之,高自主权 CEO 倾向于以行业平均高管—员工薪酬差距为偏离对象,从而提升自身企业的高管—员工薪酬差距。新制度理论表明,行业中大多数公司采取类似的行动不仅减少了不确定性,而且当更多的公司采取同样的行动时,也增加了此类行动的合法性和正当性。因此,根据新制度理论观点,以行业平均水准为对象的薪酬差距模仿行为,其主要目的是在获取合理性与合法性的同时,降低企业的风险。在薪酬差距方面的模仿性同形,与其他决策同行或者制度同形一样,可能不是必然地促进组织内部的经济绩效,但与行业内多数企业的相似性本身,会有助于企业获得合法性与合理性的认可和声誉。换句话说,以行业平均水平为模仿对象的薪酬差距偏离行为,不但会提升自身企业的高管—员工薪酬差距相对于平均高管—员工薪酬差距的偏离程度,而且企业因遵从外部环境的要求而获得相对明确的具体回报。继而可知,经理自主权越大,企业内部高管—员工薪酬差距与行业内平均高管—员工薪酬差距的偏离程度就越大。

此时,根据企业内部薪酬差距向薪酬鸿沟演变的逻辑,员工会更大概率上主观感知到薪酬分配的不公平,认为自己受到了剥夺、不尊重,从而薪酬鸿沟诞生并逐步随着行业薪酬差距的模仿行为而不断增大。

6.5.2 研究结论与对策建议

研究结果表明,对于在企业薪酬决策的问题上,具体是在对待企业内部高管—员工薪酬差距的态度上,高经理自主权具有向标杆靠拢、向低端偏离、向均值偏离的倾向来提升自身企业的高管—员工薪酬差距。因此,随着经理自主权的增大,企业内部薪酬差距不断向上提升,而导致下一期行业标杆薪酬差距、行业低端薪酬差距以及行业平均薪酬差距也不断提高,基于薪酬差距的行业模仿效应,企业内部薪酬差距就表现为逐年不断增大、动态提升的现象。这种现象可以大致用图 6.4 和图 6.5 直观表现出来,该结论证实了企业高管—员工薪酬差距行业模仿行为的动态传导机制,这将进一步丰富关于经理自主权和高管员工薪酬差距的理论研究,为我国企业治理实践提供有效指导。

国有企业监管部门应学会测算各企业在薪酬差距设置方面基于经理自主权的行业模仿程度,引导其模仿对象选择及模仿程度的合理性。对过度模仿行业标杆水准的国有企业,以及本行业中处于标杆位置的企业,应给予足够的关注,并要求其披露更为丰富的薪酬决策依据、决策过程的相关信息,以论证其薪酬差距决策的合理性。

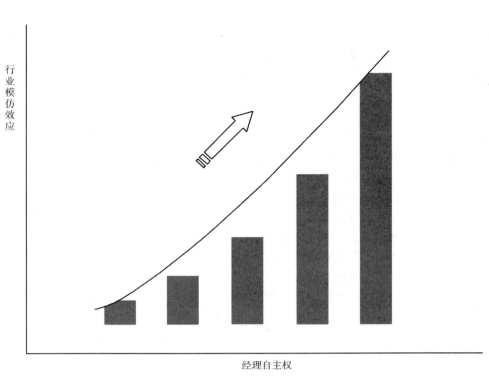

图 6.4　高管—员工薪酬差距设置：基于经理自主权的行业模仿效应

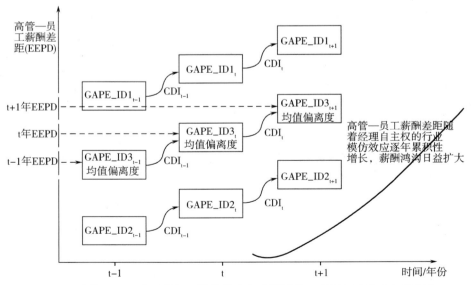

图 6.5　高管—员工薪酬的行业模仿效应与薪酬鸿沟：基于经理自主权的视角

对国有企业而言，要深刻认识到，对行业标杆值的过度模仿、对行业均值的过度偏离以及对行业低端值的过度偏离都将显著提升企业内部产生薪酬鸿沟的概率，并加快其恶化速度。因此，国有企业高管，不能够盲目地进行行业模仿行为，更多地应该根据企业自身发展的需要，综合考虑企业规模、公司绩效、发展周期等现实因素，采用发展的视角和长远的眼光，设置合理的薪酬差距，尤其要更多地将薪酬差距与企业绩效、未来发展潜力联系起来。毕竟基于经理自主权的行业模仿行为已经被本章证明是产生薪酬鸿沟的重要原因，而薪酬鸿沟不论是对于企业短期业绩，或是长期发展都具有显著的负向影响。

另外，我们注意到那些近年来频频报道的联想、乐视和双汇等上市公司高管薪酬过度激励的"天价薪酬"事件，这些公司高管薪酬一次次刷新历史纪录，甚至与业绩出现"倒挂"的现象。以上重大的薪酬差异表现是畸形的，是不合乎经济发展规律和社会有序发展的，应给予区别对待。"天价薪酬"受到了来自各界公众过度解读甚至恶意揣测，饱受争议并不断发酵扩散形成公众心理的薪酬鸿沟。这些典型事件受到舆论的谴责，其示范效应远超过事件本身所带来的危害，一系列薪酬数据的背后引发了劳动收入分配极为不公的社会关切，扭曲了人们对薪酬差距的心理认知，严重损害了和谐的社会劳动关系。这导致薪酬差距这一微观企业行为上升到公众心理的薪酬鸿沟这一宏观社会现象。因此，政府以及社会各界应该保持理智、摆正心态，只需仅仅针对少数极端的高管—员工薪酬差距给予具体限定。例如，对高管—员工薪酬差距过度增长的企业给予特别关注，每季度、年度对高管—员工薪酬差距排位前10%的企业进行风险警告，强制这些上市公司的信息披露更加透明化，加强对高管薪酬的监督，降低委托代理成本，实时评估过度的薪酬激励是否有损于股东与其他利益相关者的利益，强化企业内部约束并不断推进法律法规的完善，防止高管将企业战略变成个人追逐利益的工具。

6.5.3 研究展望

限于研究团队的时间和精力，本章选择了上交所和深交所两市发行A股的485家符合研究条件要求的国有上市公司为样本，研究范围相对较窄，未来研究中应该考虑采用更宽泛的样本。例如，以非国有上市公司为例，比较国有和非国有企业中经理自主权对企业薪酬差距行业模仿行为的影响。

参考文献

［1］ Alexander Gumbel. Managerial power and executive pay ［J］. Oxford Journal of Legal Studies, 2006, 26 （1）: 219-233.

［2］ Anderson, N. , Potocnik, K. , and Zhou, J. Innovation and creativity in organizations: A state-of-the-Science review, prospective commentary, and guiding framework ［J］. Journal of Management, 2014, 40 （5）: 1297-1333.

［3］ Bart Henssen, Wim Voordeckers, Frank Lambrechts, and Matti Koiranen. The CEO autonomy-stewardship behavior relationship in family firms: The mediating role of psychological ownership ［J］. Journal of Family Business Strategy, 2014, 5 （3）: 312-322.

［4］ Baden-Fuller C. To conform or to perform? Mimetic behavior, legitimacy-based groups and performance consequences ［J］. Journal of Management Studies, 2006, 43 （7）: 1559-1581.

［5］ Bertrand M. , and Mullainathan S. Are CEOs rewarded for luck? The ones without principals are ［J］. The Quarterly Journal of Economics, 2001, （11） 6: 901-932.

［6］ Bertrand Marianne, and Kevin F. Hallock. The gender gap in top corporate jobs ［J］. Industrial and Labor Relations Review, 2001, 55 （1）: 3-21.

［7］ Blau, Francine D. , and Lawrence M. Kahn. Gender differences in pay ［J］. Journal of Economic Perspectives, 2000, 14 （4）: 75-99.

［8］ Breaugh J. A. The measurement of work autonomy ［J］. Human Relations, 1985 （38）: 551-570.

［9］ Brian L. Connelly, Katalin Takacs Haynes, Laszlo Tihanyi, Daniel L. Gamache, and Cynthia E. Devers. Minding the gap: Antecedents and consequences of top management-To-Worker pay dispersion ［J］. Journal of Management, 2013, 10 （30）: 862-885.

［10］ Carola Frydman, and Dimitris Papanikolaou. In search of ideas: Technological innovation and executive pay inequality ［J］. Journal of Financial Economics, 2018, 130 （1）: 1-24.

［11］ Carroll A. B. , and A. K. Buchholtz. Business and society: Ethics and stakeholder management ［M］. Cincinnati: South-western College Publishing, 2003.

［12］ Caza, A. Typology of the eight domains of discretion in organizations ［J］. Journal of Management Studies, 2012, 49 （1）: 144-177.

［13］ Chang-zheng Zhang. Study on the manipulation effect of CEO power on executive compensation level: A literature review [J]. Management Sciences & Engineering, 2015, 4 (1): 1-8.

[14] Chen J. , Ezzamel M. , and Cai Z. Managerial power theory, tournament theory, and executive pay in China [J]. Journal of Corporate Finance, 2011, 17 (4): 1176-1199.

[15] Chen J. , Liu X. , and Li W. The effect of insider control and global benchmarks on Chinese executive compensation [J]. Corporate Governance: An International Review, 2010, 18 (2): 107-123.

[16] Chemmanur. Human capital, capital structure, and employee pay: An empirical analysis [J]. Journal of Financial Economics, 2013 (110): 478-502.

[17] Chhaochharia V. , and Grinstein Y. CEO compensation and board structure [J]. The Journal of Finance, 2009, 64 (1): 231-261.

[18] Churchill Jr GA. A paradigm for developing better measures of marketing constructs [J]. Journal of Marketing Research, 1979, XVI (2): 64-73.

[19] Colquitt J. A. , and Shaw J. How should organizational justice be measured? [J]. Handbook of Organizational Justice, 2005 (1): 113-152.

[20] Conyon M. J. , and Joachim Schwalbach. Executive compensation: evidence from the UK and Germany [J]. Long Range Planning, 2000, 33 (4): 504-526.

[21] Core J. W. Guay. The use of equity grants to manage optimal equity incentive levels [J]. Journal of Accounting Economics, 1999 (28): 151-184.

[22] Crossland C. , and Hambrick D. C. Differences in managerial discretion across countries: how nation-level institutions affect the degree to which CEOs matter [J]. Strategic Management Journal, 2011, 32 (8): 797-819.

[23] Crossley C. D. , Bennett R. J, and Jex S. M et al. Development of a global measure of job embeddedness and integration into a traditional model of voluntary turnover [J]. Journal of Applied Psychology, 2007, 92 (4): 1031-1042.

[24] Cunningham G. B, Fink J. S, and Sagas M. Extensions and further examination of the job embeddedness construct [J]. Journal of Sport Management, 2005, 19 (3): 319-335.

[25] Dai B. , and Peng C. Executive control rights, capital expansion and financial risk—evidence from state-owned listed companies in china [J]. Research on Economics & Management, 2012 (5): 20-30.

[26] Dai B. , and Peng C. Can a powerful CEO affect the effectiveness of corporate governance? Evidence from CEO turnover in Chinese state-Owned enterprises [J]. Management Science and Statistical Decision, 2015, 12 (2): 23-45.

[27] Dan Lin, and Lu Lin. The interplay between director compensation and CEO compensation [J]. International Journal of Business & Finance Research, 2014,

8 (2): 11-26.

[28] David R. Meals. CEO & employee pay discrepancy: How the government's policies have encouraged the gap [J]. The Journal of Business, Entrepreneurship & The Law, 2013, 6 (2): 298-324.

[29] Dawes C. T., Fowler J. H., Johnson T., McElreath R., and Smirnov O. Egalitarian motives in humans [J]. Nature, 2007, 446 (7137): 794-796.

[30] Deborah L., Kidder, and Ann KBuchholtzl. Can excess bring success? CEO compensation and the psychological contract [J]. Human Resource Management Review, 2002, 12 (4): 599-617.

[31] Faleye Olubunmi, Reis E., and Venkateswaran A. The determinants and effects of CEO-employee pay ratios [J]. Journal of Banking & Finance, 2013, 37 (8): 3258-3272.

[32] Farber S. Nonunion wage rates and the threat of unionization [J]. Industrial and Labor Relations Review, 2005, 58 (3): 335-352.

[33] Finkelstein S., and Boyd B. K. How much does the CEO matter? The role of managerial discretion in the setting of CEO compensation [J]. Academy of Management Journal, 1998, 41 (2): 179-199.

[34] Finkelstein, Sydney, Donald C. Hambrick, and Albert A. Cannella. Strategic leadership: Theory and research on executives, top management teams, and boards [M]. New York: Oxford University Press, 2009.

[35] Hackman J. R., Oldham G., Janson R., and Purdy K. A new strategy for job enrichment [J]. California Management Review, 1975, XVII (4): 57-71.

[36] Hambrick D. C. Upper echelons theory: An update [J]. Academy of Management Review, 2007 (22): 334-343.

[37] Hambrick D. C, and Finkelstein S. Managerial discretion: A bridge between polar views of organizational outcomes. [J]. Research in Organizational Behavior, 1987, 9 (4): 369-406.

[38] Han Shin-Kap. Mimetic isomorphism and its effect on the audit services market [J]. Social Forces, 1994, 73 (2): 637-663.

[39] Hansung Kim, and Madeleine Stoner. Burnout and turnover intention among social workers: Effects of role stress, job autonomy and social support [J]. Administration in Social Work, 2008, 32 (3): 5-25.

[40] Haunschild P. R., and Miner A. S. Modes of interorganizational imitation: The effects of outcome salience and uncertainty [J]. Administrative Science Quarterly, 1997, 42 (3): 472-500.

[41] Hayes Rachel M., and Schaefer Scott. How much are differences in managerial ability worth? [J]. Journal of Accounting and Economics, 1999 (27): 125-148.

[42] Henisz W. J. , and Delios A. Uncertainty, imitation and plant location: Japanese multinational corporations 1990-1996 [J]. Administrative Science Quarterly, 2001, 46 (3): 443-475.

[43] Henrik Cronqvist, Fredrik Heyman, Mattlas Nilsson, Helena Svaleryd, and Jonas Vlachos. Do entrenched managers pay their workers more? [J]. The Journal of Finance, 2009 (1): 309-339.

[44] Hernandez M . Towards an understanding of the psychology of stewardship [J]. Academy of Management Review, 2012 (37): 172-193.

[45] Hinkin T. R, A Review of scale development practices in the study of organizations [J]. Journal of Management, 1995, 21 (5): 967-988.

[46] Jaime Ortega. Employee discretion and performance pay [J]. The Accounting Review, 2009, 84 (2): 589-612.

[47] James B. , Wade, Charles A. , O' Reilly, and Timothy G. , Pollock. Overpaid CEOs and underpaid managers: Fairness andexecutive compensation [J]. Organization Science, 2006, 17 (5): 527-544.

[48] Jonge Jan De. Job autonomy, well-being, and health [D]. Datawyse B. V. I Universitaire Pers Maastricht, 1995.

[49] Key Susan. Perceived managerial discretion: An analysis of individual ethical intentions [J]. Journal of Managerial Issues, 2002, 14 (2): 218-239.

[50] King A. W. , and Zeithaml C. Competencies and firm performance: Examining the causal ambiguity paradox [J]. Strategic Management Journal, 2001 (22): 75-99.

[51] Kulich Clara, Grzegorz Trojanowski, Michelle K. , Ryan, S. Alexander Haslam, and Luc D. R. Renneboog. Who gets the carrot and who gets the stick? Evidence of gender disparities in executive remuneration [J]. Strategic Management Journal, 2010, 32 (3): 301-321.

[52] Lazear E. , and Rosen S. Rank-order tournaments as optimum labor contracts [J]. Journal of Political Economy, 1979 (89): 841-864.

[53] Lazea, E. P. , and S. Rosen. Rank-order tournaments as optimum labor contracts [J]. The Journal of Political Economy, 1981 (89): 841-864.

[54] Lopes H. , Calapez T. , and Lagoa S. Work autonomy, work pressure and job satisfaction - A comparative analysis of 15 EU countries (1995-2010) [J]. Economic and Labour Relations Review, 2014 (25): 306-326.

[55] Meyer J. W. , and Rowan B. Institutional Organizations: Formal structures as myth and ceremony [J]. American Journal of Sociology, 1977, 83 (2): 340-363.

[56] Mohan B. , Schlager T. , Deshpandé R. , and Norton, M. I. Consumers avoid buying from firms with higher CEO-to-worker pay ratios [J]. Journal of Con-

sumer Psychology, 2018, 28 (2): 344-352.

［57］Morgeson F. P. The external leadership of self-managing teams: Intervening in the context of novel and disruptive events ［J］. Journal of Applied Psychology, 2005, 90 (3): 497-508.

［58］Muñoz-Bullón, Fernando. Gender-compensation differences among high-level executives in the United States ［J］. Industrial Relations, 2010, 49 (3): 346-370.

［59］Nandan R. Networks in knowledge-intensive industry: the case of a regional accountants' network ［J］. Journal of Accounting & Organizational Change, 2014, 10 (1): 2-21.

［60］Nina Gupt, Samantha A. , Conroy, and John E. Delery. The many faces of pay variation ［J］. Human Resource Management Review, 2012, 22 (2): 100-115.

［61］Podsakoff P. M. , MacKenzie S. B. , Lee J. Y. , and Podsakoff N. P. Common method biases in behavioral research: A critical review of the literature and recommended remedies ［J］. Journal of Applied Psychology, 2003, 88 (5): 879-886.

［62］Powell W. , and DiMaggio P. The new institutionalism in organizational analysis ［M］. Chicago: University of Chicago Press, 1991.

［63］Rafel Crespí-Cladera, and Bartolomé Pascual-Fuster. Does the independence of independent directors matter? ［J］. Journal of Corporate Finance, 2014 (28): 116-134.

［64］Samir Gupta, and Michael Polonsky. Inter-firm learning and knowledge-sharing in multinational networks: An outsourced organization's perspective ［J］. Journal of Business Research, 2014, 67 (4): 615-622.

［65］Scott, S. G. , and Bruce, R. A. Determinants of innovative behavior: A path model of Individual innovation in the workplace ［J］. Academy of Management Journal, 1994, 37 (3): 580-607.

［66］Shalini Sisodia, and Ira Das. Effect of job autonomy upon organizational commitment of employees at different hierarchical level ［J］. Psychological Thought, 2013, 6 (2): 241-251.

［67］Shelly Marasi, and Rebecca J. Bennett. Pay communication: Where do we go from here? ［J］. Human Resource Management Review, 2016, 26 (1): 50-58.

［68］Shenglan Chen, Hui Ma & Danlu Bu. Board affiliation and pay gap ［J］. China Journal of Accounting Research, 2014 (7): 81-100.

［69］Siegel, P. A, and Hambrick, D. C. Pay disparities within top management groups: Evidence of harmful effects on performance of high-technology firms ［J］. Organization Science, 2005, 3 (16) : 259-274.

［70］Sims, H. P. , Szilagyi, A. D. , and Keller, R. T. The measurement of job characteristics ［J］. Academy of Management Journal, 1976, 19 (2): 195-212.

［71］ Spiegelaere, S. D. , Gyes, G. V. , and Hootegem, G. V. Job Design and innovative work behavior: One size does not fit all types of employees ［J］. Journal of Entrepreneurship, Management and Innovation , 2012, 8（4）: 5-20.

［72］ Susanti Saragih. The effects of job autonomy on work outcomes: Self efficacy as an intervening variable ［J］. International Research Journal of Business Studies, 2011, 4（3）: 203-215.

［73］ Taekjin S. Working in corporate American: Dynamics of pay at large corporations 1992 - 2005 ［D］. Doctoral Dissertation in University of California, California, 2008.

［74］ Taekjin Shin. Fair pay or power play? pay equity, managerial power, and compensation adjustments for CEOs ［J］. Journal of Management, 2013, 39（1）: 164-202.

［75］ Taştan Seçil Bal, and Seyed Mehdi Mousavi Davoudi. An examination of the relationship between leader-member exchange and innovative work behavior with the moderating role of trust in leader: A study in the Turkish context ［J］. Procedia-Social and Behavioral Sciences, 2015（181）: 23-32.

［76］ Van Essen M, and Otten J Carberry E J. Assessing managerial power theory: A meta-analytic approach to understanding the determinants of CEO compensation ［J］. Journal of Management, 2015, 41（1）: 164-202.

［77］ Westphal, James D. , and Edward J. Zajac. Who shall govern? CEO/board power, demographic similarity, and new director selection ［J］. Administrative Science Quarterly, 1995（40）: 60-83.

［78］ Yongli Luo. Executive compensation in emerging markets: Theoretical developments and empirical evidence ［Z］. Available at SSRN: http://ssrn. com/abstract=2245223, 2013. 5.

［79］ Yunhao Dai, Dongmin Kong, and JinXu. Does fairness breed efficiency? Pay gap and firm productivity in China ［J］. International Review of Economics & Finance, 2017（48）: 406-422.

［80］ Zhang Changzheng. Manipulation effect of managerial discretion on managerial compensation: Evidence from listed firms in China ［M］. New York: Nova Science Publishers, 2011.

［81］ Zhang Changzheng. A comprehensive investigation on executive-employee pay gap of Chinese enterprises: Antecedents and consequences ［M］. New York: Nova Science Publishers, 2018.

［82］ Zhang Changzheng. Manipulation effects of managerial discretion on executive compensation : A comparative study between fresh CEOs and senior CEOs ［M］. New York: Nova Publishers, 2016.

［83］Zhu, D. H. and Westphal, J. D. How directors' prior experience with other demographically similar CEOs affects their appointments onto corporate boards and the consequences for CEO compensation ［J］. Academy of Management Journal, 2014 (57)：791-813.

［84］步丹璐，张晨宇，林腾. 晋升预期降低了国有企业薪酬差距吗？［J］. 会计研究，2017 (1)：82-96.

［85］陈冬华，范从来，沈永建，周亚虹. 职工激励、工资刚性与企业绩效——基于国有非上市公司的经验证据 ［J］. 经济研究，2010 (7)：116-129.

［86］程华，赵祥. 企业规模、研发强度、资助强度与政府科技资助的绩效关系研究——基于浙江民营科技企业的实证研究 ［J］. 科研管理，2008，29 (2)：37-43.

［87］成立为，戴小勇. 研发投入强度对企业绩效影响的门槛效应研究 ［J］. 科学学研究，2013，31 (11)：1708-1735.

［88］陈海声，卢丹. 股权性质、资本结构、现金流量与研发强度 ［J］. 科技管理研究，2010 (21)：230-232.

［89］陈红，胡耀丹，纳超洪. 党组织参与公司治理、管理者权力与薪酬差距 ［J］. 山西财经大学学报，2018 (2)：84-97.

［90］陈胜军，王宇迪，郑清萍. 团队薪酬差距与工作绩效的关系研究——以企业文化为调节变量 ［J］. 经济与管理研究，2017 (10)：54-60.

［91］陈晓珊. 上市公司内外治理机制如何影响高管—员工薪酬差距？［J］. 财经论丛，2017 (12)：98-106.

［92］陈小悦，徐晓东. 股权结构、企业绩效与投资者利益保护 ［J］. 经济研究，2001 (11)：3-11.

［93］段静，沈乐平，唐海凤. 政治关联影响经理自主权与在职消费的实证研究 ［J］. 财会月刊，2015 (10)：94-98.

［94］杜晶，张茜. 薪酬差距、会计稳健性与盈余管理 ［J］. 会计之友，2018 (11)：27-35.

［95］窦鹏. 经理自主权与高管薪酬差距的关系——以我国医药类上市公司为例 ［D］. 南京师范大学博士学位论文，2011.

［96］段艳霞. 管理层权力视角下民营企业 CEO 薪酬份额与公司绩效实证研究 ［D］. 辽宁大学硕士学位论文，2014.

［97］方军雄. 高管权力与企业薪酬变动的非对称性 ［J］. 经济研究，2011 (4)：107-120.

［98］傅强，李雯雯. 高管内部薪酬差距的影响因素分析——基于重庆市上市公司面板数据研究 ［J］. 技术经济与管理研究，2012 (4)：66-70.

［99］高雷，宋顺林. 高管人员持股与企业绩效——基于上市公司 2000~2004 年面板数据的经验证据 ［J］. 财经研究，2007，33 (3)：134-143.

［100］高灼琴. 国有企业 CEO 自主权与高管—员工薪酬差距［D］. 西安理工大学硕士学位论文，2017.

［101］韩维贺，李浩，仲秋雁. 知识管理过程测量工具研究：量表开发、提炼和检验［J］. 中国管理科学，2006，14（5）：128-135.

［102］郝冬梅，赵煜，朱焕卿. 组织职业生涯管理与员工离职意向：情感承诺的中介作用［J］. 兰州大学学报（社会科学版），2016（1）：173-178.

［103］黄国良，董飞. 我国企业研发投入的影响因素研究——基于管理者能力与董事会结构的实证研究［J］. 科技进步与对策，2010，27（17）：103-105.

［104］胡奕明，傅韬. 内部薪酬差距与企业绩效：U 型还是倒 U 型？——基于高管团队内部及高管—员工薪酬差距视角［J］. 现代管理科学，2018（7）：117-120.

［105］江剑平. 中国国有企业收入分配制度改革效果评估研究［D］. 湘潭大学博士学位论文，2016.

［106］姜彦福，周刚，雷家骕. 信息结构、契约理论与公司治理［J］. 现代管理科学，2000（3）：60-64.

［107］金玉国. 从回归分析到结构方程模型：线性因果关系的建模方法论［J］. 经济与管理评论，2008，24（2）：19-24.

［108］孔东民，徐茗丽，孔高文. 企业内部薪酬差距与创新［J］. 经济研究，2017（10）：144-157.

［109］李金早. CEO 任期与企业绩效关系的实证研究［D］. 复旦大学博士学位论文，2008.

［110］李增泉. 激励机制与企业绩效——一项基于上市公司的实证研究［J］. 会计研究，2000（1）：24-30.

［111］李阳. 经理自主权、高管—员工薪酬差距与公司绩效间关系的实证研究［D］. 西安理工大学硕士学位，2014.

［112］李有根. 公司治理中的经理自主权研究［D］. 西安交通大学博士学位论文，2002.

［113］刘诚，杨继东，周斯洁. 社会关系、独立董事任命与董事会独立性［J］. 世界经济，2012（12）：83-101.

［114］刘春，孙亮. 薪酬差距与企业绩效：来自国企上市公司的经验证据［J］. 南开管理评论，2010，13（2）：30-39.

［115］刘香伶. 高管团队内部薪酬差距及其影响因素研究——基于垄断行业和非垄断行业的对比分析［D］. 西南财经大学硕士学位论文，2013.

［116］刘晓伟，刘锦，姜安印. 企业腐败与内部薪酬差距［J］. 当代财经，2017（3）：70-80.

［117］刘笑霞，李明辉. 企业研发投入的影响因素——基于我国制造企业调查数据的研究［J］. 科学学与科学技术管理，2009（3）：17-23.

[118] 刘张发，田存志，张潇. 国有企业内部薪酬差距影响生产效率吗 [J]. 经济学动态，2017（11）：46-57.

[119] 黎文靖，胡玉明. 国企内部薪酬差距激励了谁？[J]. 经济研究，2012（12）：125-136.

[120] 吕荣杰，董婷婷，吴超. 两种薪酬差距对员工的影响研究——基于31省市薪酬差距的经验数据 [J]. 财会通讯，2017（30）：92-95.

[121] 鲁海帆. 高管团队内薪酬差距、合作需求与多元化战略 [J]. 管理科学，2007，20（4）：30-37.

[122] 罗党论，刘晓龙. 政治关系、进入壁垒与企业绩效——来自中国民营上市公司的经验证据 [J]. 管理世界，2009（5）：97-106.

[123] 卢锐. 管理层权力、薪酬差距与绩效 [J]. 南方经济，2007（7）：60-70.

[124] 卢锐. 管理层权力、薪酬与业绩敏感性分析——来自中国上市公司的经验证据 [J]. 当代财经，2008（7）：107-112.

[125] 吕长江，赵宇恒. 国有企业管理者激励效应研究：基于管理者权力的解释 [J]. 管理世界，2008（11）：99-109.

[126] 吕明月. 国有控股上市公司高管—员工薪酬差距影响因素的研究 [D]. 贵州财经大学硕士学位论文，2016.

[127] 母欣. 知识型企业新—老CEO自主权对高管薪酬差距的操纵效应比较研究 [D]. 西安理工大学硕士学位论文，2017.

[128] 权小锋，吴世农，文芳. 管理层权力、私有收益与薪酬操纵 [J]. 经济研究，2010（11）：73-87.

[129] 任广乾. 管理层权力、薪酬标杆与高管薪酬制定 [J]. 中南财经政法大学学报，2016（2）：78-85.

[130] 沈洪涛，苏亮德. 企业信息披露中的模仿行为研究——基于制度理论的分析 [J]. 南开管理评论，2012，15（3）：82-90.

[131] 石冠峰，雷良军. 差序性领导对员工离职倾向的影响作用——一个被中介调节模型的构建 [J]. 领导科学，2016（1）：47-50.

[132] 树友林. 高管权力、货币报酬与在职消费关系实证研究 [J]. 经济学动态，2011（5）：86-89.

[133] 孙晓云. 企业内部薪酬差距、员工离职行为和企业绩效的关系研究——以2012—2014年A股上市公司为例 [D]. 辽宁大学硕士学位论文，2016.

[134] 唐清泉，易翠. 高管持股的风险偏爱与R&D投入动机 [J]. 当代经济管理，2010，32（2）：20-25.

[135] 佟爱琴，陈蔚. 产权性质、管理层权力与薪酬差距激励效应——基于政府补助的中介作用 [J]. 管理科学，2017（2）：106-118.

[136] 王怀明，史晓明. 高管—员工薪酬差距对企业绩效影响的实证分析 [J]. 经济与管理研究，2009（8）：23-27.

[137] 王怀业, 毕茜. 管理层特征与环境信息披露行业模仿行为研究 [J]. 重庆科技学院学报 (社会学版), 2016 (2): 50-55.

[138] 王疆, 陈俊甫. 国际投资决策中的组织间模仿行为研究述评 [J]. 外国经济与管理, 2013 (3): 37-46.

[139] 王兴起, 王维才, 董洁, 谢宗晓. 薪酬保密感知: 内涵分析和量表开发 [J]. 人类工效学, 2015, 21 (3): 41-49.

[140] 魏芳, 耿修林. 高管薪酬差距的阴暗面——基于企业违规行为的研究 [J]. 经济管理, 2018 (3): 57-73.

[141] 魏立群, 王智慧. 我国上市公司高管特征与企业绩效的实证研究 [J]. 南开管理评论, 2002 (4): 16-23.

[142] 卫旭华, 刘咏梅, 邹意. 高管与员工薪酬差距扩大演化机制的纵贯研究 [J]. 财贸研究, 2018 (2): 88-99.

[143] 肖东生, 高示佳, 谢荷锋. 高管—员工薪酬差距、高管控制权与企业成长性——基于中小板上市公司面板数据的实证分析 [J]. 华东经济管理, 2014, 5 (28): 117-122.

[144] 谢露露, 张军, 刘晓峰. 中国工业行业的工资集聚与互动: 观察和解释 [J]. 世界经济, 2011 (7): 3-26.

[145] 谢露露. 中国制造业的工资模仿行为——基于领导者—追随者模型的理论和实证研究 [J]. 世界经济文汇, 2015 (5): 46-57.

[146] 邢春冰. 经济转型与不同所有制部门的工资决定——从 "下海" 到 "下岗" [J]. 管理世界, 2007 (6): 23-37.

[147] 熊风华, 彭珏. 高管权力对高管薪酬的影响研究 [J]. 财经问题研究, 2012 (10): 123-128.

[148] 熊婷, 程博, 王菁. 企业政治关联与外部审计需求——基于机构持股和经理自主权两重角度的研究 [J]. 中国注册会计师, 2015 (5): 49-57.

[149] 杨婵, 贺小刚, 朱丽娜, 王博霖. 垂直薪酬差距与新创企业的创新精神 [J]. 财经研究, 2017 (7): 32-69.

[150] 杨百寅, 连欣, 马月婷. 中国企业组织创新氛围的结构和测量 [J]. 科学学与科学技术管理, 2013, 34 (8): 43-55.

[151] 杨竹清, 陆松开. 企业内部薪酬差距、股权激励与全要素生产率 [J]. 商业研究, 2018 (2): 65-72.

[152] 叶仁荪, 王玉芹, 林泽炎. 工作满意度、组织承诺对国企员工离职影响的实证研究 [J]. 管理世界, 2005 (11): 122-125.

[153] 余璇, 陈维政. 薪酬差距与公平差别阈差异对员工心理和行为的影响——基于员工 "分配公平感" "任务绩效" 和 "偏离行为" 的实证检验 [J]. 西部论坛, 2017 (2): 107-115.

[154] 张长征. 公司治理视角下 CEO 自主权对企业 R&D 投入的操纵效应研

究［M］. 北京：经济科学出版社，2017.

［155］张长征，高灼琴，王硕. 新—老 CEO 自主权的薪酬操纵效应比较研究——来自中国制造业上市公司的经验证据［J］. 工业工程与管理，2016，21（2）：119-131.

［156］张长征，惠调艳，王硕. 经理自主权对高管薪酬差距的操纵效应研究评述与展望［J］. 现代管理，2014（4）：110-119.

［157］张长征，李怀祖. 经理自主权、高管报酬差距与公司业绩［J］. 中国软科学，2008（2）：117-126.

［158］张长征，李怀祖，赵西萍. 企业规模、经理自主权与 R&D 投入关系研究——来自中国上市公司的经验证据［J］. 科学学研究，2006，24（3）：432-438.

［159］张长征，李怀祖. 公司治理中的经理自主权研究综述［J］. 软科学，2008，22（5）：33-38.

［160］张长征，吕悦凡. 经理自主权对高管薪酬差距的操纵效应——基于知识合作需求的调节效应视角［J］. 福建江夏学院学报，2016（4）：1-13.

［161］张长征，王硕，高灼琴，赵欣. 经理自主权对高管薪酬水平的操纵效应研究评述与展望［J］. 管理科学与工程，2015（4）：1-8.

［162］张杰，刘志彪，郑江淮. 中国制造业企业创新活动的关键影响因素研究——基于江苏省制造业企业问卷的分析［J］. 管理世界，2007（6）：64-74.

［163］张红琪，鲁若愚，蒋洋. 服务创新过程中顾客知识管理测量工具研究：量表的开发及检验——以移动通信服务业为例［J］. 管理评论，2013，25（2）：108-114.

［164］支晓强，孙健，王永妍，王柏平. 高管权力、行业竞争对股权激励方案模仿行为的影响［J］. 中国软科学，2014（4）：111-125.

［165］张维今，李凯. CEO 权力的调节作用下董事会资本对公司创新的内在机制影响研究［J］. 管理评论，2018（4）：70-82.

［166］张正堂. 高层管理团队协作需要，薪酬差距和企业绩效：竞赛理论的视角［J］. 南开管理评论，2007，10（2）：4-11.

［167］张正堂. 企业内部薪酬差距对组织未来绩效影响的实证研究［J］. 会计研究，2008（9）：81-87.

［168］赵健梅，任雪薇. 中国国有上市公司高管薪酬结构和粘性研究［J］. 经济问题，2014（10）：57-61.

［169］张勉，张德，李树苗. IT 企业技术员工离职意图路径模型实证研究［J］. 南开管理评论，2003（4）：12-20.

［170］张鹏，谭庆美，李胜楠，董小芳. CEO 权力对盈余管理影响的实证研究［J］. 武汉理工大学学报，2015，37（5）：641-644.

［171］张群祥，潘奇. 企业社会责任模仿行为研究——基于上市公司捐赠的面板证据［J］. 宏观质量研究，2016，4（3）：43-54.

［172］赵斌，栾虹，李新建. 科技人员主动创新行为：概念界定与量表开发
［J］. 科学学研究，2014，32（1）：148-157.

［173］赵西萍，刘玲，张长征. 员工离职倾向影响因素的多变量分析［J］. 中国软科学，2003（3）：71-74.

［174］周虹，李端生. 高管团队异质性、CEO 权力与企业内部控制质量
［J］. 山西财经大学学报，2018（1）：83-95.

［175］周建，金媛媛，袁德利. 董事会人力资本、CEO 权力对企业研发投入的影响研究——基于中国沪深两市高科技上市公司的经验证据［J］. 科学学与科学技术管理，2013，34（3）：170-180.

［176］钟帅，章启宇. 基于关系互动的品牌资产概念、维度与量表开发［J］.
管理科学，2015，28（2）：69-79.